Inhalt

Titel: Dienstleistungsproduktion

Untertitel: Absatzmarketing – Produktivität – Haftungsrisiken – Serviceintensität – Outsourcing

Herausgeber: Univ.-Prof. Dr. Hans Corsten, Inhaber des Lehrstuhls für Produktionswirtschaft und Industriebetriebslehre der Universität Eichstätt / Ingolstadt, Auf der Schanz 49, 85049 Ingolstadt und Univ.-Prof. Dr. Wolfgang Hilke, Direktor des Betriebswirtschaftlichen Seminars der Albert-Ludwigs-Universität, Europaplatz 1, 79085 Freiburg i. Br.

Bezugsbedingungen: Einzelband 89,– DM · Abonnementspreis 80,10 DM

Schriftenreihe: ISSN 0582-0545

ISBN 978-3-409-17919-5   ISBN 978-3-663-05878-6 (eBook)
DOI 10.1007/978-3-663-05878-6

Zitierweise: SzU, Band 52, Wiesbaden 1994

Editorial

Vor etwa 10 Jahren hielt einer der Herausgeber des vorliegenden SzU-Bandes ein Grundsatzreferat über *"Dienstleistungs-Marketing"* (vgl. Hilke, W.: Dienstleistungs-Marketing aus der Sicht der Wissenschaft, Freiburg 1984). Fast zu derselben Zeit legte der andere Herausgeber mit seiner Habilitationsschrift den Grundstein für die betriebswirtschaftliche Auseinandersetzung mit Problemen der *"Dienstleistungs-Produktion"* (vgl. Corsten H.: Die Produktion von Dienstleistungen - Grundzüge einer Produktionswirtschaftslehre des tertiären Sektors, Berlin 1985).

Es lag daher durchaus nahe, daß sich beide Autoren zur gemeinsamen Herausgabe eines SzU-Bandes über "Dienstleistungsproduktion" zusammenfinden würden; zumal in den Schriften zur Unternehmensführung bereits Probleme des und Lösungsansätze für das Marketing von Dienstleistungs-Unternehmen in Bd. 35 ("Dienstleistungs-Marketing") und Bd. 47 ("Direkt-Marketing") behandelt wurden.

Den *konzeptionellen* Rahmen für den nunmehr vorgelegten SzU-Band 52 bilden die drei Elemente jeder Produktion, nämlich Input, Faktorkombination und Output, einerseits und die Dienstleistungsbesonderheiten andererseits.

Den **Input** bildet ein System von Produktionsfaktoren, die sich in zwei Subsysteme untergliedern lassen: (1) Produktionsfaktoren, über die in der Unternehmung *autonom disponiert* werden kann, und (2) Produktionsfaktoren, die vom *Leistungsnehmer* (als sog. "externe Faktoren") *bereitgestellt* werden (vgl. Corsten, H.: Betriebswirtschaftslehre der Dienstleistungs-Unternehmungen, 2. Aufl., München/Wien 1990, S. 100 f.).

Bei der **Faktorkombination**, welche die Verbindung zwischen Input und Output herstellt, ist das Problem der *Mehrstufigkeit* der Dienstleistungsproduktion zu beachten: Die sog. *Vorkombination* hat für den Aufbau des *Leistungspotentials* zu sorgen und zeitigt als Ergebnis die *Leistungsbereitschaft*. Die sich anschließende, sog. *Endkombination* zielt darauf ab, durch den Einsatz der Leistungsbereitschaft, durch weitere interne Produktionsfaktoren und durch die *Integration des externen Faktors* die eigentlichen Dienstleistungen zu erstellen.

Die absetzbare, d.h. zur Bedürfnisbefriedigung Dritter geeignete Leistung stellt allgemein den **Output** des Produktionsprozesses dar. Als "Dienstleistungsbesonderheiten" sind jedoch zwei Aspekte zu beachten (vgl. Hilke, W.: Grundprobleme und Entwicklungstendenzen des Dienstleistungs-Marketing, in: SzU-Band 35, Wiesbaden 1989, S. 12 ff.): Zum einen fallen im Dienstleistungsprozeß die Erstellung, die Übergabe und meist sogar die (erste) Inanspruchnahme einer Dienstleistung durch den Dienstleistungs-Nachfrager zeitlich zusammen; demnach ist die Dienstleistungsproduktion durch das *uno-actu-Prinzip* charakterisiert. Zum anderen ist als Charakteristikum des Output "Dienstleistung" die *Immaterialität* zu beachten. Aus dieser Immaterialität ergeben sich sowohl Probleme bei der Outputquantifizierung als auch bei der Erfassung der Outputqualität (vgl. Corsten 1990, S. 112).

Der konzeptionelle Rahmen, der hier nur kurz skizziert werden konnte, wird im ersten Beitrag des vorliegenden SzU-Bandes noch verdeutlicht. Denn die Autoren gehen auf die Spezifika von Dienstleistungen und Dienstleistungsunternehmen ebenso ausführlich ein, wie sie die Besonderheiten der Dienstleistungsproduktion herausstellen. Den Schwerpunkt dieses Aufsatzes bilden jedoch die *"Interdependenzen zwischen Absatz und Produktion in Dienstleistungsunternehmen und ihre Auswirkungen auf konzeptionelle Fragen des Absatzmarketing"*. So werden zum einen die Besonderheiten des Absatzmarketing für Dienstleistungen und die Marketingrelevanz der Dienstleistungserstellung detailliert beschrieben. Zum anderen werden die Auswirkungen der Interdependenzen zwischen Absatz und Produktion von Dienstleistungen auf
- das Absatzprogramm, insbes. das Zielgruppenprogramm, das Leistungsprogramm und die Positionierung,
- die Kommunikation und
- den "Verkauf" und die Realisierung von Dienstleistungen
herausgearbeitet. Durch zahlreiche Beispiele untermauern die Autoren die Relevanz ihrer Ausführungen für die Praxis.

Der zweite Aufsatz ist dem *"Produktivitätsmanagement bilateraler personenbezogener Dienstleistungen"* gewidmet. Nachdem die unterschiedliche Produktivitätsentwicklung in Industrie und Dienstleistungsbereich aufgezeigt und bilaterale personenbezogene Dienstleistungen charakterisiert wurden, wendet sich der Autor der Spezifikation der Produktivitätskomponenten zu; er untersucht dabei im einzelnen, wie sich Input und Output sinnvoll erfassen lassen. Den anschließenden Schwerpunkt der Ausführungen bilden Ansatzpunkte für ein Produktivitätsmanagement bilateraler personenbezogener Dienstleistungen. In diesem Zusammenhang werden zunächst einige Vorschläge der Literatur zur Produktivitätsanalyse kritisch gewürdigt. Sodann erarbeitet der Verfasser konzeptionelle Grundlagen für die Messung der Produktivität bei der Erstellung personenbezogener Dienstleistungen. Hierauf aufbauend werden schließlich konkrete Gestaltungsmaßnahmen zur Erhöhung der Produktivität in Dienstleistungsunternehmen beschrieben.

Der dritte Beitrag behandelt aktuelle Fragen der *"Haftungsrisiken im Zusammenhang mit gewerblich angebotenen Dienstleistungen - Banken und Versicherun-*

gen". Dabei wird auf das Produkthaftungs-Gesetz und den Vorschlag für eine EG-Richtlinie über die Haftung bei Dienstleistungen eingegangen. Anschließend stellen die Autoren ausführlich - und auch für den Nicht-Juristen verständlich - die Haftungsrisiken von Finanzdienstleistern dar, und zwar am Beispiel
- der Bankenhaftung und
- der Versicherungshaftung.

Diese Ausführungen dürften nicht nur für die genannten Finanzdienstleister als Dienstleistungs-Produzenten, sondern gleichermaßen auch für ihre Kunden als Dienstleistungs-Nachfrager von großem Interesse sein.

Im vierten Aufsatz geht es um *"Erfolgsstrategien für professionelle Services - Ansätze zur Steigerung der Serviceintensität"*. Dabei arbeitet der Autor vier Erfolgsfaktoren für die Serviceproduktion heraus:
- die genaue Kenntnis der Kundenerwartungen bzw. -anforderungen; erst diese Kenntnis ermöglicht eine gezielte Serviceplanung und Festlegung des Leistungsniveaus;
- die Prozeßorganisation im Servicegeschäft, d.h. ein effizientes Prozeßmanagement zur Steuerung der Abläufe bei der Serviceproduktion, basierend u.a. auf einer Prozeßkostenrechnung;
- die Qualifikation und Leistungsbereitschaft des Servicepersonals, die sich durch ein "innenorientiertes Servicemarketing" verbessern lassen;
- die Informationstechnik, mit deren Hilfe eine individuelle Kundenberatung und -betreuung wirksam unterstützt werden kann.

Zu allen Erfolgsfaktoren gibt der Autor interessante Hinweise für ihre Umsetzung in der Praxis.

Einen umfassenden - und geradezu spannenden - Einblick in die Praxis gewährt der fünfte Beitrag über *"Produktionsplanung in Dienstleistungsunternehmen: Das neue Briefproduktionssystem der Deutschen Bundespost"*. Hier wird nicht nur der POSTDIENST als größter Dienstleistungsproduzent Europas vorgestellt, sondern auch offengelegt, welche Probleme sich für die Produktionsplanung im althergebrachten System der Deutschen Bundespost ergaben. Deshalb mußten die Produktstruktur der Briefpost und die Produktionsplanung völlig neu konzipiert werden. Die Dimensionen dieser Umgestaltung, nämlich
- die neue Struktur der *langfristigen* Produktionsplanung mit den "Briefzentren" als multinationale Knotenpunkte und dem zugehörigen Transportmodell,
- die modulare Anpassung im Rahmen der *mittelfristigen* Produktionsplanung und
- die *kurzfristige* Produktionssteuerung,

werden von den Autoren ausführlich und anschaulich beschrieben.

Im sechsten und letzten Aufsatz wird zunächst die wachsende Bedeutung der Dienstleistungsproduktion im In- und Ausland durch Statistiken eindrucksvoll belegt. Vor diesem Hintergrund geht der Autor dann der Frage nach, ob die BRD "überindustrialisiert" ist oder aber ob bei uns nur überdurchschnittlich viele Dienstleistungen innerhalb des Produzierenden Gewerbes, also intrasektoral, erbracht werden. Anschließend werden die Voraussetzungen für *"Outsourcing von Dienstleistungen zu Dienstleistungsunternehmen"* genannt und verschiedene Entscheidungskriterien für oder gegen den Fremdbezug von produktions-orientierten Dienstleistungen erörtert. Im einzelnen werden dabei
-   der Transaktionskosten-Ansatz diskutiert,
-   plurikausale Abwägungen vorgestellt und
-   die Einzelfallprüfung mit Hilfe eines Scoring-Verfahrens exemplarisch dargestellt.

Neu gegenüber den bisher erschienenen SzU-Bänden ist, daß im vorliegenden Band erstmals am Ende des jeweiligen Beitrages als *"summary"* eine kurze inhaltliche Zusammenfassung in englischer Sprache gegeben wird.
Geblieben ist hingegen das bewährte SzU-Kurzlexikon, das auch den Band 52 mit Erläuterungen zu wichtigen Begriffen, die in den Aufsätzen verwendet werden, abrundet.

Hans Corsten / Wolfgang Hilke

Interdependenzen zwischen Absatz und Produktion in Dienstleistungsunternehmen und ihre Auswirkungen auf konzeptionelle Fragen des Absatzmarketing

Von Univ.-Prof. Dr. Anton Meyer
und Dipl.-Kfm. Christian Blümelhuber, München

Inhaltsübersicht

II. Spezifika von Dienstleistungen und Dienstleistungsunternehmen

III. Produktion und Absatz als interdependente Funktionen
   1. Besonderheiten der Dienstleistungsproduktion
   2. Besonderheiten des Absatzmarketing
   3. Marketingrelevanz der Leistungserstellung
      3.1 Marketingdimensionen der Leistungserstellung
      3.2 Räumliche und zeitliche Synchronität von Angebot und Nachfrage

IV. Auswirkungen auf konzeptionelle Fragen des Absatzmarketing
   1. Leistungserstellung und Absatzmarketing - vor dem Hintergrund des Paradigmenwechsels im Marketing
   2. Auswirkungen auf das Absatzmarktprogramm
      2.1 Zielgruppenprogramm
      2.2 Leistungsprogramm
      2.3 Positionierung
   3. Auswirkungen auf die Kommunikation
   4. Auswirkungen auf "Verkauf" und Realisierung

V. Schlußbetrachtung

Summary

Literaturverzeichnis

I. Einführung

Der hohen und weiter zunehmenden gesamtwirtschaftlichen Bedeutung von Dienstleistungen und Dienstleistungsunternehmen - Stichwort Dienstleistungsgesellschaft (vgl. Meyer 1991, S. 196) - wird die zum großen Teil auf den industriellen Sektor ausgerichtete Betriebswirtschaftslehre nur unzureichend gerecht. Aufgaben einer Speziellen BWL der Dienstleistungen sind dabei eine an den Besonderheiten von Dienstleistungen ansetzende theoretische und praxeologische Aufarbeitung im Sinne einer Gesamtbetrachtung sowie spezifische Detailanalysen in verschiedenen Teildisziplinen wie Dienstleistungsproduktion, -absatz, -personallehre, -controlling oder -management. Das Dienstleistungsmarketing nimmt dabei eine zentrale Stellung ein.

Aufgrund der dienstleistungsinhärenten Integration von externen Faktoren in den Erstellungsprozeß von Dienstleistungen sind *alle* maßgeblichen Funktionen und Prozesse an den Nachfragern auszurichten und damit im Sinne eines kundenorientierten Marketingverständnis auch marketingrelevant.

Bell (1981, S. 166) stellt den Aspekt und die Auswirkung der Kundenintegration wie folgt dar:

"An essential characteristic of services is a high degree of customer involvement in the simultaneous production and consumption of the service. This distinguishing element necessitates not only a shift in the production process, but a modification in marketing planning as well."

Die für den industriellen Sektor vielfach typische funktionale und organisatorische Trennung von Absatz und Produktion ist für Dienstleistungsunternehmen unmöglich. Ziel dieses Beitrages ist es, die spezifischen Interdependenzen zwischen Absatz und Produktion zu begründen, deren Marketingrelevanz aufzuzeigen und Auswirkungen auf konzeptionelle Fragen des Absatzmarketing zu diskutieren. Dementsprechend können in diesem Beitrag Interdependenzen zwischen anderen Funktionen (z.B. Beschaffung und Produktion) ebenso wie Interdependenzen zwischen Produktion und einzelnen Instrumenten des Absatzmarketing (wie Kommunikationspolitik und Produktion) *nicht* behandelt werden.

II. Spezifika von Dienstleistungen und Dienstleistungs- unternehmen

Drei Phasen oder Dimensionen charakterisieren Dienstleistungen und sind Ausgangspunkte ein- und mehrdimensionaler Ansätze und Begriffsbestimmungen (vgl. Engelhardt/Kleinaltenkamp/Reckenfelderbäumer 1993, S. 398 ff.; Meyer 1991, S. 197; Hilke 1989, S. 10 ff.).

(1) *Dienstleistungen als angebotene Leistungsfähigkeiten und -bereitschaften (Potentialdimension)*

> Um eine Dienstleistung erbringen zu können, müssen die erforderlichen muskulären, sensorischen und geistigen Fähigkeiten (Kompetenzen) (vgl. Meyer 1994, S. 19) sowie die Bereitschaft auf Seiten des Dienstleistungs-Erstellers vorhanden sein, die Dienstleistung erbringen zu können und zu wollen. Das Potential wird vom Anbieter dadurch geschaffen, daß er Kombinationen aus internen Faktoren vornimmt und bereithält (vgl. Hilke 1989, S. 11). Die (menschliche) Leistungsfähigkeit ist damit das Absatzobjekt des Dienstleisters und wird in der Prozeßphase konkretisiert.

(2) *Dienstleistungen als Tätigkeit und sich vollziehender Prozeß (Prozeßdimension)*

> Die Prozeßdimension kennzeichnet und bezeichnet die Erstellungsphase einer Dienstleistung. Der Kunde oder ein Kundenobjekt wird in der Produktion (Prozeßphase) zum aktivierbaren externen Produktionsfaktor, in dem sich letztlich der Wert der Produktion (Ergebnisphase) speichert.

(3) *Dienstleistung als Ergebnis der Tätigkeit (Ergebnisdimension)*

> Die Diskussion der Ergebnisdimension setzt an der *Immaterialität* bzw. *Materialität* der Leistung an, wobei insbesondere die Immaterialität als wesentliches, Dienstleistungen konstituierendes, Kriterium genannt wird. Allerdings ist die Immaterialität des Ergebnisses kein zwingendes Unterscheidungskriterium zwischen Dienst- und Sachleistungen, wie amputierte Beine oder dauergewellte Haare als "materieller output" einer Dienstleistungsproduktion belegen. Unter anderem aus diesem Grunde sollte zwischen dem *prozessualen*, möglicherweise materiellen *Endergebnis* (z.B. gezogener Zahn) und den eigentlichen *Zielen* und *Folgen* bzw. *Wirkungen* (z.B. Schmerzfreiheit) von Dienstleistungsprozessen als grundsätzlich immateriellem Ergebnis unterschieden werden.

Als mehrdimensionale, alle Phasen integrierende Sichtweise von Dienstleistungen soll diesem Beitrag folgende Definition zugrunde liegen:

"Dienstleistungen sind angebotene Leistungsfähigkeiten, die direkt an externen Faktoren (Menschen oder deren Objekten) mit dem Ziel erbracht werden, an ihnen gewollte Wirkungen (Veränderungen oder Erhaltung bestehender Zustände) zu erreichen" (Meyer 1994, S. 179).

Diese Definition ist aber nicht unumstritten. So führen Engelhardt/Kleinaltenkamp/Reckenfelderbäumer (1993, S. 416 ff.) im Rahmen ihrer "Neukonzeption einer Leistungstypologie" eine Integrativitätsachse und eine Immaterialitätsachse ein, um Leistungsangebote zu charakterisieren. Abhängig von der Stärke der Mitwirkung des externen Faktors (Integrativitätsachse) werden Prozesse unterschieden (integrativ, autonom); abhängig von der Materialität/Immaterialität (Immaterialitätsachse) das Leistungsergebnis (materiell, immateriell). Ähnlich argumentieren auch Bell (1981b, S. 210) und Meyer (1983, S. 136 f.)

Drei aus dieser Definition ableitbare Elemente konstituieren damit jede Dienstleistung:

- *Direktes Angebot von Potentialen in Form von Leistungsfähigkeiten*

Die Leistungsfähigkeiten der internen Faktoren prägen jede Dienstleistung. Dies gilt sowohl für alle personendominaten Dienstleistungen, bei denen der interne Faktor Mensch die herausragende Stellung einnimmt (Beratung, Prostitution), als auch für alle objektdominanten Dienstleistungen, bei denen der Faktor Mensch noch nicht völlig substituiert ist (Taxifahrer, Flugkapitän). Eine vollständige Substitution des internen Faktors Mensch durch eine Maschine oder einen Roboter (Geldausgabe-, Ticket- oder Schuhputzautomat) führt zu einer sog. *"automatisierten Dienstleistung"* (Meyer 1987, S. 30).

- *Immaterialität der Dienstleistung in der Angebots- und Wirkungsphase*

Unabhängig davon, daß der Erbringungsprozeß oder dessen Ergebnis materiell, also greifbar sein kann (amputiertes Bein, dauergewellte Haare), sind die angebotenen und nachgefragten *Leistungsfähigkeiten* ihrer Natur nach grundsätzlich *immateriell*, also nicht sicht- und greifbar, ohne eigene raum-zeitliche Existenz. Deswegen können Dienstleistungs-Anbieter stets nur ihre Fähigkeiten, im Gegensatz zu industriellen Anbietern oder Händlern also niemals fertige oder zu fertigende eigenständige Objekte anbieten. Immaterielle, vom Anbieter bzw. Angebotssystem nicht lösbare, nicht gegenständliche, nicht greifbare Leistungsversprechen sind Gegenstand und Basis jeden Leistungsvertrages zwischen Dienstleistungsanbieter und -nachfrager (vgl. Meyer 1993a, S. 183).

Da, wie aufgezeigt, auch die *Wirkung(en)* (z.B. Erholung, Wiederherstellung der Gesundheit oder Fahrtüchtigkeit, Schutz) ohne Ausnahme immateriell sind, kann von einer "*doppelten Immaterialität*" gesprochen werden, welche insbesondere die Bewertung der Dienstleistung vor und nach der Inanspruchnahme erschwert.

- *Integration von externen Faktoren in die Prozeßphase*

Da die immateriellen Leistungsfähigkeiten direkt auf eine Veränderung (oder auch Erhaltung) an Menschen oder Objekten ausgerichtet sind, ist die Mitwirkung oder zumindest Integration eines externen Faktors zur Erstellung der Dienstleistung zwingend erforderlich. Die Integration eines Kunden oder eines Kundenobjektes in den Dienstleistungsprozeß ermöglicht damit erst die Konkretisierung, Erstellung und Realisierung der Dienstleistung.

Dieses Externum kann von den anderen an der Leistungserstellung beteiligten Faktoren dadurch abgegrenzt werden, daß es vom Dienstleistungsanbieter nicht frei am Markt disponierbar ist, stets im Eigentum des Dienstleistungsabnehmers bleibt und an ihm während der Produktion eingewirkt, also die Leistung erbracht wird (vgl. Meyer/Tostmann 1979, S. 23; Meyer 1994, S. 22).

Als externe Faktoren kommen *Subjekte* - also Menschen - und *Objekte* (auch Tiere) in Frage. Beim typischen Fall einer Subjektintegration (z.B. Friseur, Urlaubstour, Beratung, Theater etc.) ist der Nachfrager durch die aktive Teilnahme und Mitwirkung in der Prozeßphase der Leistungserstellung *Co-Produzent* und *Konsument* in einer Person, was mit der Bezeichnung "*prosumer*" (*pro*ducer und con*sumer*[1]) verdeutlicht wird. Durch seine Rolle als Mit-Produzent hat der externe Faktor damit die Möglichkeit, auf das Leistungsergebnis direkt und unmittelbar miteinzuwirken und damit die Qualität einer Dienstleistung mitzubestimmen.

Dienstleistungen werden von nahezu allen Unternehmen erbracht (funktionale Betrachtung): "... everyone in everytype of business sells some element of service" (Thomas 1978, S. 158). Als *Dienstleistungs-Unternehmen* im Sinne einer institutionalen Betrachtung sollen nur die Einzelwirtschaften gelten, deren Angebot hauptsächlich (z.B. Umsatzanteil mindestens 50% bei erwerbswirtschaftlich organisierten Dienstleistungsanbietern) aus Dienstleistungen besteht. Damit sind nach unserem Verständnis Branchen und Unternehmen, die von einem Großteil der Wissenschaft, von der amtlichen Statistik und vom allgemeinen (Laien-) Verständnis dem Dienstleistungssektor zugerechnet werden, keine Dienstleistungsunternehmen: Banken, Versicherungen, Hotels, Auto-Vermietungen sind letztlich funktionale, nicht aber institutionale Dienstleister, sondern System-Anbieter oder Händler von ökonomischen Chancen[2].

Eine Sichtweise, die als "Dienstleistungsunternehmen" nicht nur nach dem er-werbswirtschaftlichen Prinzip organisierte Einzelwirtschaften betrachtet, sondern Anbieter von Dienstleistungen in allen Versorgungssystemen in die Analyse miteinbezieht, ist darüberhinaus *versorgungssystem-neutral*: Neben marktorien-tierten (z.B. Fluggesellschaften, Reparaturwerkstätten) werden auch zuwendungs- (z.B. Kirchen) und zuteilungsorientierte (z.B. Theater) Einzelwirtschaften als Dienstleitungsorganisationen oder -unternehmen betrachtet. Damit wird u.a. der wachsenden Bedeutung des Non-Profit-Bereiches im Dienstleistungssektor Rechnung getragen.

Die Heterogenität von Dienstleistungen und Dienstleistungsunternehmen er-schwert eine einheitliche Dienstleistungstheorie. Situative und insbesondere insti-tutionelle Besonderheiten sind in theoretischen und praktischen Analysen zu be-rücksichtigen und führ(t)en in der Konsequenz zu branchen- bzw. institutionen-spezifischen Aussagesystemen: Tourismusmarketing, "Gesundheitsmarketing", Marketing für freie Berufe, Speditionsmarketing etc. können als Beispiele ge-nannt werden.

Dieser Beitrag versucht trotz der angesprochenen Heterogenität, die gewählte Thematik umfassend für alle Arten von Dienstleistungen und Dienstleistungs-anbieter zu bearbeiten.

III. Produktion und Absatz als interdependente Funktionen

Insbesondere die konstitutive Integration von externen Faktoren in die Prozeß-phase bestimmt die Spezifität von Dienstleistungen und begründet die Notwen-digkeit einer eigenständigen Produktions- und Absatzmarketingtheorie für Dienstleistungen. Eine bloße Übertragung oder Adaption der - vor allem auf den industriellen Bereich abgestimmten - Grundlagenliteratur ist nahezu unmöglich.

Deswegen werden wir im folgenden versuchen, die wesentlichen Besonderheiten der Dienstleistungsproduktion und des Dienstleistungsabsatzes bzw. des Dienst-leistungsmarketing herauszuarbeiten, um anschließend die Marketingrelevanz der Produktion begründen und darstellen zu können.

1. Besonderheiten der Dienstleistungsproduktion

Obwohl Definitionen des Produktionsbegriffes auch Dienstleistungen explizit mit einbeziehen (vgl. Witte 1973, S. 2), ist die Produktionstheorie nahezu ausschließlich auf den industriellen Sektor fixiert. Dort hat sich die Theorie von einer zunächst empirisch-fundierten zu einer abstrakt-formalen Betrachtung entwickelt. An dieser Stelle soll eine eher kurze Analyse der Dienstleistungsproduktion, die stets die *praxeologische Relevanz* im Auge behält und für die anschließende Marketingbetrachtung zugänglich ist, unternommen werden.

Die Übertragung oder Überführung der immateriellen Leistungsfähigkeiten auf externe Faktoren kennzeichnet die Art und Weise der Leistungserstellung von Dienstleistungsanbietern. Im Unterschied zur *Produktion* industrieller Anbieter (erstmalige Hervorbringung von Waren oder auf Waren beruhende Objektsysteme) oder der händlerischen *Konduktion* (Zusammenführen von Waren oder auf Waren beruhenden Objektsystemen zu einem Sortiment, um räumliche, zeitliche, quantitative und qualitative Spannungen abzubauen) sprechen wir ·von einer *Transduktion* als der spezifischen Ausprägung der Dienstleistungs"produktion" (vgl. Meyer 1994, S. 68). Corsten (1990, S. 103 ff.) bezeichnet diesen Teilprozeß im Rahmen des mehrstufigen Produktionsprozesses von Dienstleistungen als Endkombination.

Um den Unterschied der Leistungserstellung bei Dienstleistungen zu der bei Waren/Objektsystemen begrifflich zu verdeutlichen, die Dienstleistungserstellung von der Sachgüterproduktion auch terminologisch abzugrenzen und "to capture the closeness of the marketing and operations activities in service organizations" (Johnston 1994, S. 58), haben Langeard und Eiglier das Kunstwort *servuction* eingeführt. Ihr Konzept oder Prinzip der "servuction" zeigt die enge Verflechtung insbesondere von Produktion und Marketing auf:
"Part of the servuction system concept is the idea that the attributes of a given service are typically created by customers´ interactions with service facilities and service personnel" (Langeard u.a. 1981, S. 2).

Charakteristisch für den Transduktionsprozeß im Rahmen des Leistungserstellungsprozesses von Dienstleistungen ist die Integration eines Produktionsfaktors, der *außerhalb der Verfügungsberechtigung* des Dienstleistungs-Anbieters ist. Interne Kontaktfaktoren sind also direkt auf Kunden oder Kundenobjekte gerichtet, um an ihnen und mit ihnen die vereinbarten Leistungsprozesse zu erbringen. Supportfaktoren eines "back-office" oder "back-stage" unterstützen dabei die direkt im Kundenkontakt stehenden internen Faktoren (vgl. Abbildung 1, die das System stark vereinfacht widergibt).

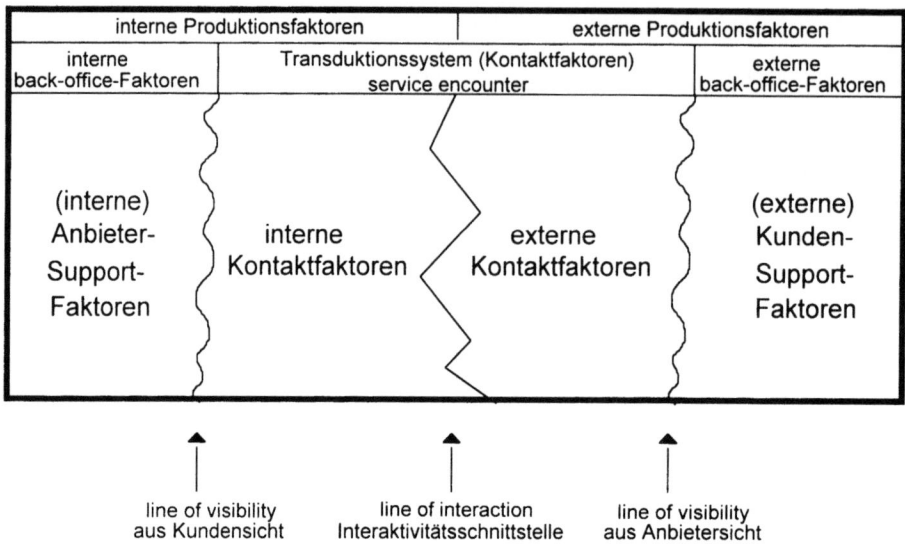

interne Produktionsfaktoren			externe Produktionsfaktoren
interne back-office-Faktoren	Transduktionssystem (Kontaktfaktoren) service encounter		externe back-office-Faktoren
(interne) Anbieter- Support- Faktoren	interne Kontaktfaktoren	externe Kontaktfaktoren	(externe) Kunden- Support- Faktoren

line of visibility   line of interaction   line of visibility
aus Kundensicht   Interaktivitätsschnittstelle   aus Anbietersicht

Abbildung 1:   Faktoren des Leistungserstellungs-Systems mit Schnittstellen zwischen internen und externen Faktoren

Leistungserstellung und -inanspruchnahme erfolgen in einem Akt oder Prozeß. Dieses "*uno-actu-Prinzip*" von Produktion und Konsum erfordert eine *synchrone* Interaktionsbereitschaft und Interaktionsfähigkeit von Leistungsanbieter und -nachfrager. Diese Besonderheit ist die Basis für weitreichende Konsequenzen im Management und Marketing von Dienstleistungen.

2.   Besonderheiten des Absatzmarketing

Organisationen, Institutionen, Funktionen und Maßnahmen, die die Spannungen zwischen Produktion und Kosum überwinden sollen, werden in der betriebswirtschaftlichen Literatur unter dem Begriff "*Absatz*" subsummiert (vgl. Nieschlag/ Dichtl/Hörschgen 1988, S. 5).

Absatz verkörpert eine, in verschiedene Teil- und Unterfunktionen zerfallende, betriebswirtschaftliche *Hauptfunktion* (vgl. Nieschlag/Dichtl/Hörschgen 1988, S. 6; Meyer 1992a, S. 24 ff.), welche "das Handeln der Unternehmen auf ihren Absatz- (Hinkunfts-) märkten zum Gegenstand hat" (Leitherer 1989, S. 8).

Die Absatzfunktionen Vorbereitung, Anbahnung, Abschluß und Realisierung sind spiegelbildlich auch für die *beschaffende* Einzelwirtschaft (z.B. den Kunden) relevant. Der Austausch von Versorgungsobjekten bzw. die Versorgung der Verwendungssphäre mit Wirtschaftsgütern als Begründung des "Wirtschaftens" ist damit eine Aufgabe von Anbieter *und* Nachfrager. Obwohl es sich in Wissenschaft und Praxis eingebürgert hat, die Perspektive des Anbieters einzunehmen, ist eine ganzheitliche, alle am Marktaustausch beteiligten Einzelwirtschaften berücksichtigende Analyse der Marktprozesse aufgrund der Faktorintegration bei Dienstleistungen zwingend.

Die Darstellung und Gestaltung der Austauschprozesse in Forschung und Lehre ist Aufgabe einer Marktwissenschaft, "... die unter dem Etikett Marketing betrieben wird ..." (Meyer 1992a, S. 23).

Marketing hat sich in den verschiedenen Phasen seiner Entwicklung zu einem *übergreifenden Konzept der Unternehmensführung* entwickelt. Dies gilt in besonderem Maße für Dienstleister. Das Absatzmarketing ist dabei ein wesentlicher Teil eines umfassenden Dienstleistungs-Managements, welches neben dem Absatzmarketing andere wichtige Bereiche wie z.B. Human Ressource Management (Internes Marketing), Operations Management (Interaktives Marketing) oder Qualitäts Management integriert und einschließt (vgl. Grönroos 1994, S. 6).

"Services marketing is different" (Berry/Parasuraman 1991, S. 176).

Mit dieser Aussage machen Berry/Parasuraman deutlich: Eine bloße Übertragung der in der deutschen und anglo-amerikanischen Literatur vorherrschenden, insbesondere auf Konsumgütermärkte abgestimmten, einseitig "austauschgüterlastigen" (Schade/Schott 1991, S. 8) Marketingtheorie, welche v.a. gekennzeichnet ist durch den instrumental-entscheidungsorientierten oder Marketing-Mix-Ansatz, in dessen Mittelpunkt das auf McCarthy zurückgehende "holy quadruplet" (Kent 1986, S. 146) Product, Place, Promotion, Price steht, muß scheitern. Der Paradigma-Charakter dieses Ansatzes läßt sich bei einer Integration des Dienstleistungs-Marketing, das stark geprägt wird durch Kontraktgüter (vgl. Kaas 1992, S. 885 ff.), nicht mehr aufrecht erhalten; auch die Versuche, den Ansatz mit Hilfe einer Ausweitung auf sechs oder sieben "P´s" - product, place, promotion, price, *participants, physical evidence, process* - (vgl. Booms/Bitner 1981, S. 48 ff.) den spezifischen Erfordernissen anzupassen, sind wenig überzeugend.

Das Marketing für Dienstleistungen bewegt sich im prozessualen Beziehungs- und Spannungsfeld zwischen Dienstleistungsanbieter, internen und externen Kontaktfaktoren und Nachfragern. Auf dieser Basis lassen sich, wie in Abbildung 2 skizziert, die Anforderungen, Gestaltungs- und Umsetzungsmöglichkeiten an ein *externes*, *internes*, *interaktives* und *integriertes* Marketing für Dienstleistungen anbietende Einzelwirtschaften ableiten. Wesentliches Koordinierungs- und Controlling"konzept" zur Abstimmung ist dabei das angestrebte *Qualitätsniveau* der jeweiligen Dienstleistung.

Abbildung 2:   Ausgewählte Bestandteile eines Integrierten Dienstleistungs-Marketing und
Qualität als Koordinations- und Controllingkonzept

Wesentliche Aufgaben des Absatzmarketing sind die Auswahl und Gewinnung
bzw. Bindung von Kunden, die markt- und kundengerechte Gestaltung des Leistungsangebotes sowie die Realisierung der Dienstleistung (Leistungsabgabe).

Die beiden zuletzt genannten Funktionen des Absatzmarketing betreffen die
Schnittstelle zwischen Produktion und Absatz unmittelbar, während die Auswahl
und Gewinnung von Kunden zumindest mit der Produktionsplanung (z.B.
Ausprägungen von Zielgruppenmerkmalen/Merkmale der Kundenobjekte; vgl.
Meyer 1994, S. 99 ff.) und Maßnahmen des Internen Marketing (z.B. Kunden-
kommunikation und Mitarbeiterkommunikation) abgestimmt werden. Absatzmarketing ist bei Dienstleistungsunternehmen damit nicht, wie bei Anbietern ma-
terieller Leistungen, funktional zwischen Produktion und Verwendung geschaltet,
sondern ist ein übergreifendes, funktional in Produktions- und Verwendungspro-
zeß bzw. -phase eingebundenes Konzept.

Die Interdependenzen und Verflechtungen zwischen den Hauptfunktionen Leistungserstellung, Absatz und Beschaffung stellt die folgende Abbildung 3 dar.
Durch die eingezeichneten Pfeile und Doppelpfeile werden die Abhängigkeiten
der zusammenhängenden Funktionen und Stärken der jeweiligen Dependenzen
ausgedrückt. Relevant für die vorliegende Abhandlung ist insbesondere die Verbindung zwischen Programmerstellung, Herstellung der Leistungsbereitschaft
und Transduktion.

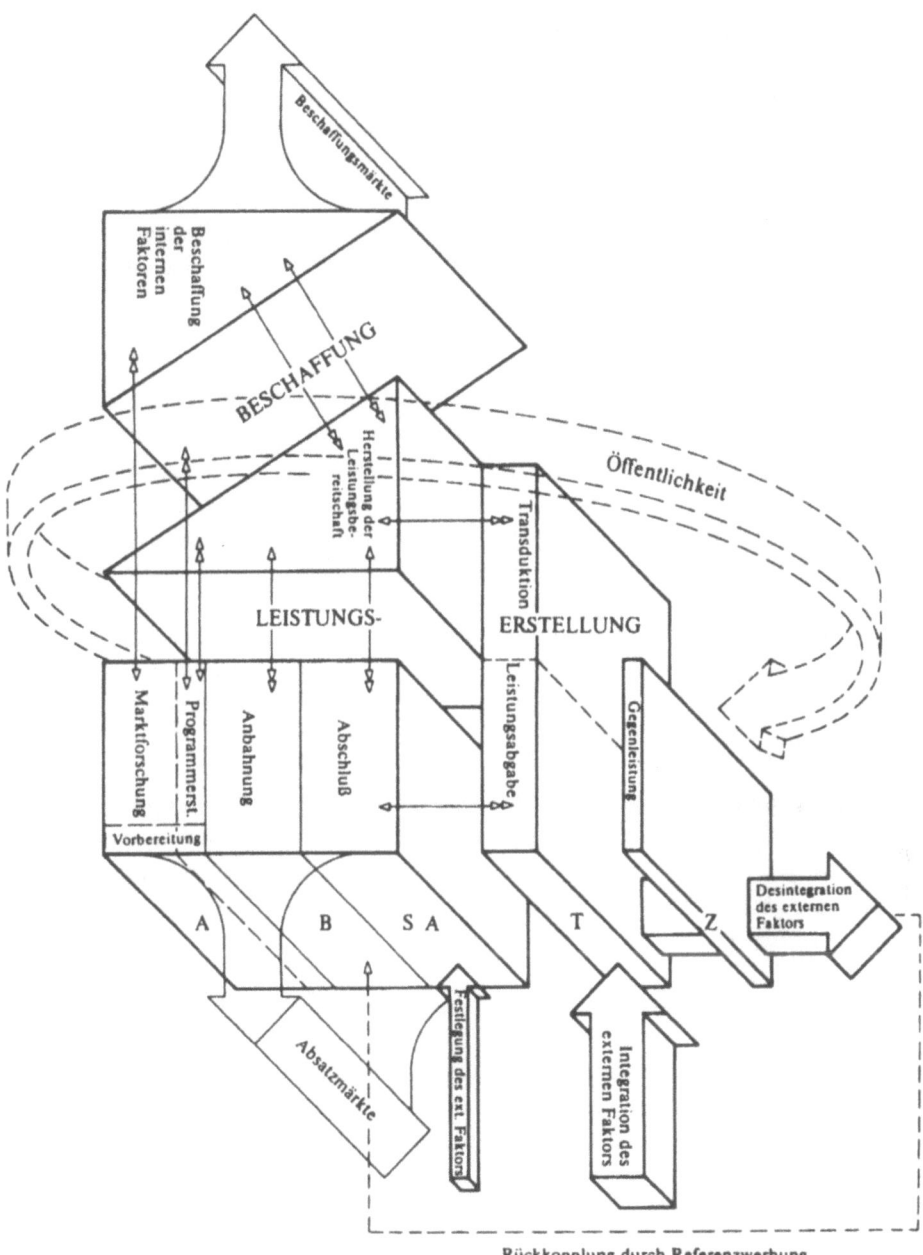

Abbildung 3:   *Interdependenzen im Marketing von Dienstleistungsunternehmen (vgl. Meyer 1994, S. 111)*

3.   Marketingrelevanz der Leistungserstellung

Die beiden kurz dargestellten Funktionen Produktion und Absatz stellen zwei sich überlappende, aber nur teil-identische Funktionen dar. Die geforderte Integration von externen Faktoren in den Erstellungsprozeß bedingt ein Zusammenfallen von Teilen der Funktion Leistungserstellung mit Teilen der Unterfunktion Realisierung der Funktion Absatz. Die *'Abgabe der Leistung'* als grundlegende Absatzfunktion fällt bei Dienstleistungen mit der Transduktion zusammen; insoweit sind Leistungserstellung und Absatz identisch.

Der Transduktion als Teil der Funktion Leistungserstellung ist jedoch die Herstellung der Leistungsbereitschaft der internen Faktoren vorgeschaltet. Auf der Absatzseite ist vor der Realisierung - und damit vor Übertragung der Leistungsfähigkeiten auf externe Faktoren - erst die Beschaffung von integrationsbereiten und integrationsfähigen Subjekten und Objekten erforderlich (z.B. findet ein Großteil der Leistungsgestaltung unter Einbeziehung des Kunden bzw. seiner Objekte statt; Abgabe der Leistung und Transduktion sind identische Prozesse).

Die Teilidentität der Funktionen manifestiert sich damit im eigentlichen Erstellungsprozeß, der durch die Beteiligung von Kunden oder Kundenobjekten an der "Produktion" zu einem Marketingprozeß wird und dort auch unter Marketinggesichtspunkten gemanaget werden muß.

Aus Kundensicht reduziert sich das nachgefragte Dienstleistungsangebot auf die Interaktion aller sichtbaren internen und externen Produktionsfaktoren. Diese Schnittstelle zwischen Anbieter und Nachfrager wird in der anglo-amerikanischen Literatur als "*service encounter*" bezeichnet. Dessen Relevanz fassen Heskett, Sasser und Hart (1990, S. 2) zusammen:

"At the heart of every service is the service encounter. Everything flows from it. A service encounter is the event at which a customer comes into contact with a service provider, its people, its communications and other technology, and the service it provides. It is the point in time at which especially marketing, operations, and human ressource management are brought to bear on the process of creating and delivering a service that meets customers´ needs, percieved risks, and expectations".

Die ökonomische Bedeutung dieses *interaktiven Marketing* belegt der in zahlreichen empirischen Studien erhobene Zusammenhang zwischen Interaktionsqualität, Kundenzufriedenheit und wirtschaftlichem Erfolg (vgl. Reichheld/Sasser 1991, S. 108 ff.)

Beim Management des "service encounter" und damit der Ausgestaltung der im folgenden darzustellenden Marketingdimensionen der Leistungserstellung sind die verschiedenen Standpunkte und Kontexte von Anbietern und Nachfragern zu berücksichtigen:

Nachfrager erleben und beurteilen u.U. die Dienstleistung nicht für sich, sondern bündeln in ihrem Wahrnehmungsraum diverse unterschiedliche, und von verschiedenen Anbietern erstellte Dienstleistungen zu *einem wahrgenommenen* Paket. So wird möglicherweise eine Urlaubsreise als *ein* "Produkt" erlebt und nachträglich auch bewertet. Die einzelnen Dienstleistungen (Flug, Taxifahrt, Hoteldienstleitungen, Sportlehrer etc.) werden zu einem Erlebnisbündel verdichtet. Die Perspektive des Anbieters konzentriert sich hingegen auf sein angebotenes und nachgefragtes Versorgungsobjekt; er kann unmittelbar nur sein Angebot steuern. Möglicherweise wird auch nicht mehr der einzelne Kunde wahrgenommen, sondern nur die gesamte (Reise-) Gruppe, so daß der persönliche Charakter der Dienstleistung verloren geht (ähnlich: Gummesson 1994, S. 86).

Die zwingende Integration des externen Faktors begründet die Marketing-Relevanz der Dienstleistungs-Produktion.

Vier Marketingdimensionen der Leistungserstellung (vgl. Meyer 1994, S. 77 ff.), die sich auf die Ausgestaltung und Interaktion von internen und externen Faktoren beziehen, werden unterschieden und kurz dargestellt (3.1). Anschließend (3.2) wird als weiterer Marketingaspekt der Leistungserstellung die notwendige raum-zeitliche Abstimmung zwischen Anbietern und Nachfragern diskutiert.

3.1   Marketingdimensionen der Leistungserstellung

Kundenorientierte Spezifizierung/Individualisierung der internen Faktorenkombination (Variabilitätsmarketing)

Eine der wesentlichen Aufgaben und Anforderungen an den internen Faktorenkomplex ist die Möglichkeit, Fähigkeit und Bereitschaft einer flexiblen Reaktion auf Veränderungen der Nachfrage und einer flexiblen Reaktion auf Veränderungen auf intra- und interidindividuelle Schwankungen der Kundenanforderungen, um Kundenanforderungen möglichst optimal zu erfüllen bzw. eine optimale Auslastung zu gewährleisten und damit Leerkosten zu vermeiden.

Damit wird die grundsätzliche und die interaktionsspezifische Festlegung des Ausmaßes der zeitlichen, räumlichen, quantitativen und qualitativen Anpassungsfähigkeit der internen Faktoren auf sich ändernde externe Faktoren zur zentralen Aufgabe in diesem Bereich (vgl. Maleri 1991, S. 146 ff.). Dieser notwendigen und von Kundenseite sicherlich erwünschten Individualisierung der Transduktionsprozesse steht auf Anbieterseite ein gesteigertes Risiko nicht-genutzer Leistungskapazitäten gegenüber, da die Spezifizierung des Dienstleistungsangebotes - abgesehen von Individualisierungsmöglichkeiten durch Ausweitung der Kompetenzen der Mitarbeiter während der Leistungserstellung ("empowerment" und "enlargement") bzw. variable Automatisierungssysteme, als Faktoren des Kontaktmarketing - letztlich nur über eine zunehmende Spezifizierung der internen Faktorkombinationen und damit Einschränkung der Flexibilität des Angebotes erreicht werden kann. Ökonomische Folgen dieser Spezifizierung und Individualisierung sind damit Kostensteigerungen und, falls diese nicht über höhere Preise weitergegeben werden können, eine u.U. sinkende Profitabilität.

Neben diesem Kriterium können als weitere für die Variabilität der Erstellungsprozesse bestimmende Kriterien u.a. die Bindungsintensität und Bindungsdauer, die Art der Leistungserstellung-Interaktion sowie die Integrationstiefe genannt werden.

Kundenorientierte Ausrichtung der internen Kontaktfaktoren (Kontaktmarketing)

Die Einbringung der Kunden bzw. ihrer Objekte in die Produktion verlangt die Identifikation und marketinggerechte Gestaltung der Kundenkontaktpunkte und damit der Kontaktfaktoren (Subjekte und Objekte).

Die Kontaktsubjekte als Gesamtheit der Personen mit Kundenkontakt erfüllen während des Transduktionsprozesses folgende Aufgaben (vgl. Bell 1981a, S. 165; Meyer 1994, S. 82):

-   Erstellung bzw. Erbringung der Dienstleistung,
-   Beeinflussung des Verhaltens des Nachfragers zur Gewährleistung einer optimalen Bedürfnisbefriedigung.

Um diese beiden grundsätzlichen Aufgaben aus Sicht des Nachfragers zufriedenstellend erfüllen zu können, ist eine permanente Reaktion auf den jeweiligen Zustand des externen Faktors, sowie eine dauernde situative Anpassung der Dienstleistung im Erstellungsprozeß nötig.

Um eine kompetente und schnelle Reaktion auf sich wandelnde Anforderungen, und damit die Fähigkeit zum sog. "remixing" (Bell 1981a, S. 165) sicherzustellen, werden eine sorgfältige Personalauswahl, Schulungs- und Trainingsmaßnahmen als wesentliche Elemente eines *Internen Marketing* gefordert.

War die Fabrik als typischer, nahezu ikonischer Ort der Leistungserstellung industrieller Prägung dem Kunden unzugänglich und deren Ausgestaltung für seine
Kaufentscheidung zum großen Teil unbedeutend, prägen Dienstleistungsatmo-
sphäre und Raumklima das Erleben und Verhalten der Kunden in hohem Maße.

Ausdrucksweise, Symbol- und Signalcharakter der sinnlich, also visuell, aural,
olfaktorisch und taktil (vgl. Kotler 1973/74, S. 51) wahrnehmbaren "Umgebung"
der Leistungserstellung oder, wie Bitner es nennt, des servicescape (Bitner 1992)
bewirken kognitive und emotionale Reaktionen der Kunden, die aus Sicht des
Anbieters oder Nachfragers ein positives oder negatives Verhalten auslösen
können.

Auf den Zusammenhang der Einwirkung des Raumklimas auf die Zufriedenheit
und Produktivität der Mitarbeiter sind Wissenschaft und Praxis spätestens seit
den Anfängen der human-relations-Bewegung (Hawthorne-Experimente) sensi-
bilisiert. "Ideally, therefore, the organization's environment should support the
needs and preferences of both service employees and customers simultaneously"
(Bitner 1992, S. 58).

Materielle Kontaktobjekte erfüllen in erster Linie Leistungsfunktionen im technischen Sinn, haben darüber hinaus aber auch Kontaktfunktionen (vgl. Meyer
1993b, S. 913).

Methodisch stehen zur Untersuchung der Kontaktsituation und -qualität quantitative und qualitative *Kontaktpunktanalysen* zur Verfügung (vgl. Stauss 1991a,
S. 352 ff.; Stauss 1991c, S. 98 ff.). Die Bestimmung der visible line ist dabei eine
in der Praxis häufig unterschätzte aufbau- und ablauforganisatorisch wichtige Ge-
staltungsaufgabe. Dies bedeutet beispielsweise eine organisatorische Trennung
unterschiedlicher Kontaktsituationen (z.B. telefonische und persönliche Annahme
von Serviceaufträgen), weil sonst Kunden in der Warteschlange vor dem einzigen
geöffneten Annahmeschalter immer unzufriedener werden können, wenn sie Mitarbeiter beobachten, die nicht bedienen, sondern telefonieren.

Integration der externen Faktoren (Integrationsmarketing)

Die zwingende Voraussetzung für die Dienstleistungserstellung und -abgabe,
nämlich die raum-zeitliche (unmittelbare) oder zeitliche (mittelbare) Integration
eines Kunden (Subjektintegration) oder eines Kundenobjektes (Objektintegration) in den Erstellungsprozeß als Produktionsfaktor wirft die grundsätzlichen
Fragen nach

-   der *Integrationsform*,
-   der *Integrationsintensität* und

- der *Integrationswirkung*

auf.

Die Kunden(objekt)integration kann neutrale, positive oder negative Auswirkungen auf das Ergebnis haben. Eine genaue und ausführliche Schilderung des Sachverhaltes durch einen Mandanten kann das Beratungs- und Verhandlungsergebnis eines Rechtsanwaltes positiv beeinflussen; eine unklare oder falsche Angabe des Mandaten kann eher negative Auswirkungen auf das Ergebnis haben. Von neutralen Auswirkungen kann man bei fehlenden unwichtigen Angaben ausgehen.

Die Integration des Kunden erfolgt auf physische, emotionale und/oder intellektuelle Art, wobei die Intensität unterschiedlich stark ausgeprägt sein kann. Die physische Integration besteht häufig in der Zurverfügungstellung von Zeit oder der Übernahme bestimmter Aufgaben im Prozeß (z.B. Squashtraining, Belastungs-EKG). Bei einer intellektuellen Integration bringt der Kunde in erster Linie Informationen, Wissen, Erfahrungen ein (z.B. Universitätsvorlesung, Unternehmensberatung), während eine emotionale Beteiligung sich häufig in einer Identifikation oder einem Mitgliedschafts- oder Zugehörigkeitsgefühl (z.B. Fußballfan) widerspiegelt (vgl. Meyer 1994, S. 86). Die folgende Abbildung 4 macht mit exemplarischen Beispielen verschiedene Integrationsformen und -möglichkeiten nochmals deutlich.

Interaktivität zwischen den externen Faktoren (Interaktivitätsmarketing)

Die Interaktivität zwischen externen Faktoren vor, während und nach der Erstellung kann das Dienstleistungserleben und -erlebnis maßgeblich beeinflussen. Empirische Beispiele, die diese Aussage verdeutlichen, sind rivalisierende Sportfans, Teilnehmer eines Universitätsseminars oder das Studio-Publikum von diversen Game-Shows.

Die Interaktivität wird abhängig von

- der Interaktivitätsart (physisch, intellektuell, emotional),
- der Interaktivitätsintensität (schwach, mittel, hoch) und
- der Interaktivitätswirkung (positiv, negativ, neutral)

beurteilt (siehe Abbildung 5).

Eine positive Interaktivität ist dabei gleichbedeutend mit einer gegenseitigen *Stimulierung* der externen Faktoren, wie sie z.B. bei Fußballanhängern im Fanblock (stark positive, emotionale Interaktivität) oder bei Studenten, die zusammen eine Fallstudie lösen (stark positive, intellektuelle Interaktivität) beobachtbar ist.

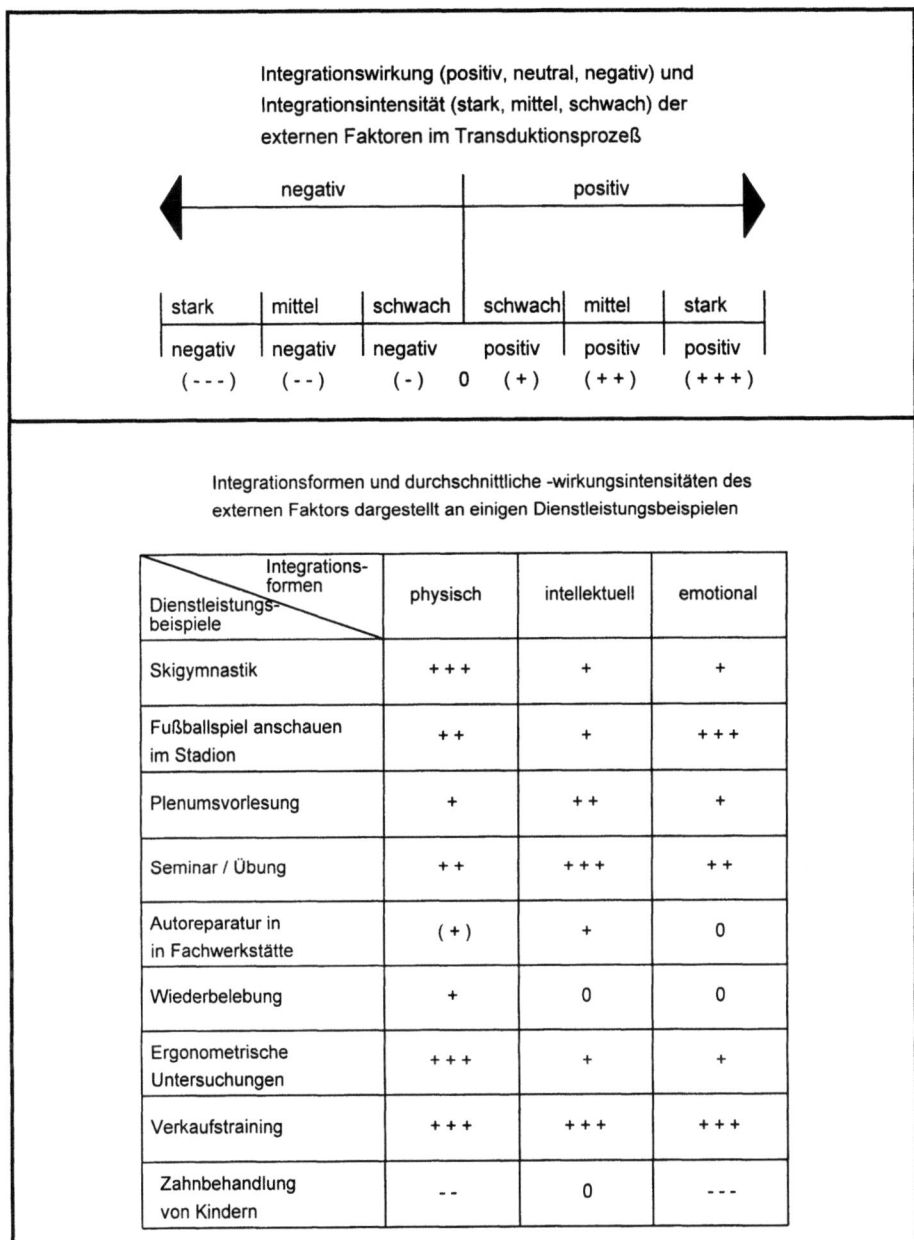

Abbildung 4: Integrationswirkung, -form und -intensität im Transduktionsprozeß (Meyer 1994, S. 87)

Das Gegenteil der Stimulierung, also eine negative Interaktivität, hat eine gegenseitige *Störung* der integrierten Faktoren zur Folge. Beispiele hierfür sind rivalisierende Sport"fans" vor, während und nach der Veranstaltung (stark negative, physische und emotionale Interaktivität) oder Fahrgäste in stark überfüllten Zügen (stark negative, physische Interaktivität).

Diese Interaktivitätswirkungen werden bei der Planung des Diestleistungsangebotes sinnvollerweise berücksichtigt. Negative Interaktivitätswirkungen, die zu einem negativen Dienstleitungserleben und einer negativen Dienstleitungsbeurteilung führen können, sollten vermieden werden. Bei den o.g. Beispielen könnte das zur Konsequenz haben, daß z.B. der Alkoholkonsum im und um das Stadion verboten wird oder die Sitzplatzkapazität der Züge dem erwarteten Fahrgastaufkommen besser angepaßt wird. Um das Ziel einer gegenseitigen Stimulierung zu erreichen, werden Fußballfans vor dem Spiel mit der passenden Musik eingestimmt oder nur solche Studenten für ein Seminar ausgewählt, die einen positiven Beitrag leisten können.

3.2 Räumliche und zeitliche Synchronität von Angebot und Nachfrage

Die direkte Mitwirkung des externen Faktors an der Produktion und damit die direkte Verknüpfung von Leistungserstellung und Leistungsabsatz verlangt eine zumindest zeitliche Synchronität von Angebot und Nachfrage, sowie von Anbieter und Nachfrager. Sind zwischen externen und internen Faktoren keine technischen Übertragungsmöglichkeiten wie z.B. Telefone zwischengeschaltet, ist zudem eine raum-zeitliche Abstimmung zwischen Anbieter und zu integrierendem Faktor notwendig.

Dieses aus den Besonderheiten der Dienstleistung(serstellung) abzuleitende erzwungene Treffen an einem Ort zu einer bestimmten Zeit wirft auf der einen Seite eine Reihe von Problemen auf, insbesondere für die Standortwahl und die Inanspruchnahme des Zeitbudgets des Kunden. Auf der anderen Seite entfallen alle jenen, von der industriellen Produktion her bekannten Aufgaben, die mit der räumlichen, zeitlichen und teilweise auch institutionellen Trennung von Produktion und Absatz verbunden sind, wie z.B. Lagerung, Logistik, Einbindung des Handels etc.

Zeitliche Synchronität

Beide Parteien der Dienstleistungserstellung sind gezwungen, ihre Aktivitäten zeitlich zu koordinieren, und zu synchronisieren. Wegen der erforderlichen Synchronisation und Koordination der Aktivitäten von internen und externen Faktoren ist das "Timing" (Venkatesan/Anderson 1985, S. 54) ein wichtiger Problem-

Interaktivitätswirkung (positiv, neutral, negativ) und
Interaktivitätsintensität (stark, mittel, schwach) zwischen
den externen Faktoren im Transaktionsprozeß.

	negativ			positiv	
	Störung			Stimulation	
stark	mittel	schwach	schwach	mittel	stark
negativ	negativ	negativ	positiv	positiv	positiv
(- - -)	(- -)	(-)	0 (+)	(+ +)	(+ + +)

Interaktivitätsformen und durchschnittliche -wirkungsintensitäten
dargestellt an einigen Dienstleistungsbeispielen:

Dienstleistungs-beispiele \ Interaktivitäts-formen	physisch	intellektuell	emotional
Rivalisierende Fußballfans vor, während und nach einem Fußballspiel	- - -	0	- - -
Zuschauer auf Stehplätzen in einer "Fanecke" bei einem Fußballspiel	+ +	+	+ + +
Zuschauer auf der Ehren-tribühne bei einem Fußballspiel	0	+	+
Patienten im Wartezim-mer eines Heilpraktikers	0	+	+ +
Segelkursteilnehmer bei einem praktischen Segelkurs	-	+	+ +
Studenten in einer Fall-studienlösungsgruppe	0	+ + +	+ +
Fahrgäste in einem überbesetzten Linienbus	- - -	0	- -

Abbildung 5: Interaktivitätswirkung, -formen und -intensitäten im Transduktionsprozeß (Meyer 1994, S. 90)

bereich des Dienstleistungsmarketing. In den meisten Fällen kommt, wie Öff-nungs-, Sprechzeiten oder Flugpläne beweisen, dem Kunden die Aufgabe zu, sich zeitlich dem Angebot anzupassen. Immer häufiger gehen jedoch auch Anbieter dazu über, sich im Sinne einer Kundenorientierung an den zeitlichen Vorstellungen der Nachfrager zu orientieren. So kommen Bankberater nach Feierabend ins Haus, gibt es Wochenenddienste von Ärzten oder können ausgewählte Bankleistungen (Auskunft über Kontostand, Abhebung am Geldautomaten) dank einer Automatisierung rund um die Uhr nachgefragt werden.

Räumliche Synchronität

Ausgenommen des Falles der medialen Dienstleistung (z.B. Telefonseelsorge, Telefonsex) treffen sich Anbieter und Nachfrager an einem Ort. Selbst bei Transport-Dienstleistungen, deren Nutzen in der räumlichen Überbrückung besteht, ist ein Zusammentreffen an einem Ort vor der eigentlichen Dienstleistungserstellung notwendig.

Als Ort der Leistungserstellung wird abhängig von der Mobilität/Immobilität des Leistungspotentials des Anbieters und des externen Faktors der Ort des Anbieters, der Ort des Nachfragers oder ein neutraler Ort gewählt.

Um die Forderung nach Kundenorientierung nicht nur der Absatz-, sondern auch der Produktionssysteme und damit die Anforderung eines räumlichen Näherrückens an die Kunden zu erfüllen, nennen Johnson/Scheuing/Gaida (1986, S. 21) zusammenfassend folgende Möglichkeiten:

- "Locate close to consumption centers.
- Utilize alternate facilities.
- Travel to clients or provide transportation for clients."

IV. Auswirkungen auf konzeptionelle Fragen des Absatzmarketing

Die heterogene Struktur des Dienstleistungs-Sektors sowie die unterschiedlichen, auf das jeweilige Unternehmen wirkenden Umfeld- und Kontextvariablen der internen und externen Situation (z.B. Rechtsverhältnis, Branchenstruktur, Machtverhältnisse, Leistungsprogramm, Unternehmensgröße, Eigentumsverhältnisse, Unternehmensgeschichte) führen, was das Management oder Marketing betrifft, zu einem sehr unterschiedlichen Bewußtseins- und "Professionalisierungs"grad. Gerade in einzelnen Dienstleistungsbranchen (z:B. Gesundheit, Bestattung, freie Berufe) werden Marketingaktivitäten von einem Teil der Gesellschaft und auch einzelnen Unternehmen als problembehaftet bewertet. Die davon abzuleitende mangelhafte Akzeptanz, die vielfach von übertriebenen Werbe- bzw. Verkaufs-

versprechungen im Konsumgüterbereich herrührt, das Verbot oder die starke Einschränkung der freien unternehmerischen Entscheidung bei einigen Teilfunktionen (vgl. Werbeverbot oder Preisnormierung für freie Berufe; Meyer 1989, S. 70
ff. und S. 234 ff.) oder gar der Marketingterminologie führen zu einem Professio-
nalisierungsrückstand des Absatzmarketing in diversen Dienstleistungsbereichen
und -unternehmen (vgl. die Ergebnisse des Deutschen Kundenbarometers;
Meyer/Dornach 1993). Auf der anderen Seite sind es gerade Dienstleistungsunternehmen, die das Erfolgspotential eines konzeptionellen Marketingdenkens im
Sinne einer Absatzmarkt- oder Integrierten Marketingorientierung belegen:
Southwest-Airlines und das *Shouldice-Hospital* sollen als Beispiele genügen
(vgl.hierzu die späteren Abschnitte IV. 2.1 und V.).

1. Leistungserstellung und Absatzmarketing - vor dem Hintergrund des Paradigmenwechsels im Marketing

"Top service companies are 'customer obsessed'. They have a clear sense of their
target customer and the customer needs they are trying to satisfy. They have de-
veloped a distinctive strategy for satisfying these needs that wins enduring customer loyalty" (Kotler, 1994, S. 476). So beschreibt Kotler das "strategic concept" von führenden Dienstleistungs-Unternehmen. Absatzkonzeptionen und -
strategien setzen am primären und notwendigen Ziel der Gewinnung und anschließenden Bindung von Kunden an.

Die bekannten und typischen Instrumentalstrategien wie z.B. Preis-, Kommuni-
kations- und Verkaufsstrategien sind vielfach einseitig auf eine Neukundenge-
winnung ausgerichtet. Gerade im Dienstleistungsbereich hat sich aber der Para-
digmenwechsel von einer *transaktionsorientierten* zu einer *bindungsorientierten*
Sicht des Marketing vollzogen (vgl. Grönroos 1994, S. 7 ff.). Kundenbindung
wird damit als strategisches Ziel und Erfolgsfaktor für Dienstleistungsunternehmen erkannt und diskutiert.

Wichtige Auslöser für die Bereitschaft von Kunden, sich gegenüber dem Unternehmen oder einzelnen internen Kontaktfaktoren loyal zu verhalten, sind *Kundenzufriedenheit* und *"Customer Value"* (vgl. Gale 1994, S. 19 ff.; Naumann
1994, S. 102 ff). Kundenzufriedenheit wird während der Dienstleistungserstellung geprägt und damit stark von der Ausgestaltung der Marketingdimensionen
der Leistungserstellung bestimmt. Als *Leistungsmerkmale eines positiven Erle-
bens* identifizierte die umfangreichste deutsche Studie zum Thema Kundenzufriedenheit, das "Deutsche Kundenbarometer - Qualität und Zufriedenheit", für
die meisten Branchen Höflichkeit/Freundlichkeit, Verläßlichkeit/Glaubwürdig-
keit/Vertrauen und Kompetenz/Kenntnisse (vgl. Meyer/Dornach 1993, S. 25), al-

so Faktoren, die mit dem Variabilitäts- und Kontaktmarketing zu verbinden sind. Parasuraman/Zeithaml/Berry ermittelten in einem für mehrere Dienstleistungs-branchen entwickelten und empirisch überprüften Qualitätsmodell (SERVQUAL-Modell; vgl. Parasuraman/Zeithaml/Berry 1985, S. 41 ff.; Hentschel 1990, S. 230 ff.) als Qualitätsdimensionen das physische Umfeld (Tangibles), Verläßlichkeit (Reliability), Reaktionsbereitschaft (Responsiveness), Leistungskompetenz (Assurance/Competence) und Einfühlungsvermögen (Empathy).

Neben der Kundenzufriedenheit als psychologischer Erklärungsdeterminante der Kundenbindung (vgl. Meyer/Oevermann 1994) können zur Erklärung der Kundenbindung auch Ansätze herangezogen werden, die *Wechselbarrieren* in den Mittelpunkt der Anbieter-/Nachfrager-Beziehung stellen und damit vertragliche bzw. ökonomische Bindungen begründen. Selbst der Fall einer hohen Unzufriedenheit würde dann zu keinem Abbruch der Beziehung führen. Wechselbarrieren ergeben sich im Dienstleistungsbereich beispielsweise aufgrund mangelnder Substitutionsmöglichkeiten (z.B. regionale Monopolstellung bei Abfallentsorgung und öffentlichen Verkehrsnetzen) oder durch vertragliche Bindungen (z.B. Mitgliedschaft in einem Fitneßclub).

Die Anpassung an unterschiedliche externe Faktoren ist eine der Hauptschwierigkeiten bei der Leistungserstellung. Bei Vorliegen einer Kundenbindung, d.h. z.B. einer mehrmaligen Integration des selben externen Faktors sind die für die jeweilige Dienstleistungserstellung erforderlichen Informationen über den externen Faktor schon bekannt. So ist für die richtige Diagnose eines Arztes häufig entscheidend, das Krankheitsbild, die Konstitution etc. des Patienten zu kennen, was die Bedeutung dauerhafter Beziehungen hervorhebt. Der schrittweise Abbau der Informationsassymetrie zwischen Anbieter und Nachfrager durch eine mehrmalige Integration erhöht aufgrund der Möglichkeit einer individualisierten Leistungserstellung die Kundenzufriedenheit, baut Wechselbarrieren auf und ist somit ein wichtiges Ziel des Absatzmarketing.

2.   Auswirkungen auf das Absatzmarktprogramm

Konzeptionelle Entscheidungen determinieren die zukünftige Ausgestaltung des Absatz-Marketing der Einzelwirtschaft. Programmstruktur, Objektprogramm/ Leistungsprogramm, Zielgruppenprogramm und Positionierung können als konstitutive Bestandteile jedes Absatzmarktprogrammes - auch von Dienstleistungsanbietern - angesehen werden (vgl. Meyer 1992, S. 52 ff.).

2.1   Zielgruppenprogramm

Ausgangspunkt der Zielgruppenbestimmung sind Merkmalskataloge, anhand derer eine Marktsegmentierung erfolgen kann. Die bekannten und bewährten personenbezogenen und verhaltensbezogenen Merkmale sind um die auf den externen Faktor gerichteten Variablen der Marketingdimensionen sowie um Merkmale des externen Faktors in der Ausprägung 'Objekt' zu erweitern.

Faktormerkmale		Verhaltensmerkmale
Personalmerkmale	Objektmerkmale	
- geographisch - soziographisch - demographisch - psychographisch	- Klasse - Typ - Objektstatus	- Informationsverhalten - "Kauf-" Verhalten
		- Transduktionsverhalten - Integrationsverhalten - Interaktivitätsverhalten
		- Kundenstatus

Abbildung 6:   Segmentierungskriterien für Dienstleistungsunternehmen (schraffierte
Bereiche: spezifisch für Dienstleistungen)

Da die internen Faktoren in direktem Kontakt mit den Zielgruppen stehen und an bzw. mit ihnen die Leistung erbringen, wird der Transduktionsprozeß durch die Zielgruppenbestimmung maßgeblich mit beeinflußt. Die Möglichkeiten einer Objektintegration verlangen auch die auf den ersten Blick ungewöhnliche Definition von Tieren oder Objekten als Elemente einer Marktsegmentierung und damit eines Zielgruppenprogramms von Dienstleistungsunternehmen. Art, Klasse und Zustand der Integrationsobjekte geben Anhaltspunkte für eine Segmentation des Dienstleistungsangebotes (siehe Abbildung 6).

Die Integrations- oder Interaktionsbereitschaft und -fähigkeit ist insbesondere bei interaktiven Dienstleistungen (Beratung, Tennis-Training, Seminarangebot) ein wichtiges Merkmal des Nachfragerverhaltens. Vor allem dann, wenn der Aktivitätsgrad des externen Faktors erweitert werden soll, ist sicherzustellen, daß die externen Faktoren bereit und fähig sind, diese Aufgabenausweitung zu bewältigen. U.U. sind Anreize zu schaffen, um die Kunden zur Mitarbeit zu motivieren, ihnen ihre Rolle als Koproduzent deutlich zu machen, sie darin einzuweisen bzw. auszubilden. Deswegen sind die Fähigkeiten und Eignung sowie das Potential des externen Faktors schon bei dessen Auswahl zu berücksichtigen.

Basis für alle nachfolgend zu bestimmenden Leistungsangebote ist der jeweilige Kunden- bzw. Objektstatus (z.B. Neukunde, Stammkunde, Neugerät, Gebrauchsgerät etc.).

2.2   Leistungsprogramm

Die Festlegung des Leistungsprogramms umfaßt alle angebotsbezogenen Maßnahmen der Dienstleistungs-Unternehmung in der Potential- und Prozeßphase.

Dabei sind Entscheidungen bezüglich der Zusammensetzung und Struktur des Leistungsprogramms (*Programmgestaltung*) und der Gestaltung der einzelnen Dienstleistungen (*Objektgestaltung*) zu treffen.

Die mangelhafte Standardisierbarkeit vieler Dienstleistungen sowie die vom Kunden meist gewünschte und durch die Faktorintegration auch erzwungene *Individualität* der erstellten und nachgefragten Versorgungsobjekte belegt die meist große Breite des Angebotes. Variationen räumlicher, zeitlicher, quantitativer und qualitativer Art sowie das Reagieren auf unterscheidliche externe Faktoren sind eine Basisanforderung an den Erstellungsprozeß. Damit ist bei persönlich erbrachten Dienstleistungen die Leistungsmodifikation (Relaunch, Revival) geradezu systemimmanent (vgl. Meyer 1994, S. 96).

Der Kern des Leistungsangebotes wird vom Kundennutzen und den Kernkompetenzen eines Dienstleisters bestimmt. Als wesentliche Determinanten der darauf aufbauenden Leistungsgestaltung sollen die Leistungsmerkmale Qualität und Preis kurz dargestellt werden.

Zumindest für personendominante Dienstleistungen ist die hohe Variabilität und nur teilweise mögliche Standardisierbarkeit der Qualität eine Konsequenz aus der subjektiv geprägten Interaktion, also der Angebotsindividualität, die auf intra- und interindividuellen Schwankungen der Verfassung und Anforderungen von internen und externen Faktoren beruht.

Qualität ist im Dienstleitungsmarketing ein relativer Begriff (vgl. Crosby 1986, S. 14); eine Bewertung der Dienstleistungsqualität, also der "Summe der sachlich nachprüfbaren und subjektiv für wichtig (und für wahr) gehaltenen Nutzenerwartungen" (Meyer/Westerbarkey 1992, S. 7) setzt an den Tech- und Touchfaktoren der einzelnen Phasen an.

Die *Prozeßqualität* wird durch die Interaktion der Kontaktfaktoren mit den Kunden, der Interaktion der Kunden untereinander und der Interaktion der Mitarbeiter untereinander bestimmt. Um das Ziel einer hohen Qualität zu erreichen, ist eine sorgfältige Analyse des Dienstleistungsablaufes, z.B. mit Hilfe des von Shostack (1982, 1984) vorgeschlagenen *Blueprinting* notwendig; es wird maßgeblich von der Zufriedenheit der Kunden mit der Interaktivität, der Integrationstiefe und -art oder der Kontaktsituation/-atmosphäre bestimmt. Eine kundenorientierte Ausrichtung und Gestaltung des Erstellungsprozesses und damit der in Abschnitt III. 3.1 vorgestellten Marketingdimensionen ist sicherzustellen.

Eine Verbesserung der Interaktionsqualität hat an Kontaktfaktoren *und* externen Faktoren anzusetzen. Qualifizierungsmaßnahmen sowie Anreizsysteme für interne und externe Faktoren können Ansatzpunkte eines Qualitätsmanagements sein.

Das Beispiel "Bugs Burger Bug Killers" (BBBK), eine in Miami ansässige Schädlingsbekämpfungsfirma, zeigt auf, daß *Qualitätsgarantien* Ausgangspunkte einer Definition des Leistungssystems sein können. Das Konzept einer uneingeschränkten Service-Garantie (bei Unzufriedenheit erhält man das in den letzten 12 Monaten an die Firma gezahlte Geld zurück und BBBK übernimmt ein Jahr lang die Kosten für einen Kammerjäger der eigenen Wahl) stand am Anfang, und erst im folgenden wurde das Leistungssystem - quasi rückwärtsdenkend - der Garantie-Vorgabe entsprechend gestaltet (vgl. Hart 1989, S. 114).

Die zwingend erforderliche Präsenz des externen Faktors in der Prozeßphase und damit die mögliche Identifikation und Bestimmung des *einzelnen* Kunden beinhaltet wichtige Implikationen bezüglich der Möglichkeiten einer *Preisdifferenzierung* oder der Durchsetzung *nicht-linearer Preisstrukturen*. Im Extremfall ist eine personen- oder merkmalsbezogene Preisdifferenzierung denkbar und aufgrund der Heterogenität der einzelnen erstellten Dienstleistungen auch begründbar und durchsetzbar. Da durch Kontrollen ausgeschlossen werden kann, daß Unberechtigte nicht-lineare Preisstrukturen ausnutzen (z.B. Frequent Flyer-Programme), bieten Dienstleistungen auch wesentlich größere Potentiale für die Etablierung nicht-linearer Preisstrukturen als Produkte (vgl. Simon 1992, S. 569).

Die zunehmende Preissensitivität der Kunden, die aggressive Preispolitik vieler Unternehmen und damit die steigende Dominanz des Preises als Wettbewerbsfaktor führt zur Forderung nach einem effektiven Kostenmanagement bei Dienstleistungsunternehmen und induziert Rationalisierungsstrategien, die einen wichtigen Beitrag leisten können, um die Personal- und Leistungsrealisierungskosten zu senken. Aus der Fülle der Rationalisierungsmöglichkeiten (vgl. Lehmann 1993, S. 39 ff.; Meyer 1992b, S. 827 f.) werden zwei Strategien genannt, die in erster Linie den Erstellungsprozeß bzw. die Aufgabenverteilung im Erstellungsprozeß betreffen:

Automatisierung

Die Strategie der Automatisierung ersetzt den Dienstleister "Mensch" durch ein Maschinensystem, welches die Leistungsfähigkeiten und Tätigkeiten der internen Kontaktsubjekte nachahmt und übernimmt. Eine derartige "Objektivierung" (vgl. Engelter 1979, S. 145) erscheint aus Marketingsicht dann sinnvoll, wenn

- eine hohe Variabilität oder Individualität vom externen Faktor nicht gefordert wird (Auskunftsdienstleistungen, Ticketautomat),
- die Interaktivität zwischen den externen Faktoren (Schuhputzautomat) und
- die Interaktion zwischen Anbieter und Nachfrager keine wesentliche Rolle spielen (führerloser Zugverkehr).

Externalisierung

Die Übernahme von Aufgaben durch den Konsumenten und damit die Steigerung des Aktivitätsgrades des Kunden bezeichnen wir mit Corsten (1990, S. 93) als Externalisierung (siehe hierzu auch den Beitrag von Gruhler über "Outsourcing ..." in diesem SzU-Band). Die Übernahme von Aufgaben im Produktionsprozeß durch den Nachfrager ist dabei abhängig von dessen Fähigkeit und Bereitschaft, seinen Aktivitätsgrad und damit seine Rolle als Co-Produzent auszudehnen. Die Bereitschaft des Kunden kann durch die erhöhte Transparenz des Leistungserstellungsprozesses, durch die Freude an der eigenen Leistung und das Ziel des Preisvorteiles begründet werden (vgl. Corsten 1989, S. 31). Um eine physische oder intellektuelle Überforderung des Nachfragers zu vermeiden, ist die Auswahl der dem Nachfrager übertragenen Prozesse entscheidend oder ist der Nachfrager entsprechend einzuweisen bzw. zu schulen.

Dienstleistungen, welche durch niedrige Preise und damit Kosten und hohe Qualität gekennzeichnet sind, gelten als besonders erfolgversprechende Angebote. Marketingstrategien setzen an diesen beiden Ebenen an und versuchen (dynamische Betrachtung), Kostensenkungen und Qualitätssteigerungen gemeinsam zu erreichen.

Daß derartige Stategien möglich und auch erfolgreich sein können, beweist der Erfolg der Fluggesellschaft *"Southwest"*. Pünktlichkeit, häufige Flugverbindungen, freundliches Personal und niedrige Preise führen zu einer hohen Kundenzufriedenheit und Qualitätswahrnehmung, obwohl die Gesellschaft keine Sitzplätze zuweist, keine Mahlzeiten anbietet und ihr Reservierungssssystem nicht mit anderen Fluggesellschaften abstimmt. Hohe Qualitätswahrnehmung und Kosteneinsparungen, die in günstigen Preisen weitergegeben wurden, führten letztlich dazu, daß Southwest in den 21 Jahren des Bestehens profitabel wirtschaftete und 1992 als einzige der "major airlines" Gewinn erzielte (vgl. Heskett et al. 1994, S. 167 f.; Sebastian/Lauszus 1994, S. 28).

2.3 Positionierung

Eine unverwechselbare Marktposition, eine unique sellig proposition (USP) und damit eine eindeutige Abgrenzung von den Mitbewerbern gelten als Voraussetzungen, um in den jeweiligen Versorgungssystemen erfolgreich bestehen zu können. Als für Dienstleistungsunternehmen besonders erfolgreiche Positionierungsstrategie nennt Heskett die Umsetzung von Branchennachteilen in Wettbewerbsvorteile (vgl. Heskett 1988, S. 48), deren Basis häufig brachenübergreifendes Benchmarking sein kann.

Die Dimensionen oder Eigenschaften des Positionierungs- und damit Wahrnehmungsraumes der Nachfrager, d.h. letztlich die zentralen Nutzenkategorien, setzen bei Dienstleistern sinnvollerweise an Variablen der Marketingdimensionen der Leistungserstellung an. Daran orientierte Positionierungsstrategien könnten beispielhaft folgendermaßen gestaltet werden (vgl. Meyer 1994, S. 99):

- Variabilitätsvariablen, wie
    - Individualität des Transduktionsprozesses (Positionierungsbeispiel: kombiniertes Marktforschungs-/Beratungsunternehmen),
    - Leistungsbereitschaftshöhe und -stadium (Positionierungsbeispiel: Schnelldienst von Fotolabors);

- Kontaktvariablen, wie
    - kommunikative Anforderungen an interne Kontaktfaktoren (Positionierungsbeispiel: deutsches Krankenhaus für arabische Kunden mit arabisch sprechenden Übersetzern/Krankenschwestern),
    - Gestaltung der Kontaktobjekte (Positionierungsbeispiel: umweltgerechtes Kongreßzentrum);

- Integrationsvariablen, wie
    - Integrationsform und -intensität (Positionierungsbeispiel: Umzugsspedition, bei der der Nachfrager während des Transduktionsprozesses mithilft);

- Interaktivitätsvariablen, wie
    - Interaktivitätsform und -intensität (Positionierungsbeispiel: Sportstudio für Damen);

- Objektvariablen, wie

- Objektzustand (Positionierungsbeispiel: Spezialwerkstätte für PKW-Un-
  fallinstandsetzung),
- Objektklasse/-typ (Positionierungsbeispiel: Reparaturwerkstätte für
  Luxuslimousinen).

3.   Auswirkungen auf die Kommunikation

Die Kommunikation eines Angebotes wirft im Dienstleistungsmarketing aufgrund der visuellen Nicht-Wahrnehmbarkeit, der Komplexität und Abstraktheit
des "Produktes" eine Reihe von Problemen auf. Eine exakte Angebotsdefinition
ist insbesondere aufgrund des Externums als Unsicherheitsfaktor erschwert (vgl.
Meyer 1993b, S. 909). Die von Legg/Baker (1987, S. 163) zur Verständlichma-
chung der Dienstleistung vorgeschlagenen Kommunikationsstrategien *"vividness"*
(Lebendigmachung) bzw. *"dramatizing"* (Dramatisierung) können auch am
Dienstleistungsprozeß ansetzen. Folgende Möglichkeiten bieten sich an (vgl.
Meyer 1993b, S. 909):

- Dramatisierung der Kontaktsubjekte, der materiellen Kontaktobjekte und der
  Kontaktatmosphäre (z.B. Ärzte, Geräte, Zimmer eines Krankenhauses),
- Dramatisierung des Ablaufes der Erstellung (z. B. Operation),
- Dramatisierung des Nutzens (z. B. Wiederherstellung der Gesundheit).

Im Erstellungsprozeß sind ein Großteil der Marketingfunktionen kommunikativer
Natur, wodurch der sog. "interaktiven Kommunikation" zwischen Kontaktfaktoren und Kunden entscheidende Bedeutung zukommt.

Im Rahmen der Gestaltung der vier Marketingdimensionen ergeben sich spezifische Kommunikationsaufgaben (vgl. die ausführliche Darstellung bei Meyer
1993b, S. 912 ff.), die insbesondere von den internen Produktionsfaktoren und
der Kontaktatmosphäre als zusätzlichen ´Kommunikationskanälen´ (vgl. George/
Berry 1989, S. 395) erbracht werden.

4.   Auswirkungen auf "Verkauf" und Realisierung

Die Besonderheit des "Verkaufes" von Dienstleistungen liegt darin begründet,
daß zum Vertragsabschluß, also zum Zeitpunkt des "Verkaufs", das Versorgungsobjekt noch nicht existiert, die Dienstleistung also noch nicht erbracht ist.
Während bei materiellen Gütern der Verkauf funktional und zeitlich auf die Produktion folgt, ist die Reihenfolge bei Dienstleistungen genau umgekehrt. Das hat
zur Konsequenz, daß die Dienstleistung vor Vertragsabschluß nicht besichtigt
werden kann. Bestenfalls können mündlich oder schriftlich Abläufe der Dienst-

leistungserstellung oder der angestrebte Zustand der externen Faktoren nach der Erbringung beschrieben und/oder versprochen bzw. garantiert (*Service-Garantien*; vgl. Hart/Schlesinger/Maher 1992; Hart 1989) werden. Die Problematik dabei liegt jedoch in dem noch zu spezifizierenden externen Faktor begründet, dessen Mitwirkung und Einwirkung auf oder im Erstellungsprozeß vor der Leistungserbringung nur abgeschätzt, niemals aber exakt vorhergesagt werden kann.

Die Realisierung des gegenseitigen Leistungsaustausches ist, wie im Gliederungspunkt III. aufgezeigt, die Schnittstelle zwischen Produktion und Absatz. Die Abgabe der Leistung durch den Anbieter ist gleichbedeutend mit der Transduktion während der Leistungserstellung.

Realisierungsbereitschaft, -zuverlässigkeit, -flexibilität, -zeit und -ort als maßgebliche Entscheidungs- und Gestaltungsbereiche einer Dienstleistungsmarketing-Logistik werden von internen und externen Faktoren bestimmt und im Transduktionsprozeß konkretisiert.

Die Realisierungszeit wird zunehmend als maßgebliche Determinante des Dienstleistungsangebotes erkannt und diskutiert:

Grundsätzlich hat der Konsument zu entscheiden, ob und wann er sein Zeitbudget mit der Inanspruchnahme der Dienstleistung belasten will. Dies gilt insbesondere für primär aufgrund des Ergebnisses nachgefragte Dienstleistungen (z.B. Briefbeförderung, Zahnarztbehandlung, Autoreparatur), die gemäß dem Konzept der linearen Zeit eine Minimierung der Transduktions- sowie der vor- und nachgelagerten Transfer-, Abwicklungs- und Wartezeiten (vgl. Stauss 1991b, S. 82) verlangen. Liegt der Fall einer prozeduralen, aufgrund des eigentlichen Prozesses nachgefragten Dienstleistung, wie z.B. eine Abenteuertour oder eine Theatervorstellung, die "zum Miterleben angeboten und nachgefragt werden" (Berekoven 1968, S. 27) vor, so zählt nicht eine Zeitminimierung, sondern ein an die innere Logik ausgerichtetes Zeitverständnis. Marketingaufgabe ist, die Realisierungs- (Transduktions- oder Produktions-)zeit zu bestimmen, festzulegen, falls möglich zu standardisieren, und, falls nötig, zu kommunizieren. Ein "Austarieren" der Erwartungen der Kunden und der Anforderungen bzw. Beschränkungen des Prozesses sind eine notwendige Aufgabe der Teilfunktion Realisierung. Das Anstreben von Wettbewerbsvorteilen auf der Basis von Zeit-Vorteilen kann als Konsequenz eine völlige Neustrukturierung von Leistungserstellungsprozessen bzw. -systemen im Sinne von Business-Reengineering (vgl. Hammer/Champy 1994) bedingen.

Die Mitbestimmung der Marketinglogistik und damit der Realisierungsbereitschaft, -zuverlässigkeit und -flexibilität durch das Externum als Unsicherheitsfaktor der Distribution verlangt u.a., die Realisierungsziele mit dem Kunden zu bestimmen und den Kunden zur zielfördernden Mitarbeit anzuregen.

V. Schlußbetrachtung

Die Auswirkungen der vielfachen Interdependenzen von Absatz und Produktion und damit die Marketingrelevanz der Leistungserstellung lassen sich insbesondere an den Kunden und den internen Kontaktsubjekten konkretisieren. Als interne und externe Produktionsfaktoren bestimmen sie maßgeblich einzubringende Potentiale, Dienstleistungsprozesse und -ergebnisse und als Folge die vom Kunden wahrgenommene Dienstleistungsqualität und sind zugleich als externe bzw. interne Kunden die Zielgruppen des Absatz-, Beschaffungs- und Internen Marketing.

Unter dem Stichwort *"Internes Marketing"* werden Konzepte und Strategien zusammengefaßt, die insbesondere die Qualität, Motivation, Flexibilität und Kundenorientierung im Handeln der *internen Kontaktsubjekte* sicherstellen und damit die externe Marketing- und Leistungserstellungsstrategie absichern sollen. Aber nicht nur die Mitarbeiter, auch die *Kontaktobjekte* sind Zielgruppen eines internen Marketing. Eine, wie vom Kontaktmarketing geforderte, an den Bedürfnissen der Kunden ausgerichtete Gestaltung der materiellen Objekte und immateriellen Zustände fällt damit ebenso in den Aufgabenbereich des internen Marketing wie die Sicherstellung der an die internen Kontaktsubjekte gestellten Anforderungen, wie Kontaktfähigkeit, Improvisationsgabe, Selbstbeherrschung, Glaubwürdigkeit, Sensibilität und Kompetenz (vgl. Hilke 1989, S. 28 f.; Kotler/Roberto 1991, S. 274).

Internes Marketing und externes (Absatz-) Marketing gehen also Hand in Hand; beide Teilbereiche sind in ein einheitliches, übergreifendes Marketingkonzept zu integrieren (*integriertes Marketing*; vgl. Abbildung 2), um ein ganzheitliches und erfolgreiches Wirken eines Unternehmens zu gewährleisten. Produktion und Absatz (Marketing) als abhängige Teilfunktionen dürfen also in Dienstleistungsunternehmen nicht isoliert betrachtet und - in der Umsetzung - auch nicht organisatorisch separiert werden.

Eine *organisatorische Orientierung* an den "moments of truth", also den Augenblicken des Dienstleister-Kunden-Kontaktes (vgl. Stauss 1991a, S. 348) verlangt *flexible Organisationsformen* - z.B. Netzwerkorganisationen der virtuellen Unternehmung (vgl. Gummesson 1994, S. 80 f.) -, die den "kundennahen Stellen eine Koordination der Ablaufprozesse und der Marketingaktivitäten" (Lehmann

1993, S. 46) erlauben. Die Mitarbeiter im Kundenkontakt treffen als *'part time marketer'* (vgl. Gummesson 1994) die für den Erstellungsprozeß notwendigen Entscheidungen in Übereinstimmung mit den Zielen und Strategien der Unternehmung. Die Organisationspyramide wird gedreht (siehe Abbildung 7). Das Marketing-Management wird von der Führungsebene auf die Ebene der operationellen Abläufe verlagert, "auf der letztendlich jeder einzelne 'Manager' seiner Situation ist" (Lehmann 1993, S. 46). Der Vorgesetzte erteilt damit weniger Vorschriften, sondern ist Unterstützer der kundennahen Einheit.

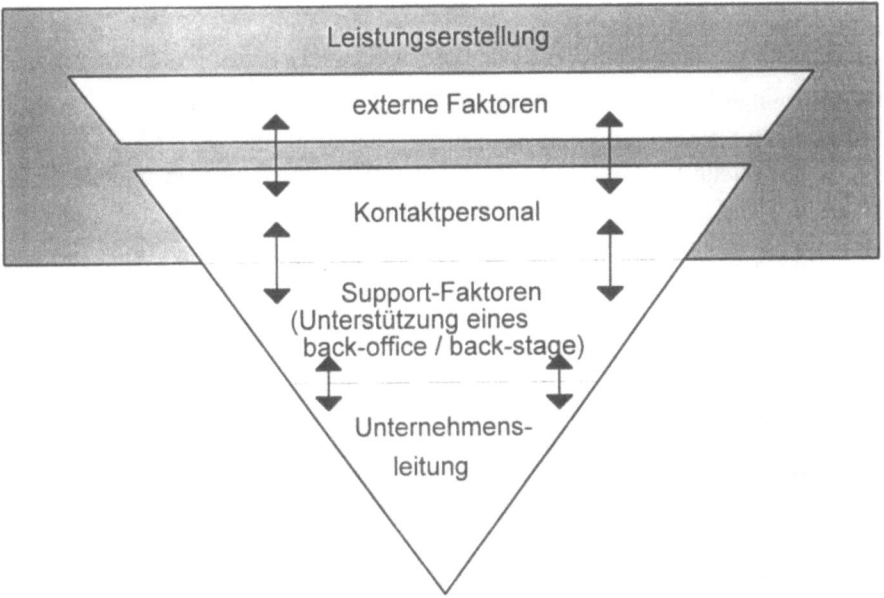

Abbildung 7:   Dienstleistungorientierte Organisationsebenen

Am Beispiel des *Shouldice-Hospital* sollen die aufgeworfenen konzeptionellen Fragen des Absatzmarketing zusammenfassend und abschließend aufgezeigt werden (vgl. Heskett 1988, S. 29 ff.; Sasser/Hart/Heskett 1991, S. 91 ff.; Fitz-•simmons/Fitzsimmons 1994, S. 52 f.):
Dieses "wohl erfolgreichste Krankenhaus der Welt" (Heskett 1988, S. 29) hat sich auf bestimmte chirurgische Eingriffe spezialisiert: Nach der sog. "Shouldice-Methode" werden jährlich mehr als 7000 Leistenbrüche operiert, wobei die Ärzte "hier mindestens 12 mal so effektiv arbeiten wie ihre Kollegen anderswo" (ebd.). Ein hoher Aktivitätsgrad der Patienten (z.B. Selbst-Rasur vor der Operation; selbständiges Aufstehen vom Operationstisch; Weitergabe der Erfahrungen an andere Patienten, um diesen die Operationsangst zu nehmen) sowie die hohe Spezialisierung und Qualifikation des Personals kennzeichnen das Leistungserstellungssy-

stem; als externe Faktoren werden nur Personen integriert, die speziellen Anforderungen (guter Gesundheitszustand, Leistenbruch, der ohne Vollnarkose zu beheben ist) genügen. Das Kontaktdesign (Gebäudearchitektur, Zimmerausstattung) wurde so gestaltet, daß eine schnelle Genesung (Ziel: Krankenhausaufenthalt von 4 Tagen) begünstigt wird: Um Duschen, Fernseher oder Telefone in Anspruch nehmen zu können, sind andere Räume aufzusuchen und oft Treppen zu steigen. Trotz der hohen Potential-, Prozeß- und Ergebnisqualität können die Leistungen zu einem im Vergleich mit anderen Einrichtungen günstigen Preis angeboten werden, da die Kostenstruktur, wie aus den obigen Ausführungen ableitbar, niedrig ist. So ist beispielsweise die krankenhauseigene Wäscherei mit nur zwei Personen besetzt, da man die Patienten anhält, möglichst wenig Zeit im Bett zu verbringen.

Die Zufriedenheit der Kunden drückt sich in einem Alumnitreffen aus, das jährlich etwa 1500 ehemalige Patienten besuchen. Obwohl eine Kundenbindung im Sinne eines "Wiederkaufes" als Unternehmensziel ausgeschlossen werden kann, ist die emotionale Loyalität der Kunden die Basis einer externen Kommunikation via Weiterempfehlung durch ehemalige Patienten[3].

Anmerkungen

1 Bei der Definition des Konsumenten als sog. *"prosumer"* oder *"Prosumenten"* wird meist auf Alvin Toffler (1980, S. 272 ff.) verwiesen, der den (Wieder-) Aufstieg des Prosumenten in der *"Dritten Welle"* verkündet: Die Prosumenten-Ökonomie der Agrarwirtschaft wurde von einer industriellen Produktion für den Markt abgelöst. Die Trennung von Produzent und Konsument, von Sektor A (unbezahlte Arbeit, die direkt für sich selbst oder die Familie erbracht wird; Selbstversorgung) und Sektor B (Produktion von Versorgungsobjekten, die insbesondere auf Märkten angeboten werden) einer Volkswirtschaft, verliert in der Dritten Welle jedoch immer mehr an Konturen und Bedeutung. Die Toffler'sche Definition der Prosumenten-Ökonomie als "Produktion für den Eigenverbrauch" (Toffler 1980, S. 273) macht deutlich, daß der Begriff "prosumer" nicht eindeutig belegt ist. Der Kunden als Co-Produzent im Dienstleistungsprozeß wird ebenso als prosumer bezeichnet wie der Produzent für den Eigenverbrauch bei Toffler.

2 Der gesamtwirtschaftliche Ansatz und damit die Schule um P. W. Meyer *unterscheidet* zwei Arten von immateriellen Versorgungsobjekten, die vom Großteil der Literatur unter dem Dienstleistungsbegriff subsummiert werden: *Dienste* als "immaterielle menschliche Leistungsfähigkeiten" (Meyer 1992a, S. 16) und *ökonomische Chancen* als "Versorgungsobjekte, die einen Anspruch garantieren, der auf die Realisierung einer kollektiven - mindestens also zweiseitigen - Vereinbarung zwischen Einzelwirtschaften gerichtet ist" (ebd.). Legt man diese Definitionen sowie die spezifischen Tätigkeiten von z.B. Banken (Aktiv-/Passiv-Geschäft als Hauptgeschäft) einer marketingsystembezogenen Betrachtung zugrunde, ist die Kategorisierung von Banken als Systemanbieter bzw. Chancen-Handels-Unternehmen gerechtfertigt (vgl. Berekoven 1974, S. 42 ff.; Meyer/Meyer 1985) und für eine

praxeologische wissenschaftliche Betrachtung auch sinnvoll. Ähnlich kann für die anderen genannten Beispiele argumentiert werden (vgl. auch Schweizer 1993, S. 146 ff.).

3 Daß dieses Konzept - aufgrund der "Rosinenpickerstrategie" - nicht auf alle Krankenhäuser übertragbar ist, ist den Verfassern natürlich bewußt.

Summary

In a service company production and marketing can be separated neither functionally nor institutionally. The specifics pertaining to services - especially the simultaneousness of production and consumption and the integration of an external factor into the service process - cause the marketing relevance of the service production.
The
-   customer-oriented specification and individualization of the internal factor-combination,
-   customer-oriented design of the internal contact factors,
-   integration of external factors, and
-   interactions between external factors
are considered to be the interactive marketing dimensions of the service production.
The close relationship between and partial overlapping of both functions - marketing and production - has an effect on the conceptional aspects of marketing: service program, particularly price and quality, target group program, positioning and several other marketing decisions.

Literaturverzeichnis

Bell, M. L.: Tactical Service Marketing and the Process of Remixing, in: Marketing of Services, hrsg. v. J. H. Donelly und W. R. George, Chicago 1981a, S. 163-167

Bell, M. L.: A Matrix Approach to the Classification of Marketing Goods and Services, in: Marketing of Services, hrsg. v. J. H. Donelly und W. R. George, Chicago 1981b, S. 208-212

Berekoven, L.: Die Besonderheiten der Werbung immaterieller Güter, in: Betriebswirtschaft und Marktpolitik, hrsg. v. E. Kosiol und E. Sudhoff, Köln/Opladen 1968, S. 19-30

Berekoven, L.: Der Dienstleistungsbetrieb - Wesen - Struktur - Bedeutung, Wiesbaden 1974

Berry, L. L.; Parasuraman, A.: Marketing Services, Competing Through Quality, New York u.a. 1991

Bitner, M. J.: Servicescapes: The Impact of Physical Surroundings on Customers and Employees, in: Journal of Marketing, 56. Jg. (1992), H. 4, S. 57-71

Booms, B. H.; Bitner M. J.: Marketing Strategies and Organization Structures for Service Firms, in: Marketing of Services, hrsg. v. J. H. Donelly und W. R. George, Chicago 1981, S. 47-51

Corsten, H.: Dienstleistungsmarketing. Elemente und Strategien, in: Jahrbuch der Absatz- und Verbrauchsforschung, 35. Jg. (1989), S. 23-40

Corsten, H.: Betriebswirtschaftslehre der Dienstleistungsunternehmungen, 2. Aufl., München/Wien 1990

Crosby, P. B.: Qualität bringt Gewinn, Hamburg 1986

Engelhardt, W. H.; Kleinaltenkamp, M.; Reckenfelderbäumer, M.: Leistungsbündel als Absatzobjekte, in: Zeitschrift für betriebswirtschaftliche Forschung, 45. Jg. (1993), S. 395-426

Entgelter, K.-A.: Das Rationalisierungspotential im Dienstleistungsbereich - zu den Möglichkeiten der Substitution persönlicher Leistungsträger durch realtechnische Systeme im Bereich der Produktion immaterieller Güter, Frankfurt a.M. 1979

Fitzsimmons, J. A.; Fitzsimmons, M. J.: Service Management for Competitive Advantage, New York u.a. 1994

Gale, B. T.: Managing customer value: creating quality and service that customers can see, New York 1994

George, W. R.; Berry L. L.: Guidelines for the Advertising of Services, in: Managing Service Marketing, hrsg. v. J. E. G. Bateson, 1989, S. 394-415

Grönroos, C.: From Scientific Management to Service Management, A Management Perspective for the Age of Service Competition, in: International Journal of Service Industry Management, 5. Jg. (1994), H. 1, S. 5-20

Gummesson, E.: Service Management. An Evaluation and the Future. in: International Journal of Service Industry Management, 5. Jg. (1994), H. 1, S. 77-96

Hammer, M.; Champy, J.: Business Reengineering: die Radikalkur für das Unternehmen, Frankfurt a.M./New York 1994

Hart, C. W. L.: Auch Dienstleistern nutzen Garantien, in: Harvard manager, 11. Jg. (1989), H. 1, S. 114-121

Hart, C. W. L.; Schlesinger, L. A.; Maher, D.: Guarantees Come to Professional Service Firms, in: Sloan Management Review, 34. Jg. (1992), Spring, S. 19-29

Hentschel, B.: Die Messung der wahrgenommenen Dienstleistungsqualität mit SERVQUAL, eine kritische Auseinandersetzung, in: Marketing - Zeitschrift für Forschung und Praxis, 12. Jg. (1990), S. 230-240

Heskett, J. L.: Management von Dienstleistungsunternehmen: erfolgreiche Strategien in einem Wachstumsmarkt, Wiesbaden 1988

Heskett, J. L.; Sasser, W. E.; Hart, C. W. L.: Service Breakthroughs, Changing the Rules of the Game, New York u.a. 1990

Heskett, J. L., et al.: Putting the Service-Profit Chain to Work, in: Harvard Business Review, 50. Jg. (1994), H. 2, S. 164-174

Hilke, W. (Hrsg.): Dienstleistungs-Marketing, Bd. 35 der Schriften zur Unternehmensführung, Wiesbaden 1989

Johnson, E. M.; Scheuing, E. E.; Gaida, K. A.: Profitable Service Marketing, Homewood 1986

Johnston, R.: Operations: From Factory to Service Management, in: International Journal of Service Industry Management, 5. Jg. (1994), H. 1, S. 49-63

Kaas, K. P.: Kontraktgütermarketing als Kooperation zwischen Prinzipalen und Agenten, in: Zeitschrift für betriebswirtschaftliche Forschung, 44. Jg. (1992), S. 884-901

Kent, R. A.: Faith in Four Ps: An Alternative, in: Journal of Marketing Management, 1. Jg. (1986), H. 1, S. 145-154

Kotler, P.: Atmospherics as a Marketing Tool, in: Journal of Retailing, 69. Jg. (1973-1974), H. 4, S. 48-64

Kotler, P.: Marketing Management. Analysis, Planning, Implementation, and Control, 8th edition, Englewood Cliffs 1994

Kotler, P.; Roberto, E.: Social Marketing, Düsseldorf u.a. 1991

Langeard, E.; Batesen, J. E. G.; Lovelock, C. H.; Eiglier, P.: Service Marketing: New Insights from Consumers and Managers, Cambridge 1981

Legg, D.; Baker, J.: Advertising Strategies for Service Firms, in: Add Value To Your Service, ed. by C. Suprenant, Chicago 1987, S. 163-168

Lehmann, A.: Dienstleistungsmangement - Strategien und Ansatzpunkte zur Schaffung von Servicequalität, Zürich 1993

Leitherer, E.: Betriebliche Marktlehre, 3. Aufl., Stuttgart 1989

Maleri, R.: Grundlagen der Dienstleistungsproduktion, 2. Aufl., Berlin u.a. 1991

Meyer, A.: Dienstleistungsmarketing: Erkenntnisse und praktische Beispiele, 1. Aufl., Augsburg 1983

Meyer, A.: Die Automatisierung und Veredelung von Dienstleistungen - Auswege aus der dienstleistungsinhärenten Produktivitätsschwäche, in: Jahrbuch der Absatz- und Verbrauchsforschung, 33. Jg. (1987), S. 25-46

Meyer, A.: Freie Berufe und Betriebswirtschaft; Probleme, Lösungsansätze, empirische Ergebnisse, Augsburg 1989

Meyer, A.: Dienstleistungs-Marketing, in: Die Betriebswirtschaft, 51. Jg. (1991), S. 195-209

Meyer, A.: Automatisierte Dienstleistungen durch Informationstechnik, in: Handbuch des Electronic Marketing, hrsg. v. A. Hermanns und V. Flegel, München 1992b, S. 825-835

Meyer, A.: Das Absatzmarktprogramm, in: Integrierte Marketingfunktionen, hrsg. v. P. W. Meyer, 3. Aufl., Stuttgart/Berlin/Köln 1992c, S. 52-83

Meyer, A.: Dienstleistungs-Marketing, in: Marketing-Systeme, Grundlagen des institutionalen Marketing, hrsg. v. P. W. Meyer und A. Meyer, 2. Aufl., Stuttgart 1993a, S. 173-220

Meyer, A.: Kommunikationspolitik von Dienstleistungsunternehmen, in: Handbuch Marketing-Kommunikation, Strategien - Instrumente - Perspektiven, hrsg. v. R. Berndt und A. Hermanns, München 1993b, S. 897-921

Meyer, A.: Dienstleistungsmarketing: Erkenntnisse und praktische Beispiele, 6. Aufl., München 1994

Meyer, A.; Dornach, F.: Das Deutsche Kundenbarometer 1993, hrsg. v. Deutsche Marketing-Vereinigung e.V. und Deutsche Bundespost POSTDIENST, Düsseldorf/ Bonn 1993

Meyer, A.; Oevermann, D.: Kundenbindung, in: Handwörterbuch des Marketing, hrsg. v. B. Tietz, R. Köhler und J. Zentes, Stuttgart 1994 (im Druck)

Meyer, A.; Westerbarkey, P.: Incentive and Feedback-Systems as a way to Improve Service Quality, schriftliche Fassung eines Vortrages bei der QUIS 3-Tagung in Karlstadt, 14.-17. Juni 1992, unveröffentlicht

Meyer, P. W.: Der Integrierte Marketingansatz und seine Konsequenz für das Marketing, in: Integrierte Marketingfunktionen, hrsg. v. P. W. Meyer, 3. Aufl., Stuttgart/Berlin/Köln 1992a, S. 13-30

Meyer, P. W.; Meyer, A.: Handel oder Dienstleistung - Die Bank im Spannungsfeld zweier Marketing-Systeme, Standortbestimmung und kritische Anmerkungen zum Marketing der Banken und Sparkassen, in: Jahrbuch der Universität Augsburg 1984, Augsburg 1985, S. 135-143

Meyer, P. W.; Tostmann, T.: Die Revolution findet nicht statt, in: absatzwirtschaft, 22. Jg. (1979), H. 10, S. 22-27

Naumann, E.: Creating customer value: the path to sustainable competitive advantage, Cincinnati 1994

Nieschlag, R.; Dichtl, E.; Hörschgen, H.: Marketing, 15. Aufl., Berlin 1988

Parasuraman, A.; Zeithaml, V. A.; Berry, L. L.: A Conceptual Model of Service Quality and Its Implications for Future Research, in: Journal of Marketing, 49. Jg. (1985), Fall, S. 41-50

Reichheld, F. F.; Sasser, W. E.: Zero-Migration: Dienstleister im Sog der Qualitätsrevolution, in: Harvard manager, 13. Jg. (1991), H. 4, S. 108-116

Sasser, W. E.; Hart, C. W. L.; Heskett, J. L.: The Service Management Course, Cases and Readings, New York u.a. 1991

Schade, C.; Schott, E.: Kontraktgüter als Objekte eines informationsökonomisch orientierten Marketing, Arbeitspapier Nr. 1 des DFG-Forschungsprojektes "Grundfragen einer informationsökonomischen Theorie des Marketing", Frankfurt 1991

Schweizer, M.: Das Marketing der Anbieter ökonomischer Chancen, in: Marketing-Systeme, Grundlagen des institutionalen Marketing, hrsg. v. P. W. Meyer und A. Meyer, 2. Aufl., Stuttgart 1993, S. 139-172

Sebastian, K.-H.; Lauszus, D.: Value Marketing, höherer Kundenwert und höhere Gewinne, in: Gablers's Magazin, 8. Jg. (1994), H. 2, S. 27-31

Shostack, G. L.: How to design a service, in: European Journal of Marketing, 16. Jg. (1982), No. 1, S. 49-63

Shostack, G. L.: Designing Services that Deliver, in: Harvard Business Review, 62. Jg. (1984), January-February, S. 133-139

Simon, H.: Preismanagement, Analyse - Strategie - Umsetzung, 2. Aufl., Wiesbaden 1992

Stauss, B.: "Augenblicke der Wahrheit" in der Dienstleistungserstellung: Ihre Relevanz und ihre Messung mit Hilfe der Kontaktpunkt-Analyse, in: Dienstleistungsqualität: Konzepte, Methoden, Erfahrungen, hrsg. v. M. Bruhn und B. Stauss, Wiesbaden 1991a, S. 346- 365

Stauss, B.: Dienstleister und die vierte Dimension, in: Harvard manager, 13. Jg. (1991b), H. 2, S. 81-89

Stauss, B.: Augenblicke der Wahrheit, in: absatzwirtschaft, 34. Jg. (1991c) H. 6, S. 96-105

Thomas, D. R. E.: Strategy is different in service business, in: Harvard Business Review, 56. Jg. (1978), July-August, S. 158-165

Toffler, A.: Die Dritte Welle, München 1980

Venkatesan, M.; Anderson, B. B.: Time Budgets And Consumer Services, in: Service Marketing in a Changing Environment, ed. by T. M. Block, G. D. Upah and V. A. Zeithammel, Chicago 1985, S. 52-55

Witte, E.: Organisation für Innovationsentscheidungen, Göttingen 1973

Produktivitätsmanagement bilateraler personenbezogener Dienstleistungen

Von Univ.-Prof. Dr. Hans Corsten, Ingolstadt

I.   Zur Divergenz der Produktivitätsentwicklung im Industrie- und Dienstleistungsbereich

In der Literatur wird dem Dienstleistungsbereich im Vergleich zur Industrie häufig eine allgemeine *Produktivitätsschwäche* bzw. *-lücke* attestiert (vgl. z.B. Gerstenberger 1987, S. 38 f.; Lützel 1987, S. 2 und S. 17; Mundhenke 1987, S. 172), eine Sichtweise, die in der ökonomischen Literatur durchaus Tradition hat. So wies bereits Fourastié (1954) im Rahmen seiner Drei-Sektoren-Theorie auf die mangelnde Produktivitätsentwicklung in diesem Sektor hin. Auf der Grundlage dieser These wird dann unmittelbar die Forderung abgeleitet, daß es gerade für hochentwickelte Volkswirtschaften eine der wichtigsten Herausforderungen sei, eine höhere Produktivität im Dienstleistungssektor zu erreichen (vgl. Drucker 1992, S. 65), wobei der Bereich der Informationsverarbeitung als ein Ansatzpunkt zur Realisation dieses Zieles hervorgehoben wird (vgl. z.B. Platz 1980, S. 26).

Eine differenziertere Betrachtung zeigt hingegen, daß von einer "globalen" Produktivitätslücke im Dienstleistungsbereich nicht ausgegangen werden kann (vgl. Tengler/Hennicke 1987, S. 157; Witte 1984, S. 18). Ein Grund hierfür ist in der Heterogenität dieses Bereiches zu sehen. Eine grobe Differenzierung zwischen *sachbezogenen* (z.B. Fernmeldewesen, Gütertransporte, Versorgungsunternehmungen) und *personenbezogenen Dienstleistungen* (z.B. Mediziner, Masseur, Rechtsanwalt, Lehrer) zeigt bereits, daß bei sachbezogenen Dienstleistungen Produktivitätsfortschritte zu konstatieren sind, die mit denen in der Industrie durchaus vergleichbar sind, etwa bedingt durch den Einsatz moderner Technologien und organisatorischer Maßnahmen (vgl. auch Lehmann 1989, S. 43 und 1993, S. 4; Quinn/Gagnon 1987, S. 75). Demgegenüber scheinen die Produktivitätsentwicklungen bei personenbezogenen Dienstleistungen, für die die Teilnahme des Nachfragers am Produktionsprozeß konstitutiv ist (uno-actu-Prinzip), in bescheidenerem Rahmen zu verlaufen und somit begrenztere Möglichkeiten für eine Produktivitätsentfaltung zu existieren. So ist dann auch Meyer (1987, S. 25) zuzustimmen, wenn er eine Produktivitätsschwäche, insbesondere bei personalintensiven Dienstleistungen, lokalisiert, was jedoch nicht bedeutet, daß es in diesem Dienstleistungssegment keine Produktivitätssteigerungsmöglichkeiten gibt. Es ist damit festzustellen, daß nicht von einer generellen Produktivitätsschwäche des Dienstleistungsbereiches gesprochen werden kann. Aufgabe des vorliegenden Beitrages soll es daher sein, Ansatzpunkte für eine Produktivitätssteigerung bei den personenbezogenen Dienstleistungen herauszuarbeiten. Es ist davon auszugehen, daß sich auch in diesem Segment zukünftig in stärkerem Maße Möglichkeiten für die Durchführung von Rationalisierungsmaßnahmen eröffnen, eine These, die nicht nur mit einer Erhöhung der Kapitalintensität begründet werden kann (vgl. Bösl 1987, S. 73).

II. Charakterisierung bilateraler personenbezogener Dienstleistungen

Der Dienstleistungsbegriff hat in der betriebswirtschaftlichen Literatur unterschiedliche Abgrenzungen erfahren (vgl. Corsten 1985, S. 167 ff.; Hentschel 1992, S. 19 ff.; Hilke 1989, S. 10 ff.). Ohne auf diese unterschiedlichen Abgrenzungsversuche einzugehen, seien unter Dienstleistungen immaterielle Leistungen verstanden, wobei sich die sie erstellende Faktorkombination am externen Faktor (Nachfrager oder Objekt des Nachfragers) nutzenstiftend vollzieht. Dabei handelt es sich bei den zu erstellenden Leistungen häufig um *Leistungsbündel*, bei denen sowohl materielle (z.B. Trägermedien) als auch immaterielle Bestandteile auftreten können (vgl. Haak 1982, S. 91; Kern 1979, Sp. 1434; Meyer 1983, S. 73 und S. 137). Aus den vielfältigen Erscheinungsformen der Dienstleistungen sollen in dem vorliegenden Beitrag nur die bilateralen personenbezogenen Dienstleistungen, auch persönlich, interaktionsorientierte Dienstleistungen genannt, (vgl. z.B. Lehmann 1993, S. 34; Meurer 1993, S. 23) aufgenommen werden (Typ 1 nach Engelhardt/Kleinaltenkamp/Reckenfelderbäumer 1993, S. 416 f.)

Bilaterale personenbezogene Dienstleistungen zeichnen sich dadurch aus, daß auf der Leistungsnehmerseite eine Person als externer Faktor auftritt und auf der Leistungsgeberseite der Mensch dominanter Produktionsfaktor ist, wobei maschinellen Aggregaten lediglich die Aufgabe eines Hilfsmittels in der Form von Sach- und Arbeitsmitteln zukommt (vgl. Corsten 1985, S. 231 ff.).

Für die Produktivitätserfassung bei bilateralen personenbezogenen Dienstleistungen ergeben sich aus den folgenden Aspekten Probleme, die gleichzeitig als die wesentlichen Ursachen für die eher stiefmütterliche Behandlung des Produktivitätsmanagement von Dienstleistungen anzusehen sind:

- Immaterialität der Dienstleistungen und
- die durch den externen Faktor induzierte Mehrstufigkeit des Produktionsprozesses in die Phasen der Vor- und der Endkombination, wobei letztere durch die Integration des externen Faktors charakterisiert ist.

Die *Immaterialität* hat sowohl Einfluß auf die Quantifizierung des Output als auch auf die Fixierung der Qualität. Die *Integration des externen Faktors* (vgl. Meyer 1983, S. 21 ff.) wirkt dabei einerseits auf die Autonomie des Anbieters und andererseits auf das Leistungsergebnis, und zwar insbesondere auf seine Qualität. Dies geht mit der Konsequenz einher, daß die Produktivität nicht mehr ausschließlich in der Hand des Dienstleistungserbringers liegt. Es ist vielmehr die Situation gegeben, daß bedingt durch die Mehrstufigkeit der Dienstleistungsproduktion (vgl. Corsten 1985, S. 161 ff.) ein weitgehend autonomes Produktivitätsmanagement lediglich in der Phase der Vorkombination möglich ist und nicht im Rahmen der Endkombination, die durch die *Interaktivität* von Nachfrager und Anbieter gekennzeichnet ist, ein Sachverhalt, der eine eindeutige Zurechenbarkeit auf die Beteiligten erheblich erschwert. Im Gegensatz zu McLaughlin/Coffey (1990, S. 46) sehen wir in der hohen Arbeitsintensität keinen entscheidenden Grund für die langsamere Entwicklung eines Produktivitätsmanagement für Dienstleistungen, da sich gerade die Arbeitsproduktivität in der Literatur einer besonderen Beliebtheit erfreut.

Charakteristisch für diesen Dienstleistungstyp ist damit einerseits die hohe *Arbeitsintensität* und anderseits der hohe *Integrationsgrad* des externen Faktors. Durch die Integration des externen Faktors ist der Leistungserstellungsprozeß durch eine stark soziale Dimension gekennzeichnet (vgl. Haywood-Farmer 1988, S. 19 ff.), d.h., diese Dienstleistungen bestehen primär aus *persönlichen Interaktionen* zwischen Nachfrager und Anbieter (zur Problematik einer Technisierung dieses Dienstleistungstyps vgl. Bischoff-Schilke 1992, S. 135 f.). Die Interaktivität stellt ferner auf den *prozessualen Charakter* dieser Dienstleistungen ab (vgl. Corsten 1985, S. 167 ff.), mit der Konsequenz, daß für die Produktivitätsanalyse der Prozeß der Leistungserstellung einer eingehenden Analyse bedarf.

Die Interaktivität von Nachfrager und Anbieter hat dabei neben einer *sozialen* auch eine *funktionale Ebene*, die sich auf die Beteiligung an der Leistungserstellung bezieht, d.h., mit ihr wird die Aktivitätsaufteilung auf Dienstleistungsanbieter und -nachfrager in die Überlegungen einbezogen (zu den unterschiedlichen Ebenen des Kundenkontaktes vgl. Hentschel 1992, S. 29). Bilaterale personenbezogene Dienstleistungen sind damit nicht nur Verrichtungen *am* Menschen, sondern ebenfalls *mit* Menschen (vgl. Herder-Dorneich/Wasem 1986, S. 114).

Ein weiterer Grund, der im externen Faktor begründet ist und eine Schwierigkeit im Rahmen der Produktivitätsdiskussion darstellt, ist in der *stochastischen Nachfrage* zu sehen, da, hierdurch bedingt, ex ante nicht gesagt werden kann, wie hoch die Nachfrage nach Leistungen zu bestimmten Zeitpunkten oder innerhalb bestimmter Zeitspannen ist. Es ist lediglich möglich, auf der Grundlage statistischer Analysen eine Wahrscheinlichkeitsverteilung der Nachfrage abzuleiten. Hierdurch läßt sich aber nicht die generelle Unsicherheit eliminieren, mit der eine Prognose über die zukünftige Leistungsinanspruchnahme erstellt werden kann. Für den Dienstleistungsanbieter kann dies mit der Konsequenz einhergehen, daß er die Leistungsbereitschaft an einer eventuell nur vorübergehend auftretenden

Spitzennachfrage ausrichten muß (je nach situativem Kontext kann auch eine Ausrichtung an einer durchschnittlichen Nachfrage zweckmäßig sein; zu möglichen Vorgehensweisen vgl. Corsten 1992, S. 232 ff.). Nicht zweckmäßig erscheint es hingegen, eine Maximierung der Leistungsbereitschaft als Produktivitätsverbesserung zu bezeichnen, da hierbei zwar ein Angebot durch den Dienstleister bereitgestellt wird, dieses aber nicht durch die Nachfrager in Anspruch genommen werden muß. Nimmt der potentielle Nachfrager die bereitgestellte Leistung nicht in Anspruch, dann bleibt diese, bedingt durch ihre mangelnde Lagerfähigkeit, ökonomisch ungenutzt.

Es ist damit erforderlich, die vorhandene Leistungsbereitschaft mit der tatsächlich genutzten in Beziehung zu setzen, d.h., es ist der *Nutzgrad* in die Überlegungen einzubeziehen. Der Nutzgrad beeinflußt folglich in entscheidender Weise die Produktivität (vgl. Graser 1985, S. 68). Damit erscheint es nicht angezeigt, in Zeiten geringen Arbeitsanfalls von niedriger Produktivität zu sprechen und in Zeiten hoher Nachfrage dies als hohe Produktivität zu interpretieren. Darüber hinaus ist es möglich, daß der Dienstleistungsnachfrager bei geringer Inanspruchnahme der Leistungsbereitschaft die erbrachte Leistung als attraktiver empfindet als in einer Situation der Vollauslastung, in der der Dienstleistungsanbieter eventuell nicht mehr die Sorgfalt aufzubringen vermag, wie dies vom Nachfrager erwartet wird (vgl. Semper 1982, S. 6). Damit ist die Forderung aufzustellen, daß Produktivitätsunterschiede, die durch unterschiedliche Nutzung der Potentialfaktoren verursacht werden, auch offengelegt werden sollen (vgl. Bösl 1987, S. 81).

III. Der Produktivitätsbegriff und seine Komponenten

1. Begriffliche Grundlagen

Auch wenn die Produktivität ein zentrales wirtschaftswissenschaftliches Problem darstellt, so gehört der Produktivitätsbegriff trotzdem zu den umstrittensten Begriffen in dieser Disziplin (vgl. Graser 1985, S. 10). Allgemein wird unter *Produktivität* die "Ergiebigkeit der betrieblichen Faktorkombination" verstanden (Gutenberg 1975, S. 28). Gemeinsam ist den unterschiedlichen Abgrenzungsversuchen, daß die Produktivität als *Verhältniszahl* angegeben wird, in der zwei zahlenmäßig erfaßte Größen gegenübergestellt werden. Produktivität ist dann die quotiale Verknüpfung des mengenmäßigen Output und Input, d.h., der Produktivitätsbegriff entstammt der realen, güterwirtschaftlichen Sphäre (vgl. De Ron

1994, S. 181; Kendrick 1977, S. 14). Abbildung 1 gibt diesen Sachverhalt auf der Grundlage eines elementaren Produktionssystems wieder (vgl. Sink 1985, S. 30).

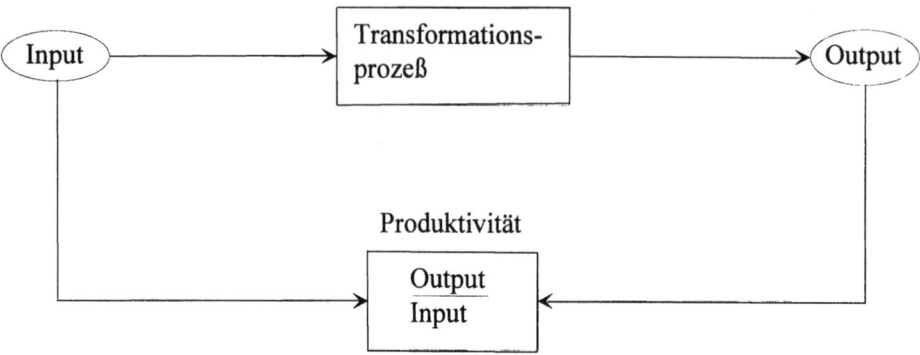

Abbildung 1:   Produktivität

Die Produktivität ist folglich ein *Durchschnittsprodukt*, das sich aus dem Verhältnis des gesamten Output und dem für seine Erstellung im Bezugszeitraum zum Einsatz gelangenden gesamten Input ergibt (vgl. Laßmann 1975, Sp. 3164). Demgegenüber mißt die *Grenzproduktivität* (auch marginale Produktivität genannt) die Outputänderung, die durch eine infinitesimale Veränderung eines Inputfaktors bei Konstanz aller übrigen Faktoren bewirkt wird. Da der Produktivitätsbegriff der realen Sphäre entstammt, wird der Output durch Mengen wie m, m^3, kg, hl, kW, etc. und der Input durch den Verbrauch an menschlicher Arbeitsleistung, Material und Anlagen etc. angegeben. Eine so definierte Produktivität (teilweise auch Technizität genannt) setzt voraus, daß im Zähler und Nenner homogene, addierbare Größen stehen. Da diese Voraussetzung nur in den seltensten Fällen erfüllt ist, d.h. i.d.R. unterschiedliche Output und Input gegeben sind, wird die Gesamtproduktivität in der Literatur in *Partial-* bzw. *Teilproduktivitäten* zerlegt (vgl. Adam 1993, S. 140; Andersson/Hartman 1994, S. 133 f.; Bohr 1993, Sp. 865 f.; Derichs 1969, S. 17). Dabei wird der gesamte erzielte Output zu einer einzelnen Inputfaktorart in Beziehung gesetzt, so daß sich etwa die folgenden Teilproduktivitäten unterscheiden lassen: Arbeits-, Maschinen-, Material-, Boden- und Energieproduktivität (Wirkungsgrad). Hierbei ist zu berücksichtigen, daß der erhöhte Output durch das *Zusammenspiel aller Inputfaktoren* bewirkt wird (vgl. Adam 1993, S. 140) und folglich bei diesen Teilproduktivitäten keine Aussage darüber getätigt werden kann, welcher Anteil des Output durch das Wirken des untersuchten Inputfaktors ursächlich hervorgerufen wird, d.h., sie dürfen nicht als ein spezifischer Beitrag eines Inputfaktors interpretiert werden, sondern es geht die gemeinsame Wirkung verschiedener Faktoren in diese Produktivitätszahl ein (vgl. Böhrs 1970, S. 9). Eine verursachungsgerechte Zuordnung des Output auf die ihn erzeugenden Faktoren ist somit nicht möglich (vgl. Fischer 1984,

S. 1), so daß derartige Produktivitäten nicht in der Lage sind, die für Produktivitätsänderungen relevanten Vorgänge sichtbar zu machen. So kann etwa eine Steigerung der Arbeitsproduktivität durch eine veränderte Faktorergiebigkeit, einer Zunahme der Kapitalintensität, dem technischen Fortschritt oder durch eine veränderte Kapazitätsauslastung bewirkt werden (vgl. Brümmerhoff 1976, S. 226). Faktorbezogene Produktivitäten sind damit lediglich statistische Maßgrößen und keine Zurechnungsgrößen (vgl. Rose 1964, S. 613). Diese Überlegungen machen deutlich, weshalb in Industriezweigen mit hohem Kapitaleinsatz und hohem technischen Fortschritt die Arbeitsproduktivität steigt, während in Dienstleistungsbereichen, in denen die menschliche Arbeitsleistung der dominante Inputfaktor ist, die Arbeitsproduktivität gleich bleibt oder nur geringfügig steigt, wenn die technologischen Entwicklungen nur äußerst langsam voranschreiten (aus diesem Grund setzt Stefani (1973, S. 136) den Begriff der Arbeitsproduktivität in Anführungszeichen).

Den bisherigen Überlegungen lag eine rein mengenmäßige Produktivitätsbetrachtung zugrunde. Bedingt durch die im Rahmen der Erfassung und Messung von Output und Input auftretenden Probleme, wird in der Literatur häufig die güterwirtschaftliche Sphäre verlassen und der Output (Umsatz, Ertrag, Wertschöpfung) und Input (Aufwand, Kosten) bewertet (vgl. Laßmann 1975, Sp. 3167; Weber 1983, S. 45 f.). In diesem Zusammenhang wird auch von einer *marktwirtschaftlichen* oder *ökonomischen Produktivität* gesprochen (vgl. z.B. Bösl 1987, S. 63; Fricke 1961, S. 245 ff.). Durch eine Bewertung eröffnet sich dann die Möglichkeit zur Bildung globaler Produktivitäten. Werden sowohl für den Input als auch für den Output Mengen und Werte als Alternativen herangezogen, dann ergeben sich die in Abbildung 2 dargestellten grundsätzlichen Möglichkeiten, die in der Literatur auch vertreten werden (vgl. z.B. Bohr 1993, Sp. 866; Graser 1985, S. 14 ff.; Tübergen 1963, S. 17 f.; Weber 1983, S. 43).

Generell ist eine Bewertung der Outputmenge jedoch nur dann zulässig, wenn zwischen dem Wertmaßstab und der Leistungsmenge eine *proportionale Beziehung* besteht. Werden Input *und* Output bewertet, dann ist der Produktivitätsbegriff mit dem *Wirtschaftlichkeitsbegriff* identisch (vgl. Laßmann 1975, Sp. 3167) und damit überflüssig. So betont dann auch Weber (1983, S. 43), daß eine Unterscheidung zwischen Produktivität und Wirtschaftlichkeit nicht lohnend sei. Zu beachten ist dabei, daß sich Produktivität und Wirtschaftlichkeit zwar häufig in die gleiche Richtung bewegen, d.h., steigt die Produktivität, dann nimmt auch die Wirtschaftlichkeit zu. Jedoch muß eine Produktivitätserhöhung nicht immer wirtschaftlich sein, etwa dann, wenn ihre Realisation mit überproportional steigenden Kosten verbunden ist (vgl. z.B. Graser 1985, S. 24 ff.; Littmann 1971, S. 1241 ff.).

Input \ Output	Mengen	Werte
Mengen	Produktivität i.e.S. (rein mengenmäßige Betrachtung; auch Technizität genannt)	gemischte Kennzahl (auch betriebswirtschaftliche Ergiebigkeit genannt): $\dfrac{\text{Ausbringungswerte}}{\text{Einsatzmenge}}$
Werte	gemischte Kennzahl: $\dfrac{\text{Ausbringungsmenge}}{\text{Einsatzwerte}}$	Produktivität i.w.S. (=Wirtschaftlichkeit): $\dfrac{\text{Ausbringungswerte}}{\text{Einsatzwerte}}$

Abbildung 2:   Spektrum der Produktivitätsbegriffe

Die Bewertung von Input und Output kann mit *Verzerrungen der Produktivitäts-zahlen* einhergehen, die etwa durch Preisänderungen oder konjunkturelle Einflüsse hervorgerufen werden. Aus diesem Grunde erfolgt eine Bereinigung über *Preisindizes*, wobei die Indexwahl nicht unproblematisch erscheint (vgl. Berczi 1977, S. 245; Brümmerhoff 1976, S. 226; Kühn 1970, S. 36). Darüber hinaus ist diese Vorgehensweise dann mit Problemen verbunden, wenn die Produktivitäts-unterschiede durch unterschiedliche Qualitäten der Inputfaktoren hervorgerufen werden. Vor diesem Hintergrund betont Laßmann (1975, Sp. 3167), daß Schlüsse aus Produktivitätsveränderungen nur mit größter Zurückhaltung gezogen werden sollten. Diese Überlegungen zeigen, daß es *nicht* zweckmäßig ist, die Begriffe Produktivität und Wirtschaftlichkeit synonym zu verwenden, da die Wirtschaftlichkeit, die an Wertgrößen ansetzt, durch die jeweiligen Marktverhältnisse (Beschaffungs- und Absatzmarkt) beeinflußt wird, während die Produktivität als Mengengröße die betriebliche Leistungsfähigkeit widerspiegelt. Die Wirtschaftlichkeit umschließt zwar einerseits die Bemühungen zur Steigerung der Mengenleistung und zur Senkung der Einsatzmenge, wie dies für die Produktivität charakteristisch ist, geht jedoch anderseits darüber hinaus, weil sie sich zusätzlich auf die Preise von Input und Output bezieht (vgl. Witte 1984, S. 21).

Ferner hat die vorangegangene Diskussion deutlich gemacht, daß eine ausschließlich an der mengenmäßigen Perspektive ausgerichtete Produktivität nicht als Gesamtproduktivität ermittelt werden kann, sondern nur als Teilproduktivität erfaßbar ist. Da es Ziel des vorliegenden Beitrages ist, Dienstleistungen zu analysieren, die durch eine Dominanz menschlicher Arbeitsleistungen gekennzeichnet sind, bietet sich als relevante Teilproduktivität die *Arbeitsproduktivität* an. Dabei sind wir uns bewußt, daß wir auf der einen Seite Restriktionen in Kauf nehmen, die mit der Anwendung dieses Produktivitätsverständnisses einhergehen; auf der anderen Seite eliminieren wir hierdurch jedoch die Gefahr von Verzerrungen, die durch eine Bewertung auftreten können (vgl. Graser 1985, S. 20). Im Rahmen einer *betriebswirtschaftlichen Analyse* kommt es auch weniger darauf an, eine globale Produktivitätskennzahl, etwa für eine Unternehmung, zu ermitteln, sondern vielmehr für klar abgegrenzte Produktionseinheiten (z.B. einzelne Arbeitsplätze bzw. Arbeitssysteme; vgl. Hahn 1994, S. 30), da nur auf dieser Grundlage Schwachstellen identifiziert werden können. So besteht bei Gesamtproduktivitäten die Gefahr, daß sich "gute" und "schlechte" Einzelergebnisse kompensieren und damit ein Handlungsbedarf nicht offengelegt, sondern vielmehr verdeckt wird, d.h., die Produktivitätskennzahl kann ihre *Indikatorfunktion* zur Problemwahrnehmung und der damit verbundenen Auslösung entsprechender Gestaltungsmaßnahmen nicht erfüllen (vgl. Troßmann 1994, S. 526). Die Produktivität ist folglich ein Instrument im Rahmen der betrieblichen Kontrolle (vgl. z.B. Bösl 1987, S. 78).

Darüber hinaus ist bei Produktivitätskennzahlen zu beachten, daß sie für sich gesehen keine Aussagefähigkeit besitzen, sondern erst im Vergleich mit anderen Produktivitäten (z.B. Sollproduktivitäten, Produktivitäten früherer Perioden oder Produktivitäten vergleichbarer Produktionsprozesse) Relevanz erlangen, wobei möglichst neben internen auch externe Bezugsgrößen herangezogen werden sollen, um zu allgemeingültigeren Aussagen gelangen zu können (vgl. z.B. Frenz 1963, S. 28; Kendrick 1977, S. 13; Zimmermann 1979, Sp. 522). Dabei scheinen Produktivitätsvergleiche im Zeitablauf tendenziell mit den geringsten Problemen verbunden zu sein, weil häufig die Funktionsgleichheit der analysierten Einheit gegeben ist (vgl. Graser 1985, S. 35). Bei der Interpretation von Produktivitätskennzahlen ist ferner darauf zu achten, daß die konkreten *Bedingungsgrößen* in die Überlegungen einbezogen werden. Als Beispiele seien genannt (vgl. z.B. Michaelis 1991, S. 59 f.; Stefani 1973, S. 132):

- Organisation des Produktionsprozesses,
- Stand des technischen Fortschritts,
- optimale Kombination der Inputfaktoren,
- Mechanisierungs- bzw. Automatisierungsgrad,
- Art und Weise der Aufgabenerfüllung,
- Fähigkeit und Bereitschaft der Mitarbeiter,
- Betriebsklima,
- Arbeitszeit.

Gerade die letzten vier Bestimmungsgrößen sind für bilaterale personenbezogene Dienstleistungen von Bedeutung und erschweren die Produktivitätsanalyse in diesem Bereich. So scheint es im Dienstleistungsbereich Grenzen der Quantifizierung von Input und Output zu geben, die nicht aus dem Auge verlorengehen dürfen. Es sei damit bereits an dieser Stelle auf die Gefahr einer "Quantifizierungsideologie" (Reichwald 1984, S. 100) hingewiesen.

Neben den Input- und Outputmengen müssen Produktivitätsüberlegungen auch deren Qualitäten berücksichtigen (vgl. z.B. Eichhorn 1977, S. 2529; Potts 1988, S. 16), wobei unter *Qualität* die bewertete Beschaffenheit einer Leistung zu verstehen ist. Geschieht dies nicht, dann ist die Aussagefähigkeit der Produktivität in erheblichem Maße eingeschränkt. Generell ist eine Produktivitätssteigerung nur dann sinnvoll, wenn diese ohne Qualitätsverlust erreicht wird (vgl. Adam/Hershauer/Ruch 1978, S. 6). Bei der Einbeziehung von Qualitätsaspekten in die Produktivitätsdiskussion steht jedoch ein rein *technisches* Qualitätsverständnis im Vordergrund, wobei für einzelne *Qualitätsindikatoren* entsprechende Standards vorgegeben werden, die dann im Rahmen der Qualitätskontrolle auf der Grundlage eines Soll-Ist-Vergleichs auf Einhaltung überprüft werden (zur Qualitätsmessung auf der Basis von Äquivalenzzahlen und Qualitätsfaktoren vgl. z.B. Kühn 1970, S. 40 ff.; Michaelis 1991, S. 39 ff.). Darüber hinaus wird bei einem primär technischen Qualitätsverständnis davon ausgegangen, daß der Aufwand das Bindeglied zwischen Qualität und Produktivität ist, d.h. eine Qualitätsverbesserung mit einer Aufwandserhöhung einhergeht, ein Sachverhalt, der insbesondere bei personenbezogenen Dienstleistungen nicht gegeben sein muß.

Damit ist bereits angedeutet, daß sich dieses Qualitätsverständnis nicht ohne weiteres auf personenbezogene Dienstleistungen übertragen läßt, wobei als Gründe hierfür einerseits die Immaterialität der Dienstleistungen und anderseits die Beteiligung des Nachfragers (externer Faktor) an der Erstellung der Dienstleistung zu nennen sind (vgl. auch Haywood-Farmer 1988, S. 20 f.). Aus diesen Charakteristiken resultiert, daß sich mit Hilfe von Qualitätsstandards nur Teile einer Dienstleistung erfassen lassen (zu praktischen Beispielen und den generellen Problemen von Qualitätsstandards vgl. Stauss 1987, S. 599 ff.) und eine autonome Qualitätsgestaltung durch das Auftreten des Nachfragers als externer Faktor nicht möglich erscheint (vgl. Corsten 1986, S. 25). Für ein Produktivitätsmanagement für Dienstleistungen impliziert dies, daß es auch *subjektive* Einschätzungen durch den Nachfrager berücksichtigen muß und durch den externen Faktor im Rahmen der Endkombination nur partiell autonom ist. Die Überlegung, bei personenbezogenen Dienstleistungen die Arbeitsintensität als einen Parameter für eine hohe Qualität heranzuziehen (vgl. Bischoff-Schilke 1992, S. 53), erscheint den beschriebenen Sachverhalt hingegen nicht zu erfassen, da die Arbeitsintensität für diesen Dienstleistungstyp kennzeichnend ist und damit eine personenintensive Dienstleistung eo ipso eine entsprechende Qualität aufweist, so daß dieser Ansatz der Vielschichtigkeit des Qualitätsphänomens kaum gerecht zu werden vermag.

Zur Erschließung der *Dienstleistungsqualität* werden in der Literatur unterschiedliche Ansätze vorgeschlagen, wobei zwischen merkmalsorientiertem und ereignisorientiertem Ansatz zu unterscheiden ist. Während der *merkmalsorientierte Ansatz* über die Kombination von subjektiven Einzeleinschätzungen verschiedener Qualitätsmerkmale zu einem Qualitätsgesamturteil gelangt (vgl. z.B. Parasuraman/Zeithaml/Berry 1985, S. 44 ff.; Huber/Köse/Schneider 1993, S. 65 ff.), geht der *ereignisorientierte Ansatz* davon aus, daß sich, bedingt durch die Interaktionen von Nachfragern und Anbietern im Rahmen des Dienstleistungserstellungsprozesses, die Qualitätsmerkmale entlang der Interaktionssequenz verteilen, d.h. jeder Kontaktpunkt zwischen Nachfrager und Anbieter qualitätsrelevant ist (vgl. hierzu Hentschel 1992, S. 158 ff.). Grundlage für diesen Ansatz sind die Ereignisse bzw. Episoden, über die der Nachfrager berichtet, d.h., es wird versucht, sämtliche qualitätsrelevante Ereignisse im Interaktionsprozeß zu erfassen. Merkmals- und ereignisorientierte Ansätze schließen sich allerdings nicht gegenseitig aus, sondern stehen in einem *komplementären Verhältnis* zueinander (vgl. Benkenstein 1993, S. 1095 ff.; Hentschel 1992, S. 182 f.).

Diese skizzierten Aspekte sind im Rahmen der Erarbeitung eines konzeptionellen Rahmens für ein Produktivitätsmanagement zu beachten.

2. Spezifikation der Produktivitätskomponenten

Eine wesentliche Voraussetzung für die Erfassung der Produktivität ist die Spezifikation von Output und Input, d.h., es ist zu klären, was Output und Input der Unternehmung oder des betrachteten Produktionsprozesses ist (vgl. Graser 1985, S. 63). Teilweise wird in der Literatur (vgl. z.B. Semper 1982, S. 87; McLaughlin/Coffey 1990, S. 46) beim Ergebnis zwischen *Output* als eigentlichem Produktionsergebnis und *Outcome* als Wirkung des Output auf den Nachfrager unterschieden, einer Vorgehensweise, der im folgenden nicht gefolgt werden soll, da gerade bei bilateralen personenbezogenen Dienstleistungen eine derartige Trennung kaum möglich erscheint.

2.1 Erfassung des Input

Bedingt durch die Dominanz des Einsatzes der menschlichen Arbeitsleistung bei bilateralen personenbezogenen Dienstleistungen und der tendenziell untergeord-

neten Bedeutung anderer Produktionsfaktoren, kann bei diesem Dienstleistungstyp die Produktivität in der Form der Arbeitsproduktivität gebildet und bestimmt
werden, wobei parallel hierzu untersucht werden sollte, ob und in welchem Umfang technische Aggregate im Produktionsprozeß mitwirken (vgl. Graser 1985,
S. 107; Michaelis 1991, S. 2).

Im Rahmen der Ermittlung der Arbeitsproduktivität (zur Erfassung des Input bei
der Kapital- und Materialproduktivität vgl. z.B. Laßmann 1975, Sp. 3165 f.; Weber 1983, S. 58 ff.) wird der Input i.d.R. durch die Zahl der *Arbeitsstunden*, Zahl
der *Beschäftigten* oder als *Zeitstandard* in der Form von Zeitaufwand pro Einheit
erfaßt (vgl. z.B. Chew 1988, S. 112; Michaelis 1991, S. 31; zu einem zusam-
menfassenden Literaturüberblick vgl. auch Gerhardt 1987, S. 179 ff.). In welcher
Form die Inputerfassung durchgeführt wird, hängt insbesondere von der jeweiligen Zielsetzung der Untersuchung ab. Während etwa bei einem *Leistungsver-
gleich* die tatsächlich geleisteten Arbeitsstunden heranzuziehen sind, erscheint die
Beschäftigtenzahl dann zweckmäßig, wenn eine Bestimmung des *Arbeitskräf-
tebedarfs* das Untersuchungsziel ist (vgl. Bohr 1981, Sp. 1800; Weber (1983,
S. 53) weist in diesem Zusammenhang darauf hin, daß die Beschäftigtenzahl die
am wenigsten aussagefähige Größe sei).

Eine andere Vorgehensweise schlägt Steffen (1972, S. 809 ff.) vor, der auf der
Grundlage der analytischen Arbeitsbewertung den Arbeitsprozeß in Teilwerte
aufspaltet, um dann jedem einzelnen Teilprozeß einen entsprechenden Arbeits-
wert zuzuordnen. Diese anspruchsvolle Vorgehensweise weist jedoch eine Reihe
von Schwachstellen auf (z.B. kompensatorische Effekte zwischen einzelnen An-
forderungsarten), worauf der Autor selbst hinweist.

Wird darüber hinaus die grundsätzliche Problematik berücksichtigt, die mit der
Messung des Arbeitswertes verbunden ist, erscheint es zweckmäßig, die *Arbeitszeit* als Hilfsmaßstab zur Erfassung der quantitativen Kapazität heranzuziehen.
Ein grundsätzliches Problem, das bei der Arbeitszeit als Hilfsmaßstab für den
Arbeitseinsatz auftritt (gleiches gilt für die Beschäftigtenzahl), ist darin zu sehen,
daß diese Vorgehensweise implizit unterstellt, daß die Arbeiten immer von gleich
qualifizierten Mitarbeitern ausgeführt werden (vgl. Bösl 1987, S. 90), ein
Sachverhalt, der auch als *Homogenitätsprämisse* bezeichnet wird. Unterschiedliche Qualifikationen der Mitarbeiter werden dann entweder über *Gewichtungsfaktoren* (z.B. Gewichtung nach Laufbahnstufen oder Entlohnung) oder über zu bil-
dende *Qualifikationsgruppen* (z.B. auf der Basis von Kriterien wie Ausbildung,
Berufserfahrung etc. gebildet) in die Überlegungen einbezogen (vgl. Michaelis
1991, S. 36 ff.; Semper 1982, S. 135 ff.). Beide Vorgehensweisen erfassen jedoch
die Qualifikation personenunabhängig, was bei personenbezogenen Dienstleistungen problematisch erscheint, weil häufig ein Nachfrager eine Dienstlei-

stung von einer bestimmten Person erbracht haben möchte. Es ist damit nicht sicherzustellen, daß der Nachfrager immer eine qualitativ gleiche Leistung erhält, weil

– *inter-* und *intraindividuelle Schwankungen* auf seiten des Anbieters und des Nachfragers sowie
– *wechselwirkungsbedingte Schwankungen* aufgrund der Interaktionen zwischen Personal und Nachfrager, der Nachfrager untereinander und zwischen dem Personal

auftreten können (vgl. Corsten 1986, S. 25). In der Existenz des externen Faktors wird damit bereits eine erste Grenze im Rahmen des Produktivitätsmanagement bei bilateralen personenbezogenen Dienstleistungen deutlich, die es an anderer Stelle nochmals zu thematisieren gilt (vgl. Abschnitt IV. 2.).

Ein Ansatzpunkt, dieses Problem in den Griff zu bekommen, kann für den Bereich unternehmungsintern erbrachter menschlicher Arbeitsleistungen darin gesehen werden, den Faktoreinsatz eines jeden Mitarbeiters als einen spezifischen Inputfaktor zu betrachten, so daß es dann so viele unterschiedliche Faktoreinsätze wie Mitarbeiter, Arbeitsplätze bzw. -systeme gibt. Hierdurch werden *inter*individuelle Schwankungen ausgeschlossen, und es ist davon auszugehen, daß die *Homogenitätsbedingung* i.d.R. hinreichend erfüllt wird (vgl. Hahn 1994, S. 30), und zwar sowohl für den Input als auch für den Output. Für ein Produktivitätskonzept geht diese Vorgehensweise mit der Konsequenz einher, daß die Betrachtung auf den einzelnen Arbeitsplatz bzw. das einzelne -system "heruntergebrochen" werden muß, ein Ansatz, der dann Probleme aufwirft, wenn mehrere Mitarbeiter gleichzeitig an der Dienstleistungserstellung beteiligt sind. Diesem Problem könnte wiederum mit einer Aufspaltung des Dienstleistungsprozesses in Teilprozesse begegnet werden, für die dann die entsprechenden Teilproduktivitäten ermittelbar wären, was jedoch voraussetzt, daß z.B. eine Arbeitsstunde hinsichtlich Art und Umfang als eindeutige Faktoreinheit definierbar ist.

Für die Produktivitätsbestimmung und insbesondere für einen durchzuführenden Soll-Ist-Vergleich ist neben der tatsächlich aufgewandten Arbeitszeit auch der Zeitwert für einen bestimmten Arbeitsgang als Vergleichsmaßstab erforderlich (vgl. Biermann 1988, S. 442). Hierfür bieten sich zunächst die Methoden der *synthetischen Arbeitszeitermittlung* an. Für den Instandhaltungsbereich zieht Herzig (1975, S. 334 ff.) das UMS-Verfahren (Universal Maintenance Standards) heran, das auf dem bekannten MTM-Verfahren (Methods Time Measurement) basiert, jedoch nicht dessen Detaillierungsgrad verwendet, sondern MTM-Grundelemente stufenweise zu Zeitwerten höherer Ordnung für umfassendere *Standardaktivitäten* zusammenfaßt. Auf dieser Grundlage lassen sich dann entsprechende Zeitstandards ermitteln, eine Vorgehensweise, die grundsätzlich auch bei personenbezogenen Dienstleistungen zur Anwendung gelangen kann. Dies bedeutet jedoch nicht, daß auf eigene Zeitmessungen vollständig verzichtet werden kann, sondern es ist i.d.R. erforderlich, das System an die unternehmungsspezifischen Bedingungen anzupassen. Dabei kann teilweise auf subjektive Schätzungen nicht verzichtet werden, insbesondere dann, wenn es um Interaktionen zwischen Nachfrager und Anbieter geht. Auch wenn der Genauigkeitsgrad dieser Zeitwerte i.d.R. geringer sein dürfte als dies bei Aufgaben im industriellen Produktionsbereich der Fall ist, beeinträchtigt dies den Wert der beschriebenen Vorgehensweise nicht grundsätzlich (vgl. Herzig 1975, S. 336). Abbildung 3 gibt den tendenziellen Anwendungsbereich der unterschiedlichen Erfassungsmöglichkeiten zur Vorgabezeitermittlung wieder.

	Zeitmessung	Schätzung/ Beobachtung durch Dritten
Leistungsbereitschaft	Teile der Endkombination, die ohne externen Faktor vollzogen werden können	Teile der Endkombination, die durch eine Interaktion gekennzeichnet sind

Abbildung 3: Anwendung unterschiedlicher Verfahren zur Vorgabezeitermittlung

2.2 Erfassung des Output

Da Dienstleistungen immateriell sind, läßt sich der Output eines Dienstleistungserstellungsprozesses nicht, wie dies bei Sachleistungen üblich ist, in physikalischen Einheiten messen. Bedingt durch die Verschiedenartigkeit der Dienstleistungen ist es ferner nicht möglich, allgemein anwendbare Quantitätseinheiten zu formulieren (so herrscht in der Literatur z.B. nicht einmal Einigkeit darüber, worin der Output einer Versicherung besteht).

Dies geht mit der Konsequenz einher, daß der Output für jede einzelne Dienstleistung spezifisch zu formulieren ist; dies schließt nicht aus, daß es teilweise hohe Ähnlichkeiten oder gar Identitäten in einzelnen Dienstleistungsbereichen geben kann. So finden sich dann auch in der Literatur eine Fülle an Vorschlägen zur *Outputerfassung* (vgl. z.B. Andersson/Hartman 1994, S. 181; Chew 1988, S. 112; Graser 1985, S. 36; Huber/Köse/Schneider 1993, S. 58; Semper 1982, S. 154 ff.), wobei beispielhaft auf die folgenden Output-(Hilfs-)Kriterien verwiesen sei:

- Anzahl der Gerichtsfälle,
- Anzahl der Plätze in einem Restaurant,
- Anzahl der Kundenberatungen,
- Anzahl der Kreditentscheidungen,
- Anzahl der Steuererklärungen,
- Anzahl der Krankenhausfälle,
- Anzahl der Pflegetage,
- Anzahl der Absolventen einer Bildungsrichtung,
- Anzahl der Verhaftungen etc.

Auf dieser Grundlage lassen sich entsprechende Produktivitätskennzahlen formulieren, wobei auch eine Gewichtung der einzelnen Outputgrößen erfolgen kann (z.B. die Krankenhaustage mit der Zusammensetzung nach Fachdisziplinen bzw. Krankheitsarten). Als *Produktivitätskennzahlen* ergeben sich dann beispielsweise:

- betreute Betten pro Beschäftige,
- geleistete Pflegetage pro Beschäftigte,
- behandelte Patienten pro Arbeitstag,
- unterrichtete Schüler pro Lehrer,
- Gerichtsfälle pro Richter,
- Anzahl der Kundenberatungen pro Arbeitsstunde etc.

Die so ermittelten Produktivitätsmaße zeichnen sich zwar einerseits durch ihre Einfachheit aus, bergen aber andererseits auch erhebliche Gefahren in sich, so daß sie nur mit äußerster Vorsicht zu interpretieren sind, was an den folgenden Beispielen verdeutlicht werden soll:

- Ist eine steigende Zahl von Behandlungsfällen in einem Krankenhaus mit einem sinkenden Heilungsgrad verbunden, dann ist dies nicht als Produktivitätssteigerung zu interpretieren (vgl. Semper 1982, S. 181).
- Werden im Bildungsbereich als Output die unterrichteten Schüler und als Input die Unterrichtsstunden verwendet, dann steigt die Produktivitätszahl an, wenn die Zahl der unterrichteten Schüler bei gleichem Input erhöht wird. Auch dieser Sachverhalt ist nicht als Produktivitätssteigerung zu interpretieren, da die qualitative Komponente (was immer auch im Bildungsbereich hierunter zu verstehen sein mag) der Produktivität vernachlässigt wird.

Dieser Sachverhalt sei als *Produktivitätsparadoxon* bezeichnet. So werden etwa Aspekte wie Intensität der Betreuung, Eingehen auf einzelne Patienten oder Schüler bei dieser Vorgehensweise nicht berücksichtigt. In diesem Zusammenhang schlägt Brümmerhoff (1976, S. 238 ff.) vor, etwa die Zahl der Schüler mit dem Notendurchschnitt zu gewichten, ein Vorschlag, der bei Berücksichtigung der Tatsache, daß es sich bei Noten um eine Ordinalskala handelt, kaum geeignet erscheint. Deutlich wird an diesen Überlegungen, daß derartige einfache Gegenüberstellungen von Output- und Inputgrößen nicht immer zu sinnvollen Ergebnissen führen. Darüber hinaus ist zu beachten, daß der externe Faktor am Produktionsprozeß teilnimmt und damit ebenfalls auf das Ergebnis einwirkt wie ein "guter" oder "schlechter" Lehrer oder Mediziner. Hieraus ergibt sich, daß für jede Dienstleistung eine präzise Beschreibung dessen erfolgen muß, was unter Output zu verstehen ist und keine allgemeingültigen Outputformulierungen möglich erscheinen. Nur so läßt sich eine halbwegs valide Beurteilung der Produktivität durchführen.

IV. Ansatzpunkte für ein Produktivitätsmanagement bilateraler personenbezogener Dienstleistungen

1.   Ausgewählte Ansätze

Die Produktivitätsanalyse für Dienstleistungen stellt ein bisher wenig beachtetes Gebiet dar. Aus den in der Literatur diskutierten Ansätze seien die folgenden Vorgehensweisen für eine Produktivitätsbetrachtung (wobei der Schwerpunkt auf innerbetrieblich erbrachten Dienstleistungen liegt) kurz skizziert:

– Produktivitätsanalyse für indirekte Bereiche,
– Produktivitätsanalyse auf der Grundlage von Personalbedarfsrechnungen,
– Produktivitätsanalyse mit Hilfe von Orientierungszahlen,
– Produktivitätsanalyse mit Hilfe von Äquivalenzzahlen und
– Produktivitätsanalyse auf der Grundlage makroökonomischer Produktionsfunktionen.

Die Produktivitätsanalyse für *indirekte Bereiche* (z.B. Arbeitsvorbereitung, Konstruktion, Entwicklung), die insbesondere im ingenieurwissenschaftlichen Schrifttum verbreitet ist (vgl. z.B. Groth/Kluge 1988; Hackstein/Erdmann 1971; Michaelis 1991), geht auf die Problematik ein, daß die Leistungen unterschiedlicher Unternehmungsbereiche, die in einer Abhängigkeit zueinander stehen, nicht isoliert betrachtet werden dürfen, da sich die Arbeitsleistung vorgelagerter auf die Produktivität nachgelagerter Bereiche auswirkt. So kann z.B. eine Konstruktion, die die Produkterstellung erleichtert, eine Produktivitätsverbesserung der gesamten Unternehmung bewirken. Ist dabei der Zeitbedarf für eine solche Konstruktion höher als für eine einfachere Lösung, dann darf hieraus nicht der Schluß gezogen werden, daß der Konstrukteur weniger produktiv sei als andere. Tendenziell gilt: "Je größer eine positive Beeinflussung der Produktion ist, desto höher muß die Arbeitsqualität der vorgelagerten Bereiche angesetzt werden. Die Effizienz der Produktion kann als ein Indikator für die Wirksamkeit der indirekten Abteilung gesehen werden" (Groth/Kluge 1988, S. 550). Aus diesem Grund schlagen die Autoren dann auch ein System von Kennzahlen vor, in das neben die Bearbeitungs- auch die Organisations- und Informationsproduktivität einfließt.

Erfolgt die Produktivitätsermittlung auf der Grundlage der *Personalbedarfsermittlung*, dann wird die Produktivität als Quotient aus Personal-Sollbestand und Personal-Istbestand dargestellt (vgl. Jakob 1977, S. 516 ff.). Durch die Multiplikation mit 100 ergibt sich die Produktivitätsquote in Prozent. Entspricht der Personal-Istbestand dem Personal-Sollbestand, dann beträgt die Quote 100 % und die Produktivität ist optimal. Bei dieser Vorgehensweise, und hierin ist der entscheidende Unterschied zu anderen Ansätzen zu sehen, wird nicht das Output-Input-Verhältnis, sondern das Personalverhältnis zugrunde gelegt, ein Sachverhalt, der dem Produktivitätsbegriff nicht gerecht wird.

Ein weiterer Vorschlag basiert auf *Orientierungszahlen*. Hierunter sind Verhältniszahlen zu verstehen, die keinen Anspruch auf absolute Genauigkeit erheben, sondern vielmehr den Charakter von Richtwerten haben (vgl. Müller-Lutz 1978, S. 75). Zur Bildung von Orientierungszahlen werden Faktoren, die die Produktivität beeinflussen, kombinativ verknüpft. Als Beispiele seien genannt:

- Zahl der verwalteten Verträge/Zahl der Arbeitskräfte im Innendienst,
- geleistete Arbeitsstunden/Zahl der Verträge,
- Zahl der PCs/Zahl der Arbeitskräfte,
- Zahl der Schreibkräfte/Zahl der Arbeitskräfte,
- Zahl der Arbeitskräfte in den Fachabteilungen/Zahl der Arbeitskräfte in allgemeinen Abteilungen,
- Wegezeit/Arbeitszeit.

Durch die Aufstellung eines entsprechenden *Orientierungszahlen-Sets* wird es dann grundsätzlich möglich, Ursachen für eine niedrige Produktivität zu entdecken.

Im Rahmen der Produktivitätsermittlung auf der Grundlage von *Äquivalenzzahlen* (vgl. Graser 1985, S. 104 ff.) werden die Arbeitsabläufe, die zur Erfüllung verschiedener Aufgaben erforderlich sind, zueinander in Beziehung gesetzt. Zur Bildung der Äquivalenzzahlen wird der Faktorverbrauch herangezogen, den ein Arbeitsvorgang verursacht, wobei sich bei bilateralen personenbezogenen Dienstleistungen der Bedarf an Arbeitszeit pro Arbeitsgang als Basis für die Äquivalenzzahlenbildung anbietet. Voraussetzung hierfür ist eine entsprechende Arbeitsanalyse, in der die zu erfüllenden Aufgaben in Arbeitsgänge zerlegt werden, für die dann durch Zeitnahmen Bearbeitungszeiten ermittelt werden können (vgl.

Abschnitt III. 2.1). In einem nächsten Schritt ist dann ein *Standardarbeitsvorgang* zu bestimmen, auf dem sämtliche Arbeitsvorgänge mit Hilfe der Äquivalenzzahlen umgerechnet werden, wodurch standardisierte Leistungseinheiten entstehen. Als Input wird die bereinigte (z.B. Urlaub, Krankheit, Überstunden, Teilzeitarbeitskräfte) Zahl der Arbeitskräfte herangezogen, wobei die Qualifikation auf der Grundlage der Tarifgruppe berücksichtigt wird. Mitarbeiter, die unter oder über der Bezugsgruppe (= Gewichtungsfaktor 1) liegen, werden mit entsprechenden Gewichtungsfaktoren versehen. Um Produktivitätsvergleiche durchführen zu können, ist es erforderlich, daß funktions- und strukturgleiche Betriebe oder Betriebsteile existieren.

Ansätze der Produktivitätsermittlung auf der Grundlage *makroökonomischer Produktionsfunktionen* zielen darauf ab, Produktivitätsindizes zu ermitteln, um so eine Aussage darüber treffen zu können, ob die betrachtete Einheit produktiver ist als der Durchschnitt (Produktivitäts-Index > 1) oder weniger produktiv ist (Produktivitäts-Index < 1). Diese Ansätze sind für die weiteren Überlegungen nicht relevant, weil ihre Zielsetzung eine andere ist als im Rahmen dieser Analyse (vgl. z.B. Huber/Köse/Schneider 1993).

2. Konzeptionelle Grundlagen

Für die Produktivitätsanalyse bilateraler personenbezogener Dienstleistungen sind zunächst zwei generelle Aspekte zu beachten, die für ein Produktivitätsmanagement für diesen Dienstleistungstyp grundlegend sind und eine Produktivitätsermittlung erschweren:

-   Bedingt durch die durch den externen Faktor induzierte Mehrstufigkeit ist einerseits die Produktivität der intern erstellten *Leistungsbereitschaft* zu ermitteln und anderseits die Produktivität der *Endkombination*, in die jedoch die Ebene der Leistungsbereitschaft als Teilinput einfließt.
-   Bedingt durch das Auftreten des externen Faktors ist die Produktivität in der Endkombination durch den Dienstleistungsanbieter nicht mehr autonom gestaltbar, sondern der externe Faktor nimmt auf den Endkombinationsprozeß, in Abhängigkeit vom Externalisierungsgrad, Einfluß.

Um diesen Besonderheiten gerecht zu werden, ist im Rahmen der Produktivitätsermittlung ebenfalls eine entsprechende *Stufung* vorzunehmen (in einem anderen Zusammenhang vgl. zur Stufung Berczi 1977, S. 240 ff.). Es sind dann die folgenden Produktivitäten relevant:

$$P_{VK} = \frac{LB}{I_{VK}}$$

$$P_{EK} = \frac{O_{EK}}{LB + I_{IN} + I_{EX}}$$

Mit:

P: Produktivität

LB: Leistungsbereitschaft

I: Input

VK: Vorkombination

EK: Endkombination

O: Output

IN: weitere interne Produktionsfaktoren

EX: externer Faktor

Es ergibt sich dann die in Abbildung 4 erfaßte schematische Darstellung, die eine Differenzierung von Abbildung 1 darstellt:

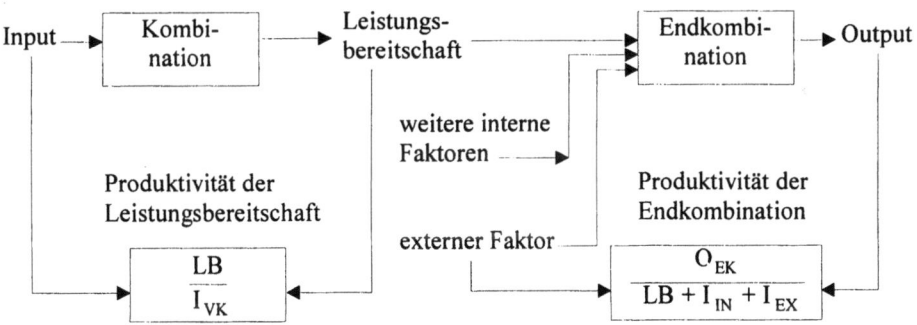

Abbildung 4: Grundsätzliche Struktur der Produktivitätsermittlung bei bilateralen personenbezogenen Dienstleistungen

Im Rahmen der *Produktivitätsbetrachtung der Leistungsbereitschaft* ist zu beachten, daß der Dienstleistungsanbieter diese zwar autonom erbringt und anbietet, sie aber nicht in vollem Umfang durch die Nachfrager in Anspruch genommen werden muß. Dies geht mit der Konsequenz einher, daß der *Nutzgrad* als die quotiale Verknüpfung von in Anspruch genommener Leistung (LB_A) und bereitgestellter Leistung (LB_B) (vgl. Corsten 1985, S. 137 f.) in die Produktivitätsüberlegungen einzubeziehen ist (zu unterschiedlichen Möglichkeiten vgl. Semper 1982, S. 128 f.), da es sonst zu der Forderung käme, maximiere die Leistungsbereitschaft und

damit auch die Produktivität, aber unberücksichtigt bliebe, daß die Inanspruch-
nahme der Leistungsbereitschaft nicht im Ermessen des Dienstleisters liegt. Die
Produktivitätsbetrachtung der Leistungsbereitschaft ist folglich mit dem Nutzgrad
(NG) zu verknüpfen, so daß sich die folgende Beziehung ergibt:

$$P_{VK} = \frac{LB_B}{I_{VK}} \cdot \frac{LB_A}{LB_B}$$

$$P_{VK} = \frac{LB_A}{I_{VK}}$$

Um offenzulegen, welcher Produktivitätsanteil auf den unterschiedlichen Nutzgrad zurückzuführen ist, läßt sich dann die *nutzgradinduzierte Produktivitätsdif-
ferenz* (ΔP_N) ermitteln:

$$\Delta P_N = \frac{O_{EK}}{LB_A + I_{IN} + I_{EX}} - \frac{O_{EK}}{LB_B + I_{IN} + I_{EX}}$$

Sie gibt an, welchen Einfluß die unterschiedliche Inanspruchnahme der bereitge-
stellten Leistungsbereitschaft auf die Produktivität hat.

Rathmell (1974, S. 65) schlägt in diesem Zusammenhang vor, von Leistungsfä-
higkeitsmessung ("performability") und nicht von Produktivität ("productivity")
zu sprechen, ein Vorschlag, der jedoch die Phase der Endkombination unbeachtet
ließe.

Das skizzierte Problem hängt unmittelbar mit der Stochastik der Nachfrage zusammen, d.h., die tatsächliche Inanspruchnahme der Leistungsbereitschaft und
damit ihre ökonomische Verwertung wird durch den externen Faktor bestimmt
und kann im vorhinein nicht genau bestimmt werden. Eine Möglichkeit ist in der
Bestimmung von *Orientierungswerten* zu sehen, die auf der Grundlage von
Wahrscheinlichkeiten abzuschätzen sind. Die Leistungsbereitschaft dokumentiert
sich dann in *Indikatoren* (Anzahl der Schulstunden, Anzahl der Theaterauffüh-
rungen oder -plätze, Anzahl von Beratungsstunden etc.). Darüber hinaus sind
Qualitätsindikatoren für die Leistungsbereitschaft aufzustellen wie Klassen-
stärke, Ausstattung mit Lern- und Lehrmitteln, Verhältnis Pflegepersonal zu Patienten etc. (vgl. Semper 1982, S. 168). Diese Indikatoren lassen sich zu einem
Qualitätsindex zusammenfassen, wobei die Gewichtungen der einzelnen Indikatoren durch Befragungen von Konsumenten und Experten gewonnen werden
können. In dieser Phase interessiert zwar primär, *wie* die Leistungsbereitschaft
durch die Unternehmung erstellt wird, jedoch ist auch die qualitative Beurteilung
durch den Nachfrager von Bedeutung, da sie letztlich für die Inanspruchnahme

der Leistungsbereitschaft relevant ist. Sie ist damit auch im Rahmen einer Ursachenanalyse für eine Zu- oder Abnahme der Inanspruchnahme mit einzubeziehen. In diesem Zusammenhang ist auch der Frage nachzugehen, ob ein niedriger Nutzgrad als eine vorübergehende oder eine längerfristige Erscheinung erachtet wird, wobei letzteres mit der Konsequenz einer Reduzierung der Leistungsbereitschaft verbunden sein wird. Zu beachten ist aber, daß ein niedriger Nutzgrad nicht die Ursache, sondern das Ergebnis anderer Einflußgrößen ist, die im Rahmen einer Ursachenanalyse offenzulegen sind (vgl. Graser 1985, S. 138).

Wie in anderem Zusammenhang ausführlich dargestellt (vgl. Corsten 1985, S. 129 ff.), stehen die intern zum Einsatz gelangenden Produktionsfaktoren (menschliche Arbeitsleistungen) mit den Aktivitäten des externen Faktors in einer *peripher substitutiven Beziehung.* Eine *Externalisierung* bedeutet dann, daß der interne Input sinkt, während der externe Input steigt; bei einer *Internalisierung* ist die umgekehrte Situation gegeben. Hieraus ergibt sich für die Produktivität der Endkombination, daß diese bei unterschiedlicher Aufteilung des Input auf den Dienstleistungsanbieter und -nachfrager c.p. gleich bleibt, obwohl der Anbieter einen niedrigeren Input in den Produktionsprozeß einbringt: Wird nämlich bei einer Externalisierung der interne Input, der zur Erbringung der Leistung erforderlich ist, gesenkt, dann steigt die Produktivität, während sie bei einer Internalisierung sinkt. Um diese paradox anmutende Situation zu vermeiden, ist es zweckmäßig, den Input des externen Faktors aus dem Nenner zu eliminieren und ihn als eine *Einflußgröße der Produktivität* zu betrachten, deren Gestaltung für die Produktivität entscheidende Bedeutung zukommt. Um offenzulegen, welche Produktivitätsänderung (ΔP_E) durch eine Externalisierung bzw. Internalisierung verursacht wird, läßt sich die folgende Beziehung heranziehen:

$$\Delta P_E = \frac{O_{EK}}{LB_A + I_{IN}} - \frac{O_{EK}}{LB_A + I_{IN} + I_{EX}}$$

Ein weiterer Aspekt, der es zweckmäßig erscheinen läßt, den externen Faktor nicht unmittelbar in die Produktivitätsermittlung einzubeziehen, ist darin zu sehen, daß sich die erstellte Dienstleistung in Abhängigkeit vom Externalisierungs- oder Internalisierungsgrad verändert und damit letztlich eine andere Leistung vorliegt.

Diese grundsätzlichen Überlegungen offenbaren zwar die generelle Struktur einer Produktivitätsanalyse für bilaterale personenbezogene Dienstleistungen, sind jedoch für eine differenzierte Analyse für die Herausarbeitung von Gestaltungsmaßnahmen, die im Rahmen eines Produktivitätsmanagement zum Einsatz gelangen können, zu grob, so daß entsprechende Differenzierungen notwendig sind. Ausgangspunkt bildet die Überlegung, daß sich jede zu erfüllende Aufgabe als

Prozeß begreifen läßt, der weiter in Teilprozesse (oder Unterprozesse) bis hin zu einzelnen Verrichtungen beliebig fein zerlegbar ist, um so zu einer besseren Zuordnung von Input und Output zu gelangen (vgl. Michaelis 1991, S. 68 ff.). Voraussetzung hierfür ist eine eindeutige Abgrenzung des zu beurteilenden Prozesses (vgl. hierzu Gaitanides 1983). Bei der Zerlegung von Prozessen bis hin zu Grundverrichtungen zeigen sich häufig hohe Wiederholungshäufigkeiten einzelner Verrichtungen. Dieser Sachverhalt führte in einigen Bereichen dann auch frühzeitig zur Entwicklung von Zeitstandards (vgl. z.B. Hackstein/Erdmann 1971, S. 148; Herzig 1975). Diese Zeitstandards, die über mehrere Aufgaben gebildet werden, lassen sich dann als Mengengrößen zur Quantifizierung des Arbeitsvolumens heranziehen.

Im Rahmen der *Endkombination* gelangt die Prozeßanalyse ins Zentrum des Interesses (zur Prozeßanalyse vgl. Holst 1992, S. 260 ff.; McLaughlin/Coffey 1990, S. 49), weil der Nutzen, den eine bilaterale personenbezogene Dienstleistung zu erbringen vermag, untrennbar mit ihrem Erstellungsprozeß verbunden ist, so daß wir uns der Auffassung von Pusch (1976, S. 80) nicht anschließen können, wenn er betont, daß der Nachfrager i.d.R. nur am Output des Dienstleistungsprozesses und nicht an der Art und Weise interessiert sei, wie dieser Output zustande kommt. So gibt es gerade bei diesem Dienstleistungstyp genügend Fälle, bei denen für den Nachfrager die Art und Weise der Leistungserstellung eine entscheidende Determinante für die Inanspruchnahme ist.

Da eine Produktivitätsanalyse möglichst an den Stellen ansetzen sollte, bei denen der Arbeitsanfall eine weitgehende Homogenität aufweißt, ist es, wie bereits erwähnt, erforderlich, den Gesamtprozeß zu zerlegen (vgl. Gerstenberg 1987, S. 33). Diese Vorgehensweise ist mit dem Vorteil verbunden, daß es tendenziell um so einfacher wird, die Produktivität zu messen, je kleiner die Bereiche sind, auf die sich die Ermittlung bezieht (vgl. Fricke 1961, S. 340). Darüber hinaus lassen sich so auch unterschiedliche Ebenen der Produktivitätsmessung unterscheiden (vgl. Picot/Reichwald 1979; Reichwald 1984, S. 104 ff.), wobei die weiteren Überlegungen an der Ebene des einzelnen Arbeitsplatzes oder der Arbeitssysteme ansetzen.

Für die Grundverrichtungen lassen sich z.B. *Zeitstandards* ermitteln (vgl. Michaelis 1991, S. 17 f.), so daß die einzelnen Aktivitäten als Input herangezogen werden können (vgl. auch Berczi 1977, S. 240 ff., der ebenfalls Arbeitsprozesse als Input heranzieht). Diese Vorgehensweise geht mit dem Vorteil einher, daß sie, bedingt durch ihren hohen Differenzierungsgrad, Hinweise auf die Ursachen für Produktivitätsveränderungen zu geben vermag (vgl. auch Frenz 1963, S. 13). Es erscheint jedoch nicht zweckmäßig, die Produktivitäten über die einzelnen Ebenen (Prozeßhierarchie) zu einer Gesamtproduktivität zu aggregieren, da hierdurch kompensatorische Effekte auftreten können, was sicherlich ein Nachteil ist. Darüber hinaus wird die Erfassung der Produktivität von Ebene zu Ebene immer problembehafteter, weil sich die Outputeffekte dann nur noch nominal erfassen lassen, weil sie primär im qualitativen Bereich liegen. Tendenziell gilt somit, daß die Meßbarkeit der Produktivität von Ebene zu Ebene nicht nur aufwendiger wird, sondern die quantitativen Größen zugunsten qualitativer Urteile von Ebene zu Ebene abnehmen (vgl. Reichwald 1984, S. 209). Ihr *entscheidender Vorteil* ist aber darin zu sehen, daß sie in differenzierter Form Produktivitätsprobleme und ihre Ursachen offenzulegen vermag, was aus betriebswirtschaftlicher Sicht wichtiger erscheint als die Bildung einer Gesamtproduktivität.

Um weitergehende Einsichten in den Dienstleistungserstellungsprozeß zu erlangen, bietet es sich an, den Dienstleistungsprozeß in der Form eines *Flußdiagramms* zu erfassen, wie dies etwa beim *Blueprinting* (vgl. Shostack 1982, S. 54 f. und S. 58 ff.; 1984, S. 133 ff.) oder beim *Kundenpfaddiagramm* der Fall ist (vgl. Stauss 1991, S. 21 und S. 30 f.). Das Blueprinting, das als Instrument für die Planung und Kontrolle des Dienstleistungsangebotes entwickelt wurde und der Visualisierung sämtlicher Aktivitäten in der Endkombination dient (vgl. Stauss/Hentschel 1990, S. 244), kann damit als Grundlage für ein differenziertes Produktivitätsmanagement herangezogen werden, da sich hiermit die Erstellungssequenz in einzelne Tätigkeitssequenzen zerlegen läßt (zu einem Beispiel aus dem medizinischen Bereich, vgl. Bischoff-Schilke 1992, S. 112 ff.). Da dabei durch die Aufnahme einer *Kontakt-* und *Sichtbarkeitslinie* deutlich wird, welche Aktivitäten durch den Kunden, durch die Interaktion Kunde/Anbieter und ausschließlich durch den Anbieter erbracht werden, wird im Rahmen einer Produktivitätsanalyse auch deutlich, welche Aktivitäten autonom durch die Unternehmung gestaltet werden können und bei welchen Aktivitäten diese Autonomie eingeschränkt ist und damit einem Produktivitätsmanagement nur eingeschränkte Eingriffsmöglichkeiten offenstehen. Darüber hinaus wird deutlich, durch welche organisatorischen und sozialen Einflüsse der Dienstleistungserstellungsprozeß beeinflußt wird.

3. Gestaltungsmaßnahmen

Ziel des Produktivitätsmanagement ist es, eine Produktivitätserhöhung zu erreichen, oder, falls dies nicht möglich erscheint, zumindest ein Absinken der Produktivität zu vermeiden. Eine Variation der Produktivität kann dabei input- und/oder outputinduziert sein (vgl. Adam 1993, S. 141 f.; Jones 1988, S. 317; Sink 1985, S. 26). Die weiteren Überlegungen gehen von der Voraussetzung aus, daß der Dienstleistungsnachfrager auf die persönliche Leistungserstellung Wert legt und damit eine Substitution von menschlichen Arbeitsleistungen des Anbieters durch Sachmittel nur in geringem Umgang möglich ist, d.h., ihnen kommt, wie betont, lediglich eine unterstützende Funktion zu. Dies bedeutet, daß durch die Gestaltung des Dienstleistungserstellungsprozesses im Rahmen eines Produktivitätsmanagement aus einer bilateralen personenbezogenen Dienstleistung *kein* anderer Dienstleistungstyp wird (z.B. eine Dienstleistung mit angebotsseitiger Sachbezogenheit; vgl. Corsten 1985, S. 220 ff.). Damit sind die Ansatzpunkte für eine effizientere Gestaltung der Dienstleistungsproduktion, wie sie etwa Levitt (1976, S. 63 ff.; vgl. auch Chini 1975, S. 45 ff.) in seinem *Industriealisierungsansatz* vorgeschlagen hat, nur bedingt relevant. Der folgenden Analyse liegt vielmehr die Idee des *Kundenkontakt-Ansatzes* (vgl. Chase 1978, S. 137 ff.; Chase/Tansik 1983, S. 1037 ff.) zugrunde, d.h., der Interaktionsprozeß zwischen Anbieter und Nachfrager wird zu einem zentralen Gestaltungsbereich des Produktivitätsmanagement. Bei diesem Dienstleistungstyp wird einerseits der Leistungsprozeß nachgefragt, und anderseits erfordert der Erstellungsprozeß, bedingt durch die individuellen Vorstellungen der Nachfrager hinsichtlich der Gestaltung, eine flexible Handhabung (vgl. Meyer 1987, S. 33). Diese Überlegungen deuten bereits an, daß sich Produktionsprozesse mit einer Dominanz menschlicher Arbeitsleistungen und dem Nachfrager, der in den Prozeß integriert wird, nicht in gleichem Maße rationellen Gestaltungsmaßnahmen unterziehen lassen, wie dies etwa bei maschinenintensiven Produktionsprozessen möglich erscheint, bei denen eine Subjekt-Objekt-Trennung durchgeführt werden kann.

Für ein Produktivitätsmanagement bilateraler personenbezogener Dienstleistungen ergeben sich dann die in Abbildung 5 dargestellten Ansatzpunkte, wobei zu berücksichtigen ist, daß die aufgeführten Gestaltungsmaßnahmen nicht unabhängig voneinander gesehen werden dürfen.

Als erster Ansatzpunkt für ein Produktivitätsmanagement ist der *externe Faktor* zu nennen, wobei eine "angemessene" Integration dieses Faktors in den Erstellungsprozeß im Zentrum des Interesses steht. Gartner/Riessman (1978, S. 15 f. und S. 105) sehen hierzu sogar einen Schlüssel zur Produktivitätssteigerung und betrachten den Leistungsnehmer als eine *stille Reserve* für die Durchsetzung von Produktivitätssteigerungen. Damit wird die Möglichkeit der Externalisierung von Aktivitäten auf den Nachfrager angesprochen. Hierbei zeigt sich allerdings die folgende *Ambivalenz*:

- Bei einer *Externalisierung* erfolgt eine Übertragung menschlicher Arbeitsleistungen vom Anbieter auf den Nachfrager. Hierdurch bedingt wird zwar auf der einen Seite der Input, der durch den Anbieter erbracht werden muß, reduziert und der Input des externen Faktors erhöht, auf der anderen Seite wird dadurch aber die Unsicherheit, die durch den Nachfrager in den Erstellungsprozeß hineingebracht wird, tendenziell erhöht.

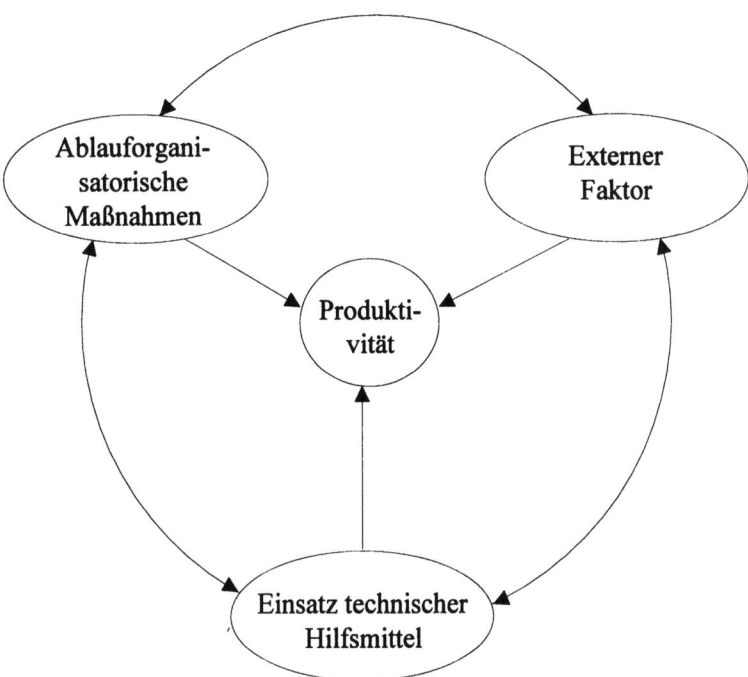

Abbildung 5: Elemente eines Produktivitätsmanagement

- Eine *Internalisierung* geht einerseits mit einer Reduzierung der Kundenaktivitäten im Produktionsprozeß einher und vermindert damit die durch ihn induzierte Unsicherheit, anderseits erhöht sich dadurch der Aktivitätsumfang des Dienstleistungsanbieters, d.h., sein Input steigt.

Diese Überlegung macht deutlich, daß sich die Entscheidung über den Externalisierungs- bzw. Internalisierungsgrad einer generellen Beantwortung entzieht und nur im konkreten Einzelfall gelöst werden kann. Grundsätzliche Voraussetzung einer Externalisierung bzw. Internalisierung ist jedoch die *Akzeptanz* durch den Nachfrager (zu einigen Beispielen, bei denen die Akzeptanzproblematik nicht beachtet wurde, und den damit verbundenen Problemen vgl. Lovelock/Young 1980, S. 56 ff.). So hängt die Möglichkeit zur Realisierung einer Externalisierung entscheidend von der *Bereitschaft* und *Fähigkeit* der Nachfrager ab, weitere Aktivitäten im Rahmen der Bedarfsrealisation zu übernehmen. Werden Bereitschaft und Fähigkeit vereinfachend mit "gering" und "hoch" spezifiziert, dann ergeben sich die folgenden, in Abbildung 6 dargestellten Tendenzen (vgl. Corsten 1991, S. 172).

Fähigkeit ↑

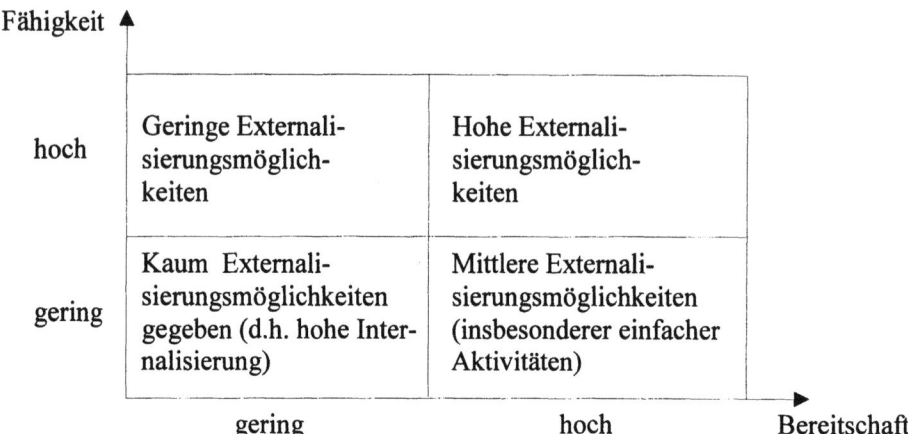

	gering	hoch	Bereitschaft
hoch	Geringe Externalisierungsmöglichkeiten	Hohe Externalisierungsmöglichkeiten	
gering	Kaum Externalisierungsmöglichkeiten gegeben (d.h. hohe Internalisierung)	Mittlere Externalisierungsmöglichkeiten (insbesonderer einfacher Aktivitäten)	

Abbildung 6:   Bereitschaft und Fähigkeit als Determinanten der Externalisierung und Internalisierung

Darüber hinaus ist in diesem Zusammenhang ebenfalls der Aufbau und die Erhaltung einer gewünschten Bereitschaft und Fähigkeit der Mitarbeiter zu beachten, d.h., es sind Personalentwicklungsmaßnahmen erforderlich, wobei das *Human-Ressourcen-Strategie-Konzept* (vgl. Staffelbach 1986) einen Ansatz für eine strategiegerichtete und -gerechte Personalpolitik darstellt. Ziel ist es dabei, einerseits Fähigkeits- und Bereitschaftslücken zu identifizieren und anderseits einen gezielten Abbau dieser Defizite zu bewirken. Spezielle Anforderungsprofile ergeben sich aus der Interaktivität mit den Marktpartnern, d.h., soziale und kommunikative Fähigkeiten erlangen eine zentrale Bedeutung. Ferner wirkt sich die Arbeitsmotivation und -zufriedenheit unmittelbar auf die Interaktivität aus. So sollte der Anbieter z.B. in der Lage sein, eine positive soziale Dynamik (vgl. Normann 1987) mit dem Nachfrager zu entwickeln, so daß zwischen Leistungsgeber und -nehmer ein gegenseitiges Verständnis und Vertrauen aufgebaut wird. Durch die Interaktivität ist es aber auch möglich, einem Aufbau von kognitiven Dissonanzen entgegenzuwirken oder deren Abbau zu bewerkstelligen.

Ein weiterer Ansatzpunkt für das Produktivitätsmanagement bilden die *ablauforganisatorischen Maßnahmen*. Ausgangspunkt bildet dabei eine differenzierte Ablaufanalyse, die sich mit Hilfe des Blueprinting visualisieren läßt. Mit diesem Instrument lassen sich die einzelnen Aktivitäten und Interaktionen offenlegen und dann analysieren,

–   ob Aktivitäten überhaupt erforderlich sind, d.h., es geht insbesondere um die Identifizierung unnötiger Prozesse, etwa mit Hilfe der Wertanalyse (Drucker (1992, S. 66) bezeichnet diesen Sachverhalt als "working smarter"; vgl. fer-

ner Lovelock/Young 1980, S. 64; Streitferdt 1994, S. 488 f.; Witte 1984, S. 23 f.);
- wie die einzelnen Aktivitäten zweckmäßig zu erbringen sind, z.B.
  • die Art und Weise, wie die einzelnen Aktivitäten erbracht werden,
  • die Reihenfolge, in der die Aktivitäten vollzogen werden sollen,
  • bei welchen Aktivitäten oder Aktivitätssequenzen eine Interaktionsintensivierung oder -reduzierung erfolgen soll.

In diesem Zusammenhang zeigt sich besonders deutlich, daß die einzelnen Gestaltungsmaßnahmen *nicht* als unabhängig voneinander gesehen werden dürfen. So haben ablauforganisatorische Maßnahmen unmittelbaren Einfluß auf den externen Faktor, und zwar hinsichtlich der Aspekte Integration und Interaktivität im Dienstleistungserstellungsprozeß. Dieser Sachverhalt ist im Rahmen des Einsatzes der Gestaltungsmaßnahmen zu berücksichtigen, weil es nur so möglich sein dürfte, eventuell vorhandene Komplementaritäten zwischen den Maßnahmen bewußt offenzulegen und gestalten zu können.

Darüber hinaus erscheint es bei den ablauforganisatorischen Gestaltungsmaßnahmen zweckmäßig, zwischen kundennahen und kundenfernen Bereichen zu unterscheiden (vgl. z.B. Chase/Tansik 1983, S. 1042). Im *kundenfernen Bereich* werden Aktivitäten, die für die Erbringung einer Dienstleistung notwendig sind, ohne die Präsenz des externen Faktors vollzogen. In diesem Bereich bieten sich ablauforganisatorische Maßnahmen an, wie sie auch aus der Industriebetriebslehre bekannt sind (vgl. Corsten 1985, S. 287 ff.). Demgegenüber sind die Gestaltungsspielräume im *kundennahen Bereich* deutlich geringer. Auf der Grundlage einer vollständigen Beschreibung des Erstellungsprozesses läßt sich eine *Funktionsanalyse* durchführen, in der

- die Aktivitäten des Dienstleistungsanbieters,
- die Aktivitäten des Dienstleistungsnachfragers sowie
- ihre Abhängigkeiten untereinander

analysiert werden. Auf dieser Grundlage können dann eine *Prüfung der Funktionserfüllung* vorgenommen und so Ansatzpunkte für die Eliminierung unnötiger Prozesse und unproduktiver Warte- und Wegezeiten, sowie hinsichtlich der Zweckmäßigkeit der Reihenfolge der zu vollziehenden Aktivitäten gewonnen werden. Die identifizierten Wartezeiten können dabei *unternehmungsextern* (z.B. Ausbleiben des externen Faktors) und/oder *unternehmungsintern* (z.B. interne Abstimmungsprobleme) induziert sein. Eine Gestaltung der durch den externen Faktor hervorgerufenen Wartezeiten zielt auf eine Einflußnahme des zeitlichen Anfalls der Nachfrage ab, um so extreme Schwankungen der Beschäftigung zu vermeiden (vgl. hierzu Corsten 1985, S. 150). Unternehmungsintern induzierte Wartezeiten bedingen eine Veränderung der Reihenfolge der Aktivitäten und/oder der Zusammenarbeit der an der Dienstleistungserstellung beteiligten Mitarbeiter. Dabei ist zu beachten, daß Wartezeiten durch den Nachfrager tendenziell überschätzt werden, d.h., neben den objektiv meßbaren Zeitintervallen sind auch die subjektiv wahrgenommenen Zeiten in die Überlegungen einzubeziehen (vgl. Stauss 1991). Auch hierbei scheint das Blueprinting ein geeignetes Instrument zu sein, im Rahmen von Befragungen Aussagen zu der subjektiven Zeitwahrnehmung und eine Beurteilung hinsichtlich der Angemessenheit einzelner Zeitkomponenten aus der Sicht des Nachfragers zu erhalten. Während für Wartezeiten tendenziell eine Minimierung anzustreben ist, kann dies für den eigentlichen Produktionsprozeß dann nicht als eine angemessene Zielsetzung gelten, wenn der Nachfrager die Teilnahme an der Dienstleistungserstellung nachfragt und eine zeitliche Kürzung als qualitätsmindernd einstuft (vgl. Corsten 1985).

Um die Variationsbreite der zu erfüllenden Prozesse zu verringern, bietet sich darüber hinaus eine *Standardisierung* von Prozessen oder einzelner Prozeßabschnitte an. Diese Vorgehensweise geht mit einer Vereinfachung der Abläufe einher, die einerseits mit einer Verringerung der Ermessungsspielräume für die Mitarbeiter verbunden ist und anderseits auf eine Lenkung des Nachfragerverhaltens abzielt und damit auch Aspekte des Umschichtens von Aktivitäten zwischen Anbieter und Nachfrager impliziert (vgl. Lovelock 1993, S. 71).

Ein dritter Ansatzpunkt für ein Produktivitätsmanagement ist im Einsatz von *Hilfsmitteln* zu sehen. Allerdings wurde bereits darauf hingewiesen, daß eine Substitution menschlicher Arbeitsleistungen durch Betriebsmittel bei dem untersuchten Dienstleistungstyp nur bedingt möglich ist. Hierbei ist es einerseits möglich, dem Anbieter sachlich-technische Hilfsmittel (z.B. EDV) an die Hand zu geben, ohne daß dabei die Interaktivität zwischen Nachfrager und Anbieter ausgeschaltet wird, und anderseits den Nachfrager dazu zu bringen, im Rahmen des Erstellungsprozesses technische Hilfsmittel zu nutzen (vgl. Bischoff-Schilke 1992, S. 185). Ebenfalls lassen sich Abläufe transparenter und damit verständlicher machen, wie etwa durch die Visualisierung der Abläufe oder durch den Einsatz von Piktogrammen. Ein kombinativer Einsatz von Prozeßstandardisierung und Hilfsmitteln für den Nachfrager kann darüber hinaus auf die Fähigkeitskomponente und die Aktivitätsgüte des Nachfragers positiven Einfluß haben und damit helfen, die nachfragerinduzierte Unsicherheit im Erstellungsprozeß zu reduzieren.

V. Abschließende Bemerkungen

Schwerpunkt der Analyse bildeten die bilateralen personenbezogenen Dienstleistungen, deren Spezifika eine Produktivitätserfassung, wie sie im industriellen Bereich üblich ist, erschweren. Dabei zeigte sich, daß sich dieser Dienstleistungstyp nicht grundsätzlich einer Produktivitätserfassung entzieht, sondern daß ihre Erfassung eine mehrstufige Vorgehensweise bedingt, d.h., es ist, wie in der Dienstleistungsproduktion üblich, zwischen den Phasen der Vorkombination und der Endkombination zu unterscheiden. Die größeren Probleme ergeben sich dabei bei der Produktivitätserfassung der Endkombination, da in dieser Phase eine Integration des externen Faktors in den Erstellungsprozeß notwendig wird. Um dem prozessualen Charakter dieser Dienstleistungen gerecht zu werden, erfolgt im Rahmen der Produktivitätsanalyse eine Zerlegung des Gesamtprozesses in Teilprozesse bis hin zu einzelnen Aktivitäten, die sich in der Form eines Flußdiagrammes darstellen lassen, um so konkrete Gestaltungsmöglichkeiten für ein Produktivitätsmanagement aufdecken zu können. Im letzten Abschnitt wurden die Elemente eines Produktivitätsmanagement skizziert, wobei zwischen dem externen Faktor, ablauforganisatorischen Maßnahmen und den Hilfsmitteln unterschieden wurde, die in Einsatz und Wirkung nicht unabhängig voneinander gesehen werden dürfen.

Summary

Main focus of this analysis are bilateral personal services, i.e. services that are supplied and demanded by persons whose characteristics makes the recording of productivity more difficult as usual in the industrial area. The analysis shows that it is not impossible in principle to record the productivity for this special type of service. A multistage action is required, common to the service production, with a differentiation between pre-combination and end-combination. Greater problems arise while recording the productivity of the end-combination, because in that phase an integration of the external factor in the production process is necessary. To take the processual character of these services into account, a reduction of the total process in partial processes up to solely activities is pursued in the framework of productivity analysis. This solely activities can be shown as a flow chart to expose concrete design possibilities for a productivity management. Finally elements of a productivity management are outlined and the external factor, organisational measures and utilities are distinguished. These elements are not independent in usage and effects.

Literaturverzeichnis

Adam, D.: Produktions-Management, 7. Aufl., Wiesbaden 1993

Adam, E. E.; Hershauer, J. C.; Ruch, W. A.: Measuring the Quality Dimension of Service Productivity. Missoury University-Columbia. Prepared for the National Science Foundation, Washington DC 1978

Andersson, T. D.; Hartman, Th. E.: Reliability and Validity of DEA Models. Measures of productivity and efficiency related to the choice of variables for DEA, in: Eighth International Working Seminar on Production Economics, Pre-Prints, Volume 1, Igls/Innsbruck 1994, S. 171-190

Benkenstein, M.: Dienstleistungsqualität. Ansätze zur Messung und Implikationen für die Steuerung, in: Zeitschrift für Betriebswirtschaft, 63. Jg. (1993), S. 1095-1116

Berczi, A.: Ein Vorschlag zur Verbesserung des Managements im öffentlichen Sektor durch systematische Messungen der operationalen Leistung, in: Annalen der Gemeinwirtschaft, 46. Jg. (1977), S. 233-253

Bischoff-Schilke, K.: Technisierung personenbezogener Dienstleistungen, Hamburg 1992

Bohr, K.: Wirtschaftlichkeit, in: Handwörterbuch des Rechnungswesens, hrsg. v. E. Kosiol, K. Chmielewicz und M. Schweitzer, 2. Aufl., Stuttgart 1981, Sp. 1795-1805

Bohr, K.: Effizienz und Effektivität, in: Handwörterbuch der Betriebswirtschaftslehre, hrsg. v. W. Wittmann u.a., Stuttgart 1993, Sp. 855-869

Böhrs, H.: Produktivitätsermittlung industrieller Betriebe, München 1970

Bösl, K.-H.: Produktivitätsmessungen von produktbegleitenden Dienstleistungen im industriellen Anlagengeschäft, Diss. Nürnberg 1987

Brümmerhoff, D.: Produktivität des öffentlichen Sektors, in: Finanzarchiv, Bd. 34 (1976), S. 226-243

Chase, R. B.: Where does the customer fit in a service operation?, in: Harvard Business Review, 36. Jg. (1978), Nov.-Dez., S. 137-142

Chase, R. B.; Tansik, D. A.: The customer contact model for organization design, in: Management Science, 29. Jg. (1983), S. 1037-1050

Chew, W. B.: Produktivität - was ist das eigentlich?, in: Harvard manager, 10. Jg. (1988), H. 3, S. 111-118

Conen, R.: Zum Problem der Effizienzermittlung industrieller Forschungs- und Entwicklungsbereiche, Diss. Mainz 1986

Corsten, H.: Die Produktion von Dienstleistungen, Berlin 1985

Corsten, H.: Zur Diskussion der Dienstleistungsbesonderheiten und ihre ökonomischen Auswirkungen, in: Jahrbuch der Absatz- und Verbrauchsforschung, 32. Jg. (1986), S. 16-41

Corsten, H.: Externalisierung und Internalisierung als strategische Optionen von Dienstleistungsunternehmungen, in: Dienstleistungsqualität, hrsg. v. M. Bruhn und B. Stauss, Wiesbaden 1991, S. 165-182

Corsten, H.: Kapazitätsplanung in Dienstleistungsunternehmungen, in: Kapazitätsmessung, Kapazitätsgestaltung, Kapazitätsoptimierung - eine betriebswirtschaftliche Kernfrage, Festschrift für Werner Kern zum 65. Geburtstag, hrsg. v. H. Corsten u.a., Stuttgart 1992, S. 229-254

Derichs, H.: Die Problematik der Produktivitätsmessung von Wirtschaftssektoren, München 1969

De Ron, A.: The influence of productivity improvements upon the firm's results, in: Eighth International Working Seminar on Production Economics, Pre-Prints, Volume 2, Igls/Innsbruck 1994, S. 129-146

Drucker, P. F.: Managing the Public Service Institution, in: Readings in Public and Nonprofit Marketing, hrsg. v. Ch. H. Lovelock und Ch. B. Weinberg, o.O. 1978, S. 67-74

Drucker, P. F.: Dienstleister müssen produktiver werden, in: Harvard manager, 14. Jg. (1992), H. 2, S. 64-72

Eichhorn, S.: Qualitäts- und Effizienzbeurteilung in der Krankenhausversorgung, in: Deutsches Ärzteblatt, 74. Jg. (1977), H. 42, S. 2529-2533

Eichhorn, S.: Gesundheitswesen, Produktion im, in: Handwörterbuch der Produktionswirtschaft, hrsg. v. W. Kern, Stuttgart 1979, Sp. 681-689

Engelhardt, W. H.; Kleinaltenkamp, M.; Reckenfelderbäumer, M.: Leistungsbündel als Absatzobjekte. Ein Ansatz zur Überwindung der Dichotomie von Sach- und Dienstleistungen, in: Zeitschrift für betriebswirtschaftliche Forschung, 45. Jg. (1993), S. 395-426

Engelter, K.-A.: Das Rationalisierungspotential im Dienstleistungsbereich, Frankfurt a.M./Bern/Las Vegas 1979

Fischer, K. H.: Die Messung von totaler Faktorproduktivität, Effizienz und technischem Fortschritt, Bonn 1984

Fourastié, J.: Die große Hoffnung des zwanzigsten Jahrhunderts, Köln-Deutz 1954

Frenz, W.: Beitrag zur Messung der Produktivität und deren Vergleich auf der Grundlage technischer Mengengrößen, Köln/Opladen 1963

Fricke, R.: Grundlagen der Produktivitätstheorie, Frankfurt a.M., 1961

Fuchs, R.: Produktivität und Personalkosten, in: Zeitschrift für betriebswirtschaftliche Forschung, 27. Jg. (1975), S. 413-427

Gaitanides, M.: Prozeßorganisation. Entwicklung, Ansätze und Programme prozeßorientierter Organisationsgestaltung, München 1983

Gartner, A.; Riessman, F.: Der aktive Konsument in der Dienstleistungsgesellschaft. Zur politischen Ökonomie des tertiären Sektors, Frankfurt a.M. 1978

Gerhardt, J.: Dienstleistungsproduktion. Eine produktionstheoretische Analyse der Dienstleistungsprozesse, Bergisch Gladbach/Köln 1987

Gerstenberg, F.: Logistik-Produktivität. Differenzierte Meßverfahren, in: Logistik heute, 9. Jg. (1987), H. 5, S. 31-33

Gerstenberger, W.: Der Dienstleistungsbereich im Spannungsfeld divergierender Kräfte, in: Allgemeines Statistisches Archiv, 71. Jg. (1987), S. 38-45

Graser, N.: Produktivität im Versicherungsbetrieb unter besonderer Berücksichtigung der Telekommunikation, Karlsruhe 1985

Groth, U.; Kluge, H.: Produktivitätsanalyse indirekter Bereiche, in: Zeitschrift für wirtschaftliche Fertigung, 83. Jg. (1988), S. 550-554

Gutenberg, E.: Einführung in die Betriebswirtschaftslehre, Wiesbaden 1975

Haak, W.: Produktion in Banken, Frankfurt a.M./Bern 1982

Hackstein, R.; Erdmann, W.: Bestimmung der Produktivitätsveränderungen im Dienstleistungsbereich mit Hilfe von Zeitstandards - aufgezeigt am Beispiel einer Untersuchung in der Instandhaltung, in: Industrial Engineering, 1. Jg. (1971), S. 147-156

Hahn, D.: Ziele des Produktionsmanagement, in: Handbuch Produktionsmanagement, hrsg. v. H. Corsten, Wiesbaden 1994, S. 23-49

Haywood-Farmer, J.: "A Conceptual Model of Service Quality", in: International Journal of Operations & Production Management, 8. Jg. (1988), Nr. 6, S. 19-29

Hentschel, B.: Die Messung wahrgenommener Dienstleistungsqualität mit SERVQUAL. Eine kritische Auseinandersetzung, in: Marketing - Zeitschrift für Forschung und Praxis, 12. Jg. (1990), S. 230-240

Hentschel, B.: Dienstleistungsqualität aus Kundensicht. Vom merkmals- zum ereignisorientierten Ansatz, Wiesbaden 1992

Herder-Dorneich, P.; Wasem, J.: Krankenhausökonomik zwischen Humanität und Wirtschaftlichkeit, Baden-Baden 1986

Herzig, N.: Die theoretischen Grundlagen betrieblicher Instandhaltung, Meisenheim a.G. 1975

Hilke, W.: Grundprobleme und Entwickungstendenzen des Dienstleistungs-Marketing, in: Dienstleistungs-Marketing, Schriften zur Unternehmensführung, Bd. 35, hrsg. v. W. Hilke, Wiesbaden 1989, S. 5-44

Holst, J.: Der Wandel im Dienstleistungsbereich. Mit Prozeßmanagement zur schlanken Organisation, in: Controlling, 4. Jg. (1992), S. 260-267

Huber, M.; Köse, A.; Schneider, M.: Wirtschaftlichkeit und Leistungsniveau deutscher Krankenhäuser im internationalen Vergleich. Gutachten für die Deutsche Krankenhausgesellschaft, Augsburg 1993

Jakob, H.W.: Zur Frage der Produktivität und Wirtschaftlichkeit des Innendienstes, in: Versicherungswirtschaft, 32. Jg. (1977), S. 516-520

Jones, P.: Quality, capacity and productivity in service industries, in: The Management of Service Operations, hrsg. v. R. Johnston, Berlin u.a. 1988, S. 309-321

Karbach, R.: Automationsbedingte Veränderungen des Einsatzes menschlicher Arbeitskraft im Bankbetrieb und Konsequenzen für die bankbetriebliche Geschäftspolitik, Diss. Göttingen 1986

Kendrick, J. W.: Understanding Productivity. An Introduction to the Dynamics of Productivity Change, Baltimore/London 1977

Kern, W.: Produkte, Problemlösungen als, in: Handwörterbuch der Produktionswirtschaft, hrsg. v. W. Kern, Stuttgart 1979, Sp. 1433-1441

Kühn, H.-J.: Produktivitätsvergleich im Dienstleistungsbetrieb, Diss. Wien 1970

Laßmann, G.: Produktivität, in: Handwörterbuch der Betriebswirtschaft, hrsg. v. E. Grochla und W. Wittmann, 4. Aufl., Stuttgart 1975, Sp. 3164-3169

Lehmann, A.: Dienstleistungsmanagement zwischen industriell-orientierter Produktion und zwischenmenschlicher Interaktion - Reflexe in der Versicherung, St. Gallen 1989

Lehmann, A.: Dienstleistungsmanagement. Strategien und Ansatzpunkte zur Schaffung von Servicequalität, Stuttgart/Zürich 1993

Levitt, T.: The Industrialization of Service, in: Harvard Business Review, 54. Jg. (1976), September-October, S. 63-74

Littmann, H. E.: Produktivität, in: Management-Enzyklopädie, 4. Bd.: "Lagerhaltung" bis "Publizität", München 1971, S. 1240-1250

Lovelock, Chr.: Dienstleister können Effizienz und Kundenzufriedenheit verbinden, in: Harvard Business manager, 15. Jg. (1993), 2. Quartal, S. 68-75

Lovelock, Chr.; Young, R. F.: Das Kundenverhalten beachten, die Produktivität steigern, in: Harvard manager, 2. Jg. (1980), H. 4, S. 54-64

Lützel, H.: Statistische Erfassung von Dienstleistungen, in: Allgemeines Statistisches Archiv, 71. Jg. (1987), S. 17-37

McLaughlin, C. R.; Coffey, S.: Measuring Productivity in Services, in: International Journal of Service Management, 1. Jg. (1990), April, S. 46-64

Menz, L.: Der tertiäre Sektor. Der Dienstleistungsbereich in den modernen Volkswirtschaften, Zürich/St. Gallen 1965

Meurer, C.: Strategisches internationales Marketing für Dienstleistungen. Dargestellt am Beispiel des Management-Consulting, Frankfurt a.M. u.a. 1993

Meyer, A.: Die Automatisierung und Veredelung von Dienstleistungen - Auswege aus der dienstleistungsinhärenten Produktivitätsschwäche, in: Jahrbuch der Absatz- und Verbrauchsforschung, 33. Jg. (1987), S. 25-46

Meyer, A.: Dienstleistungs-Marketing. Erkenntnisse und praktische Beispiele, Augsburg 1983

Michaelis, U.: Produktivitätsbestimmung in indirekten Bereichen, Berlin u.a. 1991

Minasian, J. R.: The Economics of Research and Development, The Rate and Direction of Inventive Activity: Economic and Social Faktor, in: National Bureau of Economic Research, Princeton University Press 1962, S. 93-141

Müller-Lutz, H. L.: Orientierungszahlen für Produktivität und Wirtschaftlichkeit in der Versicherung, Karlsruhe 1978

Mundhenke, E.: Höhere Effektivität und Wirtschaftlichkeit in der öffentlichen Verwaltung durch Informationstechnik - Chancen und Probleme, in: Praxisorientierte Betriebswirtschaftslehre, hrsg. v. H. G. Bartels, G. Beuermann und R. Thome, Berlin 1987, S. 161-189

Normann, R.: Dienstleistungsunternehmen, Hamburg u.a. 1987

Parasuraman, A.; Zeithaml, V. A.; Berry, L. L.: A Conceptual Model of Service Quality and Its Implications for Future Research, in: Journal of Marketing, 49. Jg. (1985), Fall, S. 41-50

Parasuraman, A.; Zeithaml, V. A.; Berry, L. L.: SERVQUAL: A Multiple-Item Scale for Measuring Consumer Perceptions of Service Quality, in: Journal of Retailing, 64. Jg. (1988), Nr. 1, S. 12-40

Parasuraman, A.; Berry, L. L.; Zeithaml, V. A.: An Empirical Examination of Relationships in an Extended Service Quality Model, Working Paper Report Nr. 90-122, Marketing Science Insitute, Cambridge, Massachusetts December 1990

Picot, A.; Reichwald, R.: Untersuchung zur Wirtschaftlichkeit der Schreibdienste in Obersten Bundesbehörden. Abschlußbericht, Forschungsbericht 01 HB 198 A-AK-TAP, hrsg. v. Bundesministerium für Forschung und Technologie, München/Hannover 1979

Platz, H. Ph.: Produktivitätspotential, in: IBM-Nachrichten, 30. Jg. (1980), S. 25-31

Potts, G. W.: Raising Productivity in Customer Services, in: Long Range Planning, 21. Jg. (1988), Nr. 2, S. 15-22

Quinn, J. B.; Gagnon, Ch. E.: Die Dienstleistungen werden automatisiert, in: Harvard manager, 9. Jg. (1987), H. 2, S. 74-81

Rathmell, J. M.: Marketing in the Service Sector, Cambridge, Massachusetts 1974

Reichwald, R.: Arbeit als Produktionsfaktor, München/Basel 1977

Reichwald, R.: Bürokommunikation im Teletexdienst - Produktivitätsmessungen im Feldexperiment, in: Bürokommunikation. Ein Beitrag zur Produktivitätssteigerung, hrsg. v. E. Witte, Berlin u.a. 1984, S. 100-136

Reichwald, R.: Produktivitätsbeziehungen in der Unternehmensverwaltung - Grundüberlegungen zur Modellierung und Gestaltung der Büroarbeit unter dem Einfluß neuer Informationstechnologie, in: Betriebswirtschaftliche Entscheidungen bei Stagnation, hrsg. v. L. Pack und D. Börner, Wiesbaden 1984, S. 197-213

Rose, K.: Produktivität, in: Handwörterbuch der Sozialwissenschaften, 8. Bd., hrsg. v. E. v. Beckerath u.a., Stuttgart/Tübingen/Göttingen 1964, S. 613-619

Semper, L.: Produktivitätsanalysen für kommunale Dienstleistungen. Theoretische Grundlagen und empirische Ergebnisse, Diss. Augsburg 1982

Shostack, G. L.: How to Design a Service, in: European Journal of Marketing, 16. Jg. (1982), Nr. 1, S. 49-63

Shostack, G. L.: Designing Services That Deliver, in: Harvard Business Review, 62. Jg. (1984), January-February, S. 133-139

Sink, D. S.: Productivity Management: Planning, Measurement und Evaluation, Control and Improvement, New York u.a. 1985

Staffelbach, B.: Strategisches Personalmanagement, Bern 1986

Stauss, B.: Qualitätsstandards als Steuerungsgrößen für öffentliche Unternehmen, in: Die Betriebswirtschaft, 47. Jg. (1987), S. 594-606

Stauss, B.: Dienstleister und die vierte Dimension, in: Harvard manager, 13. Jg. (1991), H. 2, S. 81-89

Stauss, B.: Service-Qualität als strategischer Erfolgsfaktor, in: Erfolg durch Service-Qualität, Tagungsbericht 7.-8. Oktober 1991, Bad Homburg, hrsg. v. B. Stauss, München 1991, S. 7-35

Stauss, B.; Hentschel, B.: Verfahren der Problementdeckung und -analyse im Qualitätsmanagement von Dienstleistungsunternehmen, in: Jahrbuch der Absatz- und Verbrauchsforschung, 36. Jg. (1990), S. 232-259

Stefani, G.: Die Produktivität der öffentlichen Unternehmen, in: Annalen der Gemeinwirtschaft, 42. Jg. (1973), S. 127-185

Streitferdt, L.: Kostenmanagement im Produktionsbereich, in: Handbuch Produktionsmanagement, hrsg. v. H. Corsten, Wiesbaden 1994, S. 477-495

Taube, R.: Möglichkeiten der Effizienzmessung von öffentlichen Verwaltungen. Eine ökonometrische Untersuchung am Beispiel von Krankenhäusern der Bundesrepublik Deutschland, Berlin 1988

Troßmann, E.: Kennzahlen als Instrument des Produktionscontrolling, in: Handbuch Produktionsmanagement, hrsg. v. H. Corsten, Wiesbaden 1994, S. 517-536

Tübergen, F.: Untersuchung über Möglichkeiten zur Berücksichtigung unterschiedlicher Erzeugnisqualitäten bei der Produktivitätsmessung (erläutert am Beispiel einer spanabhebenden, feinmechanischen Fertigung), Köln/Opladen 1963

Weber, H. K.: Rentabilität, Produktivität, Liquidität der Unternehmung. Bedeutung - Ermittlung - Aussagewert, Stuttgart 1983

Witte, E.: Produktivitätsmängel im Büro, in: Bürokommunikation. Ein Beitrag zur Produktivitätssteigerung, hrsg. v. E. Witte, Berlin u.a. 1984, S. 17-37

Zimmermann, G.: Ergiebigkeitsmaße für die Produktion, in: Handwörterbuch der Produktionswirtschaft, hrsg. v. W. Kern, Stuttgart 1979, Sp. 520-528

Haftungsrisiken im Zusammenhang mit gewerblich angebotenen Dienstleistungen - Banken und Versicherungen

Von Univ.-Prof. Dr. Dr. Jürgen Ensthaler
und Ass. jur. Dagmar Nuissl, Kaiserslautern

Inhaltsübersicht

I. Einleitung

Die wirtschaftliche Bedeutung des Dienstleistungssektors ist heute mehr denn je unbestritten: Er macht über die Hälfte der jährlichen Wertschöpfung auf nationaler und europäischer Ebene aus.

Jede Dienstleitung, sei sie handwerklicher, administrativer (z.B. Banken und Versicherungen), verkehrsfördernder (z.B. Eisenbahn, Güterverkehr, Gaststättengewerbe) oder freiberuflicher Art (z.B. Ärzte, Steuerberater, Rechtsanwälte und Künstler) wird irgendwann einmal schlecht erfüllt, und auch das seriöseste Dienstleistungsunternehmen kann sich eines Tages mit Ansprüchen seines Kunden auf Schadloshaltung konfrontiert sehen, so daß man sich mit den haftungsrechtlichen Risiken und den berechtigten Erwartungen der Verbraucher hinsichtlich einer "Dienstleistungs-Sicherheit" auseinandersetzen muß. Dies ist jedoch gerade auf dem Dienstleistungssektor nicht einfach, da eine "Dienstleistungshaftung" - ähnlich der Produkthaftung - als einheitlicher Komplex auf nationaler Ebene bislang unbekannt ist, und man auch auf europäischer Ebene über einen Richtlinienvorschlag, der seit 1991 kritisch, intensiv und meistens ablehnend diskutiert wird, nicht hinausgekommen ist. Daher bleibt dem Juristen nur die Möglichkeit, sich den traditionellen, bewährten und bereits bestehenden Haftungssystemen zuzuwenden und in ihnen die Lösung der haftungsrechtlichen Probleme des Dienstleistungssektors zu suchen.

II. Produkthaftungsgesetz

Der Titel "Dienstleistungs*produktion*" des vorliegenden SzU-Bandes könnte den einen oder anderen Leser dazu verführen, im Zusammenhang mit Dienstleistungen an das Rechtsinstitut der Produkt- bzw. Produzentenhaftung zu denken und damit an das am 1.1.1990 in Kraft getretene Produkthaftungsgesetz (ProdHaftG). Dies wäre verbraucherfreundlich, da durch das ProdHaftG neben der vertraglichen Haftung und der deliktischen Verschuldenshaftung eine verschuldensunabhängige Gefährdungshaftung (vgl. Deutsch 1992, S. 73 ff.) begründet wurde.

Grundsätzlich besteht eine Verpflichtung zum Schadenersatz nur bei schuldhafter Vertragsverletzung oder unerlaubter Handlung. Bei bestimmten, ihrer Natur nach gefährlichen Betätigungen besteht die Verpflichtung zum Schadenersatz unabhängig vom Verschulden bereits mit dem Eintritt eines durch die Betätigung verursachten Schadens. Dieses bezeichnet man als Gefährdungshaftung. Die Gefährdungshaftung besteht nur in den gesetzlich vorgeschriebenen Fällen, z.B. bei der Haftung des Fahrzeughalters nach § 7 StVG, der Haftung für das Risiko gentechnischer Arbeiten § 32 GenTG oder bei der Haftung für fehlerhafte Produkte § 1 Prod-HaftG.

Dem ProdHaftG liegt der Gedanke zugrunde, daß von bestimmten Tätigkeiten zwar besondere Gefahren ausgehen, daß diese Tätigkeiten aber andererseits notwendig sind und deshalb von der Rechtsordnung gebilligt werden müssen. Derjenige jedoch, der aus diesen generell gefährlichen, aber zulässigen Handlungen Nutzen zieht, soll dann zumindest - so die weitere Überlegung - für etwaige Schäden den Vertragspartnern und Dritten gegenüber verantwortlich sein, auch wenn er sie nicht verschuldet hat.

Diese weitreichende Gefährdungshaftung würden viele Verbraucher auch für den Dienstleistungssektor begrüßen, doch ist das ProdHaftG auf diesen *nicht* anwendbar.

Produkt- oder Produzentenhaftung ist die Haftung des Herstellers für Schäden, die jemand an seinen Rechtsgütern durch ein fehlerhaftes Produkt erleidet (§ 1 I ProdHaftG). Die Haftung nach dem ProdHaftG knüpft also in erster Linie an das Vorliegen eines "Produktes" an, welches einem Herstellungsprozeß entsprungen ist. Nach der Legaldefinition des § 2 ProdHaftG ist "Produkt" im Sinne des Gesetzes jede bewegliche Sache und Elektrizität, ausgenommen die noch nicht verarbeiteten Naturerzeugnisse. Wie der Begriff "bewegliche Sache" zu verstehen ist, richtet sich dabei nach den allgemeinen Rechtsvorschriften. Nach § 90 BGB versteht man unter Sachen körperliche, d.h. im Raum abgrenzbare Gegenstände. Die Dienstleistung kann daher - für sich allein genommen - nie Gegenstand der verschuldensunabhängigen Haftung nach dem ProdHaftG sein.

Produkthaftungsrechtliche Aspekte könnten sich allenfalls dann ergeben, wenn ein Produkt in eine Dienstleistung eingebettet ist.

Werden bei Dienstleistungen Produkte eingesetzt, ohne aber dem Empfänger der Dienstleistung übertragen zu werden, liegt zwar ein Fall der Produkt*benutzung*, nicht aber des Inverkehrbringens im Sinne einer Übertragung an Dritte vor. Eine Herstellerhaftung des Erbringers der Dienstleistung steht daher von vornherein nicht zur Diskussion. Im Schadensfall bleibt außer dem Vertragsrecht nur die traditionelle Delikts-Verschuldenshaftung anwendbar.

Erfolgt im Zusammenhang mit der Dienstleistung ein Übergang des Produkts, könnte sich dagegen die Produkthaftungsproblematik ernstlicher stellen. Solche Fälle sind beispielsweise denkbar im Rahmen eines Bewirtungsvertrages, da dort neben der als Dienstleistung zu qualifizierenden Bewirtung dem Gast ein Essen bereitet wird; oder bei den im Krankenhaus vorgenommenen Bluttransfusionen, bei denen eine Dienstleistung (Bluttransfusion) unmittelbar in bezug auf ein Produkt (Blutserum) erbracht wird. In solchen Fällen wird man unter Berücksichtigung des Begriffs "Hersteller", wie er in § 1 ProdHaftG i.V.m. § 4 ProdHaftG Verwendung findet, nach der Verkehrsanschauung entscheiden müssen, ob aus der Gesamtbetrachtung des Vorgangs folgt, daß es sich um die Herstellung eines Produktes als einer beweglichen Sache handelt oder vorrangig um die Erbringung einer Dienstleistung. Dabei muß jedoch berücksichtigt werden, daß allein die Verwendung eines Produktes innerhalb einer Dienstleistung in bezug auf den Dienstleistenden nicht dazu führen darf, seine Tätigkeit bereits als tatsächliche Herstellung gemäß § 4 ProdHaftG zu qualifizieren. Vom Ergebnis dieser Gesamtbetrachtung hängt es dann ab, ob im Schadensfall das ProdHaftG Anwendung findet oder nicht.

III. Diensleistungshaftung

Die EG-Kommission hat am 9.11.1990 einen Vorschlag für eine Richtlinie des Rates über die Haftung bei Dienstleistungen[1] vorgelegt, die ähnlich der Produkthaftungsrichtlinie den berechtigten Erwartungen des Verbrauchers hinsichtlich der Dienstleistungs-Sicherheit entgegenkommen soll. Durch dieses einheitliche Haftungssystem wird ein verstärkter Schutz von Dienstleistungsempfängern und Dritten angestrebt.

Nach Art. 1 des Entwurfes soll der Dienstleistende für den Schaden haften, der durch sein Verschulden bei Erbringung der Dienstleistung verursacht worden ist. Die Kommission faßt dabei die Begriffe der "Dienstleistung" (Art. 2 des Entwurfes) und des "Dienstleistenden" (Art. 3 des Entwurfes) sehr weit: Zur Dienstleistung gehört danach *"jede im Rahmen einer gewerblichen Tätigkeit oder eines öffentlichen Dienstes in unabhängiger Weise erbrachte entgeltliche oder unentgeltliche Leistung, die nicht unmittelbar und ausschließlich die Herstellung von Gütern* - diese Fälle werden ja bereits von der Produkthaftung umfaßt - *oder die Übertragung dinglicher Rechte oder von Urheberrechten zum Gegenstand hat"*. Erfaßt werden also neben den privaten Dienstleistungsanbietern auch die öffentlichen; lediglich für solche, die der Aufrechterhaltung der öffentlichen Sicherheit und Ordnung dienen, wird eine Ausnahme gemacht. Im zivilrechtlichen Bereich erfährt die Richtlinie eine Ausnahme für den Bereich der Pauschalreisen und für Dienstleistungen im Zusammenhang mit Abfällen sowie für Schäden, bei denen die Haftung bereits durch internationale, von den Mitgliedstaaten oder der Gemeinschaft ratifizierte Übereinkommen geregelt ist.

Dieser doch sehr weite Anwendungsbereich der geplanten Richtlinie wird auf der Rechtsfolgenseite wieder eingeschränkt. Zu ersetzen sind nämlich nur die Schäden, die bei der Erbringung der Dienstleistung an der Gesundheit, der körperlichen Unversehrtheit oder an Sachwerten entstehen, letztere auch nur dann, wenn die Sachen ihrer Art nach zum privaten Gebrauch oder Verbrauch bestimmt sind und vom Geschädigten auch solch eine Bestimmung erfahren haben (Art. 4 des Entwurfes). *Reine Vermögensschäden* werden von der Richtlinie hingegen *nicht* erfaßt. Dieses wiederum bedeutet konsequent zu Ende gedacht, daß solche Dienstleistungen, bei denen sich Fehlleistungen typischerweise vermögensschädigend auswirken - hierhin gehören alle vermögensberatenden Tätigkeiten von bspw. Steuerberatern, Unternehmensberatern, Maklern, Rechtsanwälten, sowie Banken und Versicherungen -, von der Dienstleistungshaftung nicht umfaßt sind. Diese Ungleichbehandlung in den Schadensbereichen hat vehemente Kritik an dem Richtlinienvorschlag der Kommission auf seiten des BTages und des BRates (vgl. o.V. 1991, S. 236 f.; o.V. 1992, S. 159 f.) hervorgerufen - sie ist gleichsam ein Grund dafür, daß die geplante Richtlinie bislang noch nicht erlassen wurde.

Ein weiteres Argument, das der Akzeptanz dieses Richtlinien-Entwurfes entgegensteht, sind die strengen Haftungsmaßstäbe, die insbesondere bei den Haftungsadressaten auf erhebliche Kritik (vgl. Skaupy 1991, S. 2021 ff.; Heinemann 1991, S. 1193 ff.; Giesen 1991, S. 485 ff.; Gaidzik 1992, S. 323 ff.) gestoßen sind. Die geplante Diensleistungsrichtlinie wendet sich zwar - anders als das ProdHaftG - nicht gänzlich vom Verschuldensgrundsatz ab, sondern hält an diesem fest, relativiert ihn jedoch dadurch, daß sie die Beweislast für das Verschulden umkehrt (Art. 1 des Entwurfes). Während nach dem normalen Verschuldensgrundsatz der Geschädigte regelmäßig die Fehlerhaftigkeit der Dienstleistung, den Schaden, die Kausalität und das Verschulden des Schädigers (Dienstleistenden) nachzuweisen hat, muß er nach der geplanten Richtlinie nur noch den Schaden und die Kausalität nachweisen, das Verschulden des Dienstleistenden wird daraufhin vermutet. Es soll nunmehr beim Schädiger (Dienstleistender) liegen nachzuweisen, daß ihn kein Verschulden trifft. Freilich wird in praxi die Verschuldensvermutung häufig nicht zu widerlegen sein, so daß im Ergebnis den Dienstleistenden doch eine "verschuldensunabhängige" Haftung trifft. Dies erklärt auch den heftigen Widerstand der verschiedenen Berufsgruppen.

Wann und ob die geplante Richtlinie erlassen und in nationales Recht transferiert wird, ist noch ungewiß. Bis dahin jedenfalls wird man auf ein einheitliches und komplexes Haftungssystem, welches alle Dienstleistungssektoren gleichermaßen erfaßt, verzichten müssen.

IV. Haftungsrisiken der Finanzdiensleister (Banken und Versicherungen)

Die Vielzahl der angebotenen Dienstleistungen und das Fehlen eines einheitlichen, alle Dienstleistungsgruppen gleichermaßen erfassenden Haftungssystems machen es erforderlich, daß sich der vorliegende Beitrag auf einen kleinen Teilbereich, namentlich die Finanzdiensleister (Banken und Versicherungen) beschränkt. Ihre Haftungsrisiken sollen im Anschluß exemplarisch aufgezeichnet werden.

1.   Grundstrukturen der Bankenhaftung

1.1   Haftung gegenüber dem Vertragspartner (Bankkunde)

Um sich mit den Haftungsfragen auseinandersetzen zu können, ist es zunächst ratsam, das Verhältnis der Bank zu ihren Kunden näher zu betrachten.

Der Bankkunde, der sich der Dienste der Bank bedient, will regelmäßig nicht nur ein einziges Geschäft tätigen, sondern sein Bestreben ist es, eine auf längere Dauer gerichtete und eine unbestimmte Anzahl von Geschäftsvorfällen umfassende Bankverbindung zu begründen. Dieser Bankverbindung liegen entsprechend ihren unterschiedlichen Leistungsgegenständen auch verschiedene Vertragstypen zugrunde. Wichtige Vertragstypen sind insoweit die Geschäftsbesorgung mit Dienstleistungscharakter §§ 675, 611 BGB (darunter fallen alle unmittelbar dem bargeldlosen Zahlungsverkehr dienenden Rechtsgeschäfte: der Girovertrag mit dem Abbuchungsauftrag, der Scheckvertrag, sowie die Scheck- und Lastschriftinkassovereinbarung), das Darlehen § 607 BGB (darunter fallen sämtliche Kreditgeschäfte), die Verwahrung § 700 BGB (darunter fällt beispielsweise die Spareinlage), aber auch der Kauf §§ 433 ff. BGB, 373 ff. HGB (darunter fällt der Erwerb von Immobilien und anderer Kapitalanlagen) und das Kommissionsgeschäft § 383 ff. HGB (darunter fällt der Ein- und Verkauf von Wertpapieren) gehören dazu. Nach den jeweils zugrundeliegenden Vertragstypen bestimmen sich regelmäßig die Pflichten für die Vertragsparteien, aber auch die Haftungsfolgen bei der Nichterfüllung der vertragstypischen Hauptleistungspflichten. Diese vertragsimmanenten Haftungsfolgen sind regelmäßig gesetzlich geregelt und insoweit unproblematisch. So haftet die Bank beispielsweise: wegen zu vertretender Unmöglichkeit der Herausgabe, wenn sie die ihr zur Verwahrung übergebenen Effekten nicht zurückgeben kann; wegen Verzugs, wenn sie den Überweisungsauftrag verspätet ausführt; und wegen Gewährleistung, wenn ein von ihr verkauftes Objekt mit einem Fehler behaftet ist.

Die Frage nach der Haftung der Bank ist hingegen nicht so leicht zu beantworten, wenn die Einzelverträge nichtig werden, weil z.B. einer der langjährigen Kunden geschäftsunfähig geworden ist, oder wenn sich die Parteien erst im Stadium der Vertragsanbahnung befinden, also in einer Phase, in der der Kunde mit der Bank Kontakt aufnimmt, ohne mit ihr einen Vertragsschluß zu tätigen. In diesen Fällen fallen die Einzelverträge als Haftungsgrundlage aus.

Das Verhältnis zwischen einer Bank und ihren Kunden wird jedoch nicht nur durch den Abschluß der einzelnen Verträge bestimmt, sondern im wesentlichen auch durch die die Vertragsbeziehungen umschließende und immer gegenwärtige Geschäftsverbindung Bank-Kunde als solcher. Das Bündel von Einzelverträgen ist quasi eingebettet in eine dauerhafte Beziehung zwischen der Bank und ihren Kunden, wobei diese Beziehung maßgeblich von dem besonderen Vertrauensverhältnis Bank-Kunde geprägt wird. Aus dem der Geschäftsverbindung zugrundeliegenden besonderen Vertrauensverhältnis ergibt sich für die Bank die allgemeine Pflicht - auch als Verhaltens-, Berufs- oder Sorgfaltspflicht bezeichnet -, die Interessen ihrer Kunden zu wahren und zu schützen. Wichtige Interessenwahrungspflichten sind beispielsweise die Geheimhaltungspflicht der Banken (Bankgeheimnis), aber auch die Aufklärungs-, Beratungs- und Warnpflichten. Die Banken haben stets darauf zu achten, ihre Kunden sachgerecht zu beraten und Kundengeheimnisse zu respektieren. Wenn die Bank eine dieser Verhaltenspflichten verletzt, stellt sich die Frage nach ihrer Haftung. Im Ergebnis - und darüber besteht weitgehendes Einvernehmen - muß die Bank für die Integritätsinteressen ihrer Kunden einstehen. Umstritten ist lediglich der Weg zu dieser Haftung, der maßgeblich davon abhängt, welche Rechtsnatur man der über die Einzelverträge hinausgehenden Geschäftsverbindung zuweist. Die einzelnen Vorschläge reichen dabei von der Annahme eines allgemeinen Bankvertrages über quasivertragliche Lösungen und die Konstruktion eines gesetzlichen Schuldverhältnisses bis hin zu der Ansicht, die Geschäftsbeziehung sei ein rein tatsächliches Verhältnis ohne spezifisch rechtlichen Charakter.

Geht man wie *Hopt* (vgl. Baumbach/Duden/Hopt 1989) von einem allgemeinen, die Geschäftsverbindung überlagernden und vertraglich ausgestaltenden Bankvertrag aus, so sind die besonderen Verhaltens- und Berufspflichten der Bank bei Bestehen eines Bankvertrages aus diesem versprochen, d.h., sie bilden, da es sich nur um Verhaltens- und Sorgfaltspflichten handelt, Nebenpflichten des allgemeinen Bankvertrages zwischen dem Kunden und der Bank. Bei einer Pflichtverletzung käme eine Haftung der Bank aus dem gewohnheitsrechtlich anerkannten Rechtsinstitut der "positiven Vertragsverletzung (pvv)" in Betracht.

Die pvv ist bislang im Gesetz nicht geregelt, sie wird auf eine Rechtsanalogie zu §§ 280, 286, 325, 326 BGB gestützt. Nach dem Abschlußbericht der Kommission zur Überarbeitung des

Schuldrechts (vgl. Bundesminister der Justiz 1992) ist die gesetzliche Verankerung dieses Rechtsinstitutes jedoch in Zukunft vorgesehen (§ 280 BGB-Kommissions-Entwurf). Unter die pvv fallen alle schuldhaften Pflichtverletzungen des Schuldners im Rahmen eines bestehenden Schuldverhältnisses, die nicht anderweitig, insbesondere in den Vorschriften über Unmöglichkeit, Verzug und Gewährleistung geregelt sind. Der Anwendungsbereich der pvv ist vielgestaltig, dazu gehören neben den sog. Schlechterfüllungen die Verletzung von Sorgfaltspflichten, insbesondere die Verursachung von Begleit- und Kontaktschäden, sowie die Verletzung von Verhaltens-, Warn-, Hinweis- und Aufklärungspflichten. Auf der Rechtsfolgenseite kann der Gläubiger Ersatz des entstandenen Schadens verlangen - regelmäßig ist der Zustand herzustellen, der bestehen würde, wenn die Pflichtverletzung nicht erfolgt wäre.

Fehlt hingegen der allgemeine Bankvertrag - so unter Umständen bei einem Einmalgeschäft oder im Vertragsanbahnungsverhältnis - oder ist er nichtig, bleibt die Geschäftsverbindung als ein zwischen Kunden und Bank bestehendes gesetzliches Schuldverhältnis ohne primäre Leistungspflicht Grundlage einer Vertrauenshaftung bei Pflichtverletzungen auf seiten der Bank. Eine der wichtigsten Haftungsgrundlagen ist insoweit das von der Rechtsprechung und Lehre entwickelte Rechtsinstitut der "culpa in contrahendo (cic)".

Eine Reihe von gesetzlichen Vorschriften verpflichten zum Schadenersatz wegen Verschulden während der Vertragsverhandlungen, ohne daß ein wirksamer Vertrag oder der Tatbestand einer unerlaubten Handlung gegeben zu sein braucht (vgl. §§ 122, 179, 307, 463 S. 2, 663 BGB). Aus diesen Einzelvorschriften haben Rechtsprechung und Lehre im Wege der Rechtsfortbildung den Grundsatz abgeleitet, daß bereits durch die Aufnahme von Vertragsverhandlungen, einem diesen gleichzustellenden geschäftlichen Kontakt oder durch ständige Geschäftsverbindung ein vorvertragliches (gesetzliches) Schuldverhältnis entsteht, das die Partner zur Sorgfalt von "Schuldnern" verpflichtet (§ 242 BGB) und welches dadurch gekennzeichnet ist, daß es keine primären Leistungspflichten kennt, sondern lediglich Pflichten zur gegenseitigen Rücksichtnahme, Fürsorge und Loyalität. Bei schuldhafter Pflichtverletzung eines solchen vorvertraglichen Schuldverhältnisses macht sich der Verletzer schadenersatzpflichtig. Der Schädiger haftet dem Geschädigten regelmäßig auf den Vertrauensschaden (negatives Interesse) - er ist so zu stellen, wie er ohne die schädigende Handlung des anderen Teils gestanden hätte. Im Gegensatz zu einer im vertragsfreien Raum möglicherweise in Frage kommenden deliktischen Haftung umfaßt die Haftung auch fahrlässige Vermögensschädigungen und bietet insoweit für den hier interessierenden Bereich Vorteile. Die Ansprüche verjähren regelmäßig in 30 Jahren (§ 195 BGB). Das Rechtsinstitut der cic soll, und darauf sei der Vollständigkeit halber hingewiesen, nach dem Vorschlag der Kommission zur Überarbeitung des Schuldrechts ebenfalls gesetzlich normiert werden (§§ 241 II, 305 II BGB-Kommissions-Entwurf; vgl. Bundesminister der Justiz 1992).

Nach *Canaris* (1988, 1. Abschnitt) und *Horn* (1990, Anh. § 372, Rn. 5 ff.), die die Figur des allgemeinen Bankvertrages ablehnen, ergeben sich die Verhaltens-

und Sorgfaltspflichten der Bank nicht aus einer vertraglichen Vereinbarung, sondern sie entstehen kraft objektiven Rechts. Bei *Canaris* stellt die, über die Einzelverträge hinausgehende Geschäftsverbindung, die bereits mit dem ersten geschäftlichen Kontakt der Vertragsparteien beginnen soll, insgesamt ein gesetzliches Schuldverhältnis ohne primäre Leistungspflicht dar, das besondere Schutzpflichten der Parteien gegeneinander trägt und daher Grundlage einer Vertrauenshaftung sein kann. *Horn* verzichtet dagegen im Hinblick auf die Geschäftsverbindung gänzlich auf die Annahme eines gesetzlichen Schuldverhältnisses als Grundlage der Vertrauenshaftung, da sie bezüglich der Haftung der Bank aus culpa in contrahendo keinen zusätzlichen Erklärungswert habe. Die Annahme von Rücksichts- und Aufklärungspflichten im Vertragsanbahnungsverhältnis ließe sich bereits zwanglos über die Grundsätze der culpa in contrahendo erklären.

Insgesamt ist somit festzuhalten, daß die Banken über die vertragliche Haftung aus den Einzelverträgen hinaus für das Integritätsinteresse ihrer Kunden haften, und zwar ohne Rücksicht auf die Gültigkeit eines konkreten Bankvertrages (Einzelverträge) und erst recht ohne Rücksicht auf die Existenz eines allgemeinen Bankvertrages. Die Figur des allgemeinen Bankvertrages vermag insoweit die Haftung der Banken weder zu verstärken noch einzuschränken.

Wenn bislang nur von "Banken" gesprochen wurde, so umfaßt der Begriff natürlich auch die Organe und Erfüllungsgehilfen (§§ 31, 278 BGB), d.h. die Personen und Institutionen, die nach den tatsächlichen Gegebenheiten des Falles mit dem Willen des Schuldners (Bank) bei der Erfüllung einer diesem obliegenden Verpflichtung als seine Hilfspersonen (-institutionen) tätig werden; die Banken haben für diese haftungsrechtlich einzustehen.

Inwieweit die Bank für eine selbständige andere Bank zu haften hat, ist nicht einheitlich zu beantworten, sondern von den einzelnen Geschäften abhängig (vgl. Palandt 1994, § 278 Rn. 27, m.w.N.). Zu den häufigsten Fällen der Praxis zählt die Einschaltung einer anderen Bank im Rahmen des Überweisungs-, Giro-, Lastschrift- und Scheckverkehrs - dort sind die in die Abwicklung eingeschalteten weiteren Banken keine Erfüllungsgehilfen der beauftragten Bank (vgl. Palandt 1994), so daß diese auch nicht für deren Vertrags- oder Pflichtverletzungen einstehen muß.

Der nunmehr festgestellte umfassende Schutz des Bankkunden wird nicht dadurch geschmälert, daß die Haftung für die Verletzung von Sorgfaltspflichten nach den allgemeinen Grundsätzen vertraglich (§ 276 II BGB) - auch durch AGB - abbedungen werden kann. Denn zumindest der Freizeichnung durch AGB sind durch das AGBG Grenzen gesetzt (vgl. Heinrichs 1987, S. 115 ff.). Danach kommt eine Inhaltskontrolle von formularmäßigen Haftungsausschlüssen nach den Grundsätzen des AGBG in Betracht (§§ 11 Nr. 7 und 11, 9 II AGBG), und daraus folgt, daß ohnehin nur ein Haftungsausschluß für leichtfahrlässiges Verhalten zulässig ist. Jede darüber hinausgehende Freizeichnung wäre unzulässig.

1.2 Haftung für die Schäden Dritter

In der Praxis ist eine der bedeutendsten Fragen, ob und unter welchen Voraussetzungen Dritte (d.h. Kunden anderer Banken) denselben Schutz genießen wie die Kunden, die zur Bank eine Geschäftsverbindung unterhalten.

Dabei stößt man bei der sog. *Expertenhaftung* im Hinblick auf die Haftung für Schäden Dritter, hervorgerufen durch ein Fehlverhalten der Bank, auf eine doppelte Problematik. Zum einen geht es in diesen Fällen häufig - ja fast ausnahmslos - um Vermögensschäden. Zum anderen geht es vielfach um die Schädigung von Personen, bei denen eine vertragliche Beziehung zum Experten - also der Bank - zweifelhaft oder sogar zweifellos nicht gegeben ist. Diese Konstellation birgt insoweit Probleme, als das Vertragsrecht zwar umfassenden Vermögensschutz gewährt, aber im Hinblick auf den vertragsexternen Dritten, soll er den Schutz gleichermaßen genießen dürfen, besonderer Zusatzbegründungen bedarf. Das Deliktsrecht hat dagegen als "Jedermann-Recht" keine Probleme mit dem Drittschutz, versagt aber bis auf wenige Ausnahmen (823 II, 826 BGB) die Erstattung primärer Vermögensschäden.

Die Rechtsdogmatik hat sich mit dieser Problematik ausführlich auseinandergesetzt und Konstruktionen herausgearbeitet, die diesen Konflikt gerecht, d.h. im Interesse des Geschädigten, zu lösen imstande sind.

Um nicht auf das den Vermögensschutz umfassende Vertragsrecht verzichten zu müssen, weitete die Rechtsprechung das "unzureichende" Vertragsrecht durch *Vertragsfiktionen* oder durch die Einbeziehung Dritter in den Schutzbereich bestehender Verträge aus.

Der stillschweigend geschlossene Auskunfts- oder Beratungsvertrag (vgl. Palandt 1994, § 676, Rn. 3-10; Köndgen 1992, S. 2264 f.) mit dem Dritten ist daher mittlerweile fester und wesentlicher Bestandteil im Bereich der Bankenhaftung, insbesondere bei unrichtigen Kreditauskünften oder fehlerhaften Anlageberatungen.

Wird eine Bankauskunft - wie in der Praxis häufiger vorkommend - über ein anderes Kreditinstitut eingeholt, bestehen keine unmittelbaren vertraglichen Beziehungen zwischen dem Auskunftgeber (Bank X) und dem Auskunftempfänger (Kunde der Bank Y). Es geht hier nämlich nicht um ein zukünftiges Rechtsgeschäft mit der die Auskunft erteilenden Bank (Bank X) selbst, sondern um ein solches mit dem von der Anfrage betroffenen Kunden (Kunde der Bank X), da der Auskunftsuchende (Kunde der Bank Y) mit diesem oder dessen Gläubiger das Kreditgeschäft tätigen will. Die Bank (Bank X) ist hier also nicht potentielle Vertragspartei, sondern Dritte und kann daher nicht - sollte die Auskunft fehlerhaft sein - wegen einer Schutzpflichtverletzung in Anspruch genommen werden. Eine vertragliche Haftung, die einen Vermögensschaden zu ersetzen vermag, scheidet eigentlich aus. Die Rechtsprechung fingiert jedoch in solchen Fällen einen Auskunftsvertrag zwischen der die Auskunft erteilenden Bank (Bank X) und dem Auskunftempfänger (Kunde der Bank Y), *wenn die Auskunft für den Empfänger erkennbar von erheblicher Bedeutung war und dieser sie zur Grundlage wesentlicher Entschlüsse oder Maßnahmen machte;* das soll insbesondere dann gelten, *wenn der Auskunftgeber für die Erteilung der Auskunft sachkundig ist oder wenn bei ihm ein eigenes wirtschaftliches Interesse im Spiel steht*[2]. Bejaht man das Vorliegen eines solchen Auskunftvertrages und die schuldhafte Pflichtverletzung der Bank, so haftet die Bank dem Auskunftsuchenden auf Schadenersatz nach den Regeln der positiven Vertragsverletzung - der entstandene Vermögensschaden kann danach ersetzt werden.

Neben der soeben beschriebenen Vertragsfiktion sollen die Nichtkunden in bestimmten Fällen den Schutz eines *Vertrages mit Schutzwirkung zugunsten Dritter* genießen.

Neben dem eigentlichen Vertrag zugunsten Dritter, der in 328 BGB geregelt ist und für den Dritten einen eigenen Anspruch auf die vertragliche Hauptleistung begründet, hat die Rechtsprechung als eine besondere Art der Drittberechtigung den Vertrag mit Schutzwirkung zugunsten Dritter als eigenständiges Rechtsinstitut herausgebildet. Der Anspruch auf die geschuldete (Haupt-)Leistung steht grundsätzlich allein dem Gläubiger zu, der Dritte hat keine primären Leistungsansprüche. Er kann jedoch in den Schutzbereich des Vertrages einbezogen sein, so daß ihm ein Anspruch auf die Beachtung der vertraglichen Verhaltenspflichten - Sorgfalts- und Obhutspflichten - zusteht, dessen Verletzung zu einem eigenen vertraglichen Schadenersatzanspruch führt. Damit die Haftung des Schuldners nicht uferlos ausgedehnt wird, sind an die Einbeziehung von Dritten in den vertraglichen Schutz strenge Anforderungen zu stellen. Die Rechtsprechung hat vier Voraussetzungen herausgearbeitet. Der Dritte muß bestimmungsgemäß mit der Leistung in Berührung kommen und den Gefahren von Schutzpflichtverletzungen ebenso ausgesetzt sein wie der Gläubiger selbst (Leistungsnähe). Der Gläubiger muß ein Interesse am Schutz des Dritten haben (Fürsorgeverhältnis), wobei auch hier die Grenzen eng zu halten sind, um einer Haftungsausweitung vorzubeugen. Ein Interesse des Gläubigers am Schutz des Dritten wird daher angenommen, wenn zwischen dem Gläubiger und dem Dritten ein personenrechtliches Verhältnis besteht, aufgrund dessen der Gläubiger für das Wohl und Wehe des Dritten mitverantwortlich ist, weil er ihm zum Schutz und Fürsorge verpflichtet ist. Der Schuldner haftet nur, wenn die Schutzpflicht des Gläubigers sowie die Drittbezogenheit der Leistung für ihn erkennbar sind (Erkennbarkeit). Letztlich muß der Dritte schutzbedürftig sein (Schutzbedürftigkeit), d.h., es dürfen ihm keine anderen Rechtsgrundlagen zur Verfügung stehen, die ihm einen eigenen Vertragsanspruch gewähren.

Im Rahmen der hier interessierenden Bankenhaftung stellt dieses eigenständige Rechtsinstitut in zahlreichen Fällen die Haftungsgrundlage dar.

Innerhalb der Geschäftsverbindung zwischen der Bank und dem Bankkunden gewährt das Vertrauensverhältnis Drittschutz allen Personen gegenüber, deren persönliches Wohl und Wehe dem Bankkunden am Herzen liegt (z.B. der Ehegatte) (vgl. Canaris 1988, Rz. 23; Palandt 1994, § 328, Rn. 23, m.w.N.).

Ferner entfalten die im mehrgliedrigen bargeldlosen Giroverkehr geschlossenen Giroverträge zwischen den beteiligten Banken (Inkasso- und Zahlstelle) Schutzwirkung für den Bankkunden (vgl. Canaris 1988, Rz. 25, m.w.N.). Zwar verweisen die Kritiker darauf, daß im Massenverkehr der Zahlungsvorgänge der persönliche Einschlag fehle, da das Massengeschäft gerade verhindere, Vermögensinteressen der Beteiligten wahrzunehmen, und sich der Bankkunde im übrigen freiwillig zu seinem eigenen Vorteil an dem Zahlungsverkehr beteilige und daher auch die immanenten Risiken zu tragen habe. Doch hält die Rechtsprechung diesem Einwand entgegen, daß man in diesen Fällen berücksichtigen müsse, daß die Banken zum einen die typischen Schutzbedürfnisse der Drittkunden generell kennen, und zum anderen eine Korrektur dadurch erfolgen kann, daß man im Hinblick auf den Massenverkehr die Sorgfaltsanforderungen nicht zu hoch ansiedelt.

Aber auch bei der Bank-zu-Bank-Auskunft ist - sofern man nicht das Vorliegen eines Auskunftvertrages bejaht - die Drittschutzwirkung anzunehmen, wenn die Auskunft im Kundeninteresse eingeholt wurde (vgl. Hopt 1989, § 347, Anm. 3 D, m.w.N.).

In all diesen Fallgestaltungen kann nach der Rechtsprechung der Dritte, der in den Schutzbereich einbezogen worden ist, einen eigenen Schadenersatzanspruch (cic, pvv), der auch auf den Ersatz seines Vermögensschadens gerichtet ist, in gleicher Weise wie der Schuldner geltend machen.

Diejenigen, die den Vertrag mit Schutzwirkung zugunsten Dritter im bargeldlosen Giroverkehr ablehnen, weil sie das Fürsorgeverhältnis verneinen, wollen auf die Figur der *Drittschadensliquidation* zurückgreifen (vgl. Canaris 1988, Rz. 26, m.w.N.).

Grundsätzlich kann nur derjenige Schadenersatz verlangen, der durch die schädigende Handlung einen eigenen Schaden erlitten hat. Es ist aber möglich, daß derjenige, gegen den sich die schädigende Handlung richtet, keinen eigenen Schaden erleidet, z.B. wenn der Kaufinteressent beim Kommissionär einen Schaden am Kommissionsgut herbeiführt oder beim Versendungskauf der Transporteur die Ware verliert, der Verkäufer aber seinen Kaufpreisanspruch behält (da er das Transportrisiko nicht trägt); der eigentlich Geschädigte hat in diesen Fällen meist keinen eigenen vertraglichen Schadensersatzanspruch. Um zu vermeiden, daß in derartigen Fällen der zufälligen Schadensverlagerung der Schädiger - ungerechtfertigter Weise - von einer Schadensersatzpflicht verschont bleibt, hat die Rechtsprechung die Grundsätze der Schadensliquidation im Drittinteresse entwickelt, wonach der Vertragspartner des eigentlich Geschädigten dessen Schaden geltend machen darf und im Anschluß daran das Surrogat an diesen weitergibt. Der Unterschied zwischen dem Vertrag mit Schutzwirkung zugunsten Dritter und der Drittschadensliquidation besteht in der Rechtsfolge darin, daß bei dem Vertrag mit Schutzwirkung für Dritte der Dritte einen eigenen Anspruch gegen den Schuldner erhält, während bei der Schadensliquidation im Drittinteresse der Gläubiger den dem Dritten entstandenen Schaden geltend machen oder dem Dritten diesen Anspruch insgesamt abtreten muß.

Nach ihrer Auffassung fallen im mehrgliedrigen bargeldlosen Zahlungsverkehr Schaden und Anspruchsberechtigung regelmäßig auseinander. Handle beispielsweise eine Zweitbank fahrlässig, so treffe der Schaden nicht ihre Vertragspartnerin - die Erstbank -, sondern regelmäßig den Bankkunde, und dies stelle genau die Art von zufälliger Schadensverlagerung dar, die eine Drittschadensliquidation rechtfertige. Daher kommen auch die Verfechter dieser Auffassung auf das gewünschte Ergebnis, namentlich den Ersatz von Vermögensschäden.

Um die der Expertenhaftung eigentümliche Diskrepanz zu überwinden, gewinnen auch neuere dogmatische Ansätze (sog. "quasi-vertragliche Haftung") jenseits von Vertrags- und Deliktsrecht an Bedeutung. Es wird zunehmend eine Haftung aus einem gesetzlichen Schuldverhältnis zwischen der Bank und dem Dritten angenommen. Hierhin gehören beispielsweise die Konzeption einer Vertrauenshaftung als gesetzliches Schuldverhältnis ohne primäre Leistungspflicht sowie die Selbstbindung ohne Vertrag, die, an die spezielle Berufsrolle anknüpfend, "legitime Erwartungen" bei geschäftsbezogenem Handeln zum Aufhänger von Expertenhaftung macht (vgl. Damm 1991, S. 380 f). Letztere löst die Haftung von der Existenz einer Willenserklärung und sieht den Grund der Haftung in der mehr oder minder starken Erzeugung von Erwartungen, die nach dem Reziprozitätsprinzip auch außerhalb des Vertrages binden können. Dabei soll die vertragsähnliche Haftung nicht bei den Personen enden, die den geschäftlichen Kontakt zur Bank angebahnt haben. Vielmehr kann auch dann jemand als Begünstigter in Betracht kommen, wenn ein anderer den sachverständigen Berufspraktiker eingeschaltet hat, so daß auch die Drittschutzfälle in das Selbstbindungskonzept mit einbezogen sind. Da diese Konstellationen bislang wenig Akzeptanz in der Rechtsprechung gefunden haben, muß auf sie im Rahmen dieses Beitrages nicht näher eingegangen werden.

Während die einen die der Expertenhaftung eigentümliche Problematik über die Expansion des Vertragsrechts zu lösen versuchen, gehen die anderen den Weg über die Expansion des Deliktsrechts, etwa über die Konzeption vermögensschützender Verkehrssicherungspflichten oder die Herabsetzung der tatbestandlichen Hürden des § 826 BGB.

In erster Linie denkt man bei der deliktischen Haftung gegenüber dem Dritten an § 823 I BGB, der Leitvorschrift des Deliktsrechts. In den Fällen der Bankenhaftung spielt sie jedoch eine ganz untergeordnete Rolle, da es in der Bankenhaftung nahezu ausnahmslos um primäre Vermögensschäden geht und das Vermögen als solches kein "sonstiges Recht" im Sinne des § 823 I BGB ist. Vermögensschutz gewähren im Rahmen des BGB-Deliktsrecht ausschließlich die § 823 II und § 826 BGB.

Ein Schadenersatzanspruch aus § 823 II BGB setzt ein bestimmtes Verhalten des Schädigers - der Bank - voraus, namentlich die Verletzung eines Schutzgesetzes, darunter versteht man eine Rechtsnorm, die gerade auf den Schutz bestimmter Rechtsgüter und Interessen Dritter zielt. Solche für das Bankhaftungsrecht relevanten Schutzgesetze sind beispielsweise die Straftatbestände der Untreue § 266 StGB, des Betrugs § 263 StGB, des Kreditbetrugs § 265 b StGB, sowie das unerlaubte Betreiben von Bankgeschäften § 54 KWG. Die Verletzung dieser Rechtsnormen durch die Bank, deren Institutionen oder Verrichtungsgehilfen gewährt dem betroffenen Dritten einen Schadensersatzanspruch, der auch auf den Ersatz von primären Vermögensschäden gerichtet ist. In den Fällen, in denen sich eine schädigende Handlung nicht unter ein solches Schutzgesetz subsumieren läßt, bleibt eine deliktische Haftung der Bank aus. Aus diesem Grund gibt es den Vorschlag von *Bar* (1983, S. 510 f.), im Wege der freien Rechtsfortbildung Verkehrssicherungspflichten zum Schutze fremden Vermögens zu schaffen und diese dann in den Rang von Schutzgesetzen im Sinne von § 823 II BGB zu erheben. Dieser Vorschlag ist auf erhebliche Kritik gestoßen und wird sich in naher Zukunft nicht verwirklichen lassen.

Eine völlig andere Rolle als der § 823 II BGB spielt im Deliktsrecht und damit auch in der Berufshaftung der § 826 BGB - er ist die wichtigste deliktische Anspruchsgrundlage "unverbundener" Dritter gegen eine Bank. Der Rückgriff auf § 826 BGB ist dem Geschädigten grundsätzlich möglich, wenn der Schädiger eine vorsätzliche und sittenwidrige Handlung begangen hat. Im Hinblick auf den Berufshaftungsbereich - und damit auch im Hinblick auf die Bankenhaftung - wurden die strengen Voraussetzungen durch die Rechtsprechung aufgeweicht. Danach kann die Sittenwidrigkeit auch schon bei grob fahrlässigem Verhalten in Betracht kommen; der Schädigungsvorsatz wird auch nur bei bedingt vorliegendem Vorsatz angenommen; und grob fahrlässiges Verhalten soll den Schluß auf einen bedingten Vorsatz zulassen. Vor diesem Hintergrund ist beispielsweise die Haftung für eine fehlerhafte Auskunft zu einer der Hauptfallgruppen[3] des § 826 BGB geworden. Die Rechtsprechung nimmt an, daß bereits die grob fahrlässige Auskunftserteilung ("ins Blaue hinein") die Haftung nach § 826 BGB begründet. Daran wird deutlich, welche Konsequenzen die Ausweitung des Tatbestandes durch die Rechtsprechung hat. Die Haftung aus § 826 BGB dient dazu - und wird auch in der Zukunft dazu dienen -, sachgerechte wirtschaftliche Gestaltungen zu erzwingen. Die "Aufweichstrategie" der Rechtsprechung ist, das zeigen die zahlreichen Fallgruppen, noch lange nicht am Ende.

2.   Grundstrukturen der Versicherungshaftung

2.1   Rechtsgrundlagen

Der zweite große Dienstleistungsbereich ist das Versicherungswesen. Versicherungsleistungen werden in der Bundesrepublik Deutschland und allen Mitgliedstaaten der Europäischen Union seitens privater Unternehmungen und in öffentlich-rechtlichen Formen angeboten. Die seitens des Staates oder öffentlich-rechtlicher Körperschaften und Anstalten angebotenen Versicherungsleistungen sollen hier nicht behandelt werden. Entweder handelt es sich dabei um das Sondergebiet Sozialversicherung, das in der Reichsversicherungsordnung und Nebengesetzen eigenständig normiert ist, oder es geht um den kaum noch ins Gewicht fallenden Bereich staatlicher Monopolversicherung, wie z.B. die öffentlich-rechtlich organisierten Brandkassen, bei denen sich Gebäudeeigentümer in einigen Regionen Deutschlands versichern lassen müssen.

Es ist nur noch der Spezialliteratur möglich, die in Betracht kommenden Rechtsvorschriften im einzelnen und in ihrem Zusammenwirken vorzustellen; das kann schon die Aufzählung der Rechtsgrundlagen deutlich machen, die für die Überprüfung eines Versicherungsvertrages in Betracht kommen. Rechtsgrundlagen des Versicherungsvertrages sind das Gesetz über den Versicherungsvertrag (VVG), das Gesetz über die Beaufsichtigung der privaten Versicherungsunternehmen und Bausparkassen (VAG), Vorschriften des Bürgerlichen Gesetzbuches (BGB), Vorschriften des Handelsgesetzbuches (HGB) mit Nebengesetzen, die Allgemeinen Versicherungsbedingungen (AVB), die Besonderen Versicherungsbedingungen; zu berücksichtigen ist ferner der Geschäftsplan des Versicherungsunternehmens; schließlich sind ein Versicherungsgewohnheitsrecht und ein Versicherungsbrauch anerkannt.

2.2   Treu und Glauben

Die für das private Versicherungswesen wohl wesentliche Rechtsquelle, das Versicherungsvertragsgesetz, enthält in seinem ersten Abschnitt Vorschriften für sämtliche Versicherungszweige. Die Anwendung dieses Gesetzes, darüber herrscht heute Klarheit, muß möglichst zu Lösungen führen, die sich der Versicherungstechnik der einzelnen Zweige anpassen; das gilt insbesondere für die Abgrenzung des Risikos (Obliegenheiten, Ausschlußklauseln u.ä.). Mehr als das, was den wirtschaftlichen und technischen Möglichkeiten eines bestimmten Versicherungszweiges auf einer bestimmten Entwicklungsstufe entspricht, kann der Versicherungsnehmer schlechthin nicht erwarten und auch gar nicht erwarten wollen. Eine Kontrolle der Leistungsbeschreibungen und Eingrenzungen, der Mitwirkungspflichten bzw. Obliegenheiten der Versicherungsnehmer, des Verhaltens der Versicherungsagenten bei Abschluß der Verträge, muß dann darauf achten, daß die Verträge noch hinreichend transparent, frei von "überraschenden Klauseln" sind, und überprüfen, ob die Inhalte der Vertragsbedingungen mit den jeweiligen Vertragszwecken übereinstimmen. Das geschriebene Versicherungsrecht, insbesondere der allgemeine Teil des Versicherungsvertragsgesetzes, reicht für eine interessen- und sachgerechte Beurteilung nicht aus; Rechtsprechung und Literatur arbeiten daher ergänzend mit allgemein anerkannten Rechtsgrundsätzen.

Es ist anerkanntes Recht, daß jedes Versicherungsverhältnis in besonderem Maße von *Treu und Glauben* mit Rücksicht auf die Verkehrssitte beherrscht wird [4]. Die starke Betonung von Treu und Glauben soll der Tatsache Rechnung tragen, daß jeder der beiden Vertragspartner schlechterdings auf die Unterstützung durch den anderen angewiesen ist, weil er ihm in der einen oder anderen Weise unterlegen ist. Der Versicherungsnehmer verfügt z.B. allein über die Kenntnis der für den Vertragsschluß und die Schadensabwicklung wesentlichen Umstände, er besitzt die Unterlagen über seinen Umsatz, aufgrund deren die Prämie berechnet wird, ihm sind die näheren Schadensumstände bekannt, die für die Regulierung des Schadens von Bedeutung sind; der Versicherer hingegen ist dem Versicherungsnehmer überlegen durch die Beherrschung der Versicherungstechnik, seine Geschäftskunde, seine umfangreichen Erfahrungen, wegen der Sachverständigen, die ihm für die Schadensermittlung und -berechnung zur Verfügung stehen usw.

Gerade für den Versicherungsvertrag ist anerkannt, daß "Treu und Glauben" vielfältige ergänzende Leistungs- oder Verhaltenspflichten schaffen. Für den Versicherer ist dabei anerkannt: Der Versicherer muß Prämienzahlungen in der für den Versicherungsnehmer günstigen Weise verrechnen und Prämienzahlungen, die er mangels konkreter Angabe des Versicherungsnehmers nicht zuordnen kann, schnell zurückweisen, wenn er keine Nachforschungen anstellen will oder kann; er muß zurückfragen, wenn dem Versicherungsnehmer bei Ausfüllung des Scha-

densanzeigeformulars ganz offensichtlich ein Irrtum unterlaufen ist. Eine herausragende Rolle spielen dabei die (außergesetzlichen) Informationspflichten des
Versicherers, deren Verletzung Schadensersatzansprüche des Versicherungsnehmers aus culpa in contrahendo oder positiver Vertragsverletzung (vgl. Abschnitt
IV. 1.1) begründen. Zu den Informationspflichten gehört dabei insbesondere die
Aufklärung über den Deckungsumfang. Muß der Versicherer aufgrund der ihm
bekannten Umstände erkennen, daß durch gewisse Ausschlüsse das Deckungs-
schutzbedürfnis eines Versicherungsnehmers verfehlt wird, so muß er diesen über
die Ausschlüsse aufklären. Geht es sogar um die Verfehlung des für eine Gruppe
von Versicherungsnehmern typischen Deckungsschutzbedürfnisses, so löst schon
die Kenntnis des Versicherers, daß ein Versicherungsnehmer dieser Gruppe an-
gehört, die Aufklärungspflicht aus[5]. Der Versicherer hat schließlich auch auf die
Möglichkeit eines besseren Versicherungsschutzes hinzuweisen, wenn die ihm
bekannten Umstände ein entsprechendes Bedürfnis des Versicherers nahelegen.
Mit in diesen Bereich gehört auch die Pflicht des Versicherers, das sog.
"Versicherungschinesisch" in den Allgemeinen Versicherungsbedingungen für
den Versicherer zu entwirren. Die Rechtsprechung legt Allgemeine Versicherungsbedingungen auf der Grundlage des Verständnisses des "durchschnittlichen,
verständigen, juristisch und versicherungstechnisch nicht vorgebildeten Versicherungsnehmers" aus. Mit in diesen Zusammenhang gehört auch die Norm des § 3
AGB-Gesetz, nach der für den Versicherungsnehmer "überraschende" Klauseln
in den Allgemeinen Versicherungsbedingungen unwirksam sind. Der Versicherungsnehmer braucht ohne entsprechende Information eine vorformulierte Ver-
tragsbestimmung nicht hinzunehmen, nach der für das jeweilige Gebiet bestehende typische Risiken vom Versicherungsschutz ausgenommen werden.

Aber auch den Versicherungsnehmer können nach dem Grundsatz von Treu und
Glauben ergänzende Pflichten treffen, die bei Verletzung gleichsam einen Schadensersatzanspruch des Versicherers aus culpa in contrahendo oder positiver Vertragsverletzung auslösen. Der Versicherungsnehmer ist z.B. verpflichtet, objektiv
unrichtige Angaben dem Versicherer gegenüber zu berichtigen, wenn er deren
Unrichtigkeit erkannt hat[6].

2.3 Erklärungen des Versicherungsagenten bei Vertragsschluß

Versicherungsverträge werden häufig, wenn nicht regelmäßig, auf seiten des
Versicherers durch sog. Versicherungsagenten geschlossen. Die Versicherungsagenten stellen den Kunden gegenüber die Versicherungsleistungen vor, sie erklären häufig den Inhalt der Allgemeinen Versicherungsbedingungen, geben
Auskunft über Versicherungsbeginn, Prämienberechnung und über den Umfang
der Versicherungsleistungen; häufig übernehmen sie es, den für den Versicherer

wesentlichen Sachverhalt nach dem Kundengespräch in die Antragsformulare aufzunehmen. Das damit anstehende Problem ist: In welchem Umfange ist der Versicherer für falsche Beratung, falsche Sachverhaltsangaben, Versprechungen, die nicht mit dem Inhalt der Versicherungsbedingungen übereinstimmen u.ä., verantwortlich?

Nach § 43 VVG hat der Versicherungsagent eine sog. Vertrauensstellung. Geben der Abschluß- oder Vermittlungsagent oder Angestellte von ihm Aufklärung über den Inhalt und Bedeutung der Allgemeinen Versicherungsbedingungen oder sonstige vertragswesentliche Punkte, so dürfen Antragsteller, in der Regel Versicherungsnehmer und Versicherte, auch darauf vertrauen. Das bedeutet, der Versicherer muß die Erklärungen gegen sich gelten lassen[7]. Der Versicherungsvertrag wird dann im Sinne der dem Versicherungsnehmer günstigen Aufklärung abgeschlossen, ohne daß der Versicherer diesen Vertrag auch nur anfechten kann. In einer jüngeren Entscheidung hat der BGH sogar eine vom Versicherer aufgenommene Klausel für unwirksam erklärt, nach der sich der Versicherer für falsche Sachverhaltsangaben seines Agenten im Aufnahmeformular freizeichnen wollte. Die Klausel lautete: "Für die Richtigkeit der Angaben bin ich allein verantwortlich, auch wenn ich den Antrag nicht selbst ausgefüllt habe"[8].

Eingeschränkt ist dieses "Einstehenmüssen" für den Versicherungsagenten aber durch die Berücksichtigung eines Eigenverschuldens des Versicherungsnehmers. Der Versicherungsnehmer darf dem Agenten nicht schrankenlos vertrauen. Insbesondere darf er ihm dann nicht vertrauen, wenn die Aufklärung über die Versicherungsleistungen den gleichzeitig in schriftlicher Form vorliegenden eindeutigen Vertragsbedingungen widerspricht. Die Betonung liegt hier auf "klare Versicherungsbedingungen". Erfaßt sind von dieser Einschränkung nicht die Fälle, in denen der Text der Vertragsbedingungen den durchschnittlichen, nicht juristisch geschulten Versicherungsnehmern ohne weitere Erklärung nicht verständlich sein können und der Versicherungsagent hier Erklärungen abgibt, die einerseits noch plausibel sind, aber andererseits die vom Versicherer gewollte Risikoeingrenzung verlassen. In der Praxis macht natürlich die Frage, ab welchem Moment Eigenverschulden des Versicherungsnehmers vorliegt, erhebliche Schwierigkeiten.

Soll etwa der Versicherungsnehmer erst alle Vertragsbestimmungen des beantragten Versicherungsvertrages durchlesen, bevor er auf irgendwelche Aussagen des Agenten vertrauen darf?

Wird die falsche Auskunft bei Antragsaufnahme erteilt und fordert man, wie die Literatur (vgl. Kollhosser 1992, S. 326) ein "erhebliches Eigenverschulden", so wird man dem Antragsteller in der Regel nicht zumuten können, daß er den vollständigen Wortlaut aller Allgemeinen Vertragsbestimmungen und Klauseln usw.

vom Vermittler verlangt und auch durchliest, ehe er einer falschen Auskunft vertraut und den Antrag unterzeichnet.

Eine Grenze der Umgestaltungsmöglichkeit im Hinblick auf falsche Aussagen der Versicherungsagenten stellt das zwingende Gesetzesrecht dar, denn durch falsche Agentenauskunft kann nicht bindend werden, was Versicherer und Versicherungsnehmer nicht einmal durch ausdrückliche Abrede vereinbaren könnten. Wirkungslos ist z.B. eine Vertreterzusage, nach der für den Versicherungsfall eine Entschädigung über die Höhe des Neuwertes hinaus als der höchstzulässigen Versicherungssumme vereinbart wird. Andererseits ist es kein anerkanntes Argument, wenn sich der Versicherer im Hinblick auf eine falsche Agentenaussage darauf beruft, er hätte den Vertrag nach seinem Tarif ganz oder teilweise keinesfalls "so" abgeschlossen.

2.4　Inhaltskontrolle von Allgemeinen Versicherungsbedingungen

Ein vielfach vorgetragenes und auch bereits hier angesprochenes Problem stellt bei den Versicherungsverträgen das "Kleingedruckte", also die Allgemeinen Versicherungsbedingungen dar. Bereits oben wurde gesagt, daß der Versicherungsnehmer kein "Versicherungschinesisch" gegen sich gelten zu lassen braucht, und es wurde darauf hingewiesen, daß sog. überraschende Klauseln, d.h. Vereinbarungen in Allgemeinen Vertragsbestimmungen, welche die vom Versicherungsnehmer, insbesondere aufgrund der Beschreibung der Versicherungsleistung auf der Versicherungspolice oder den Antragsformularen berechtigterweise erwartete Versicherungsleistung wieder einschränken, unwirksam sind (vgl. Prölls 1992, S. 7 f.).

Neben § 3 (überraschende Klausel) und § 5 (Unklarheitenregelung) AGB-Gesetz ist für Versicherungsverträge auch § 9 AGB-Gesetz anwendbar, der eine Inhaltskontrolle der einzelnen Versicherungsbestimmungen erlaubt. Die Instanzenrechtsprechung hat von der durch das AGB-Gesetz eingeräumten Möglichkeit der Bedingungskontrolle von jeher eifrig Gebrauch gemacht.

Insbesondere entspricht es der Auffassung der Gerichte, daß die Versicherer den Versicherungsnehmern nicht zuviel an Obliegenheiten auferlegen dürfen oder nicht zu harte Sanktionen an eine Obliegenheitsverletzung knüpfen dürfen. Obliegenheit bedeutet in diesem Zusammenhang, daß der Versicherungsnehmer, um zur Versicherungsleistung zu gelangen, bestimmte Aufgaben zu übernehmen hat und im Falle der Nichtwahrnehmung Ansprüche verliert bzw. nur noch teilweise erfüllt bekommt (z.B. die Obliegenheit in der Hausratsversicherung "sämtliche

Öffnungen zu schließen und Sicherungen zu betätigen, wenn sich niemand in der Wohnung aufhält"[9]).

Beispiele: Unwirksam ist die Serienschadens-Klausel in der Berufshaftpflichtversicherung für Architekten und Bauingenieure, die mehrere Versicherungsfälle im Hinblick auf die Versicherungssumme in einen Versicherungsfall zusammengefaßt hat und dadurch den gemäß § 149 VVG vorgezeichneten Versicherungsschutz wesentlich schmälert[10]. Unwirksam ist die Überwälzung von Sachverständigenkosten auf den Versicherungsnehmer, wenn dieser zur Zuziehung des Sachverständigen verpflichtet war[11]. Unwirksam ist das Recht des Versicherers zur Kündigung anläßlich des Schadensfalles, ohne daß die Voraussetzungen für Versicherer und Versicherungsnehmer gleich sind[12].

Die Auferlegung von Obliegenheiten schaffen den Versicherern bei der Bemessung des Schadensrisikos und bei der Abwicklung des eingetretenen Versicherungsfalls Erleichterungen bzw. Entlastungen. Je mehr an Obliegenheiten für den Versicherungsnehmer bleiben, desto günstiger kann auch der Tarif sein.

Die britischen Versicherungen sollen nach Ansicht von Experten insbesondere deshalb günstiger als viele andere europäische Versicherer anbieten können, weil dem Versicherungsnehmer viel Obliegenheitsleistung zugemutet wird und in vielen Situationen der Obliegenheitsverletzung die Versicherung leistungsfrei gestellt wird. Dies entspricht nicht deutscher Tradition; der Bereich der zulässigerweise auferlegten Obliegenheiten wird insbesondere dort gesehen, wo der Versicherer auf die Mitwirkung des Versicherungsnehmers angewiesen ist, und die Sanktion im Falle der Verletzung einer Obliegenheit wird kritisch betrachtet. Dem Versicherungsnehmer auferlegte Obliegenheiten (z.B. Sicherheitsvorschriften in der Sachversicherung) dürfen nicht so weitreichend sein, daß die Versicherung in einem wesentlichen Deckungsbereich wertlos wird[13].

Auch die "Klauselverbote" der §§ 10 und 11 AGB-Gesetz haben für die Allgemeinen Versicherungsbedingungen Bedeutung. Hervorzuheben ist z.B. die Anwendbarkeit des § 10 Nr. 1 AGB-Gesetz auf Klauseln, die die Auszahlung der Entschädigung hinausschieben. Gemäß § 10 Nr. 7 AGB-Gesetz kann der Rückkaufwert von Lebensversicherungen kontrolliert werden. § 11 Nr. 7 AGB-Gesetz verbietet es, die Haftung für Erklärungen des Versicherungsagenten auszuschließen. Nach § 11 Nr. 16 AGB-Gesetz ist es unwirksam, wenn vorgeschrieben wird, daß der Versicherungsnehmer Anzeigen oder Erklärungen durch eingeschriebenen Brief oder auf bestimmten Formularen abgeben muß oder daß der Zugang bei einer bestimmten Stelle des Versicherers (z.B. Vorstand, Geschäftsstelle) erfolgen muß (vgl. Brandner 1987, Rn. 862).

Wenn heute danach auch nicht mehr die Möglichkeit, Allgemeine Versicherungsbedingungen einer Inhaltskontrolle nach dem AGB-Gesetz zu unterziehen, zweifelhaft ist, so ist doch der Grundsatz zu beherzigen, daß jeder Versicherungsschutz irgendwo enden muß und es prinzipiell im Bereich der aufsichtsbehördlich überwachten Gestaltungsfreiheit des Versicherers liegt, die Einschlüsse und Ausschlüsse des versicherten Wagnisses "unter gleichmäßiger Beachtung der Interessen der in einer Risikogemeinschaft zusammengeschlossenen Versicherten in den Allgemeinen Versicherungsbedingungen festzulegen" (Brandner 1987, Rn. 855). Ein Eingriff in das Gesamtgefüge der Risikogestaltung ist grundsätzlich nur möglich, wenn der Versicherungsschutz (in vertragszweckgefährdendem Maß) hinter der Risikodeckung zurückbleibt, die die Versicherten im Hinblick auf Gegenstand und Zweck des Versicherungsvertrages nach Treu und Glauben zu erwarten berechtigt sind.

Die Vorkontrolle der Allgemeinen Versicherungsbedingungen durch die Fachbehörde ist bei der Inhaltskontrolle nach dem AGB-Gesetz mit in Betracht zu ziehen; die Genehmigung ist aber kein Hindernis für eine (eigenständige) Kontrolle der einzelnen Bedingungen nach dem AGB-Gesetz. "Allgemeine Kontrollmaßstäbe" sind hierbei der Vertrags- und soziale Schutzzweck der Versicherung, auch unter Berücksichtigung der vom Versicherer veranstalteten Werbung und für den Bereich der "geregelten Versicherungszweige" auch die Vorschriften des Versicherungsvertragsgesetzes.

Anmerkungen

1 Vgl. Vorschlag der EG-Kommission für eine Richtlinie des Rates über die Haftung bei Dienstleistungen, KOM (90) 482 eng.-Syn. 308, ABl Nr. C 12 v. 18.1.1991, BT-Drucks. 12/180 = BR-Drucks. 63/91.
2 BGH NJW 1979, 1595 = WM 1979, 548; BGH NJW 1986, 180 = WM 1985, 1531; OLG NJW-RR 1987, 209; BGH NJW 1989, 1029 = WM 1988, 1828; BGH NJW 1989, 2882 = WM 1989, 1409.
3 Zu den weiteren Fallgruppen, die sich durch die Rechtsprechung aus § 826 BGB herausgebildet haben: *Canaris.* a.a.O. (FN 7) Rz. 130 ff.
4 RGZ 146, 221; RGZ 148, 298; BGHZ 40, 387; BGHZ 89, 842; BGHZ 91,129.
5 BGH VersR 1975, 77.
6 BGH VersR 1956, 365.
7 BGHZ 40, 22; BGH NJW 1992, 828.
8 BGH NJW 1992, 828.
9 BGH NJW 1990, 2388.
10 BGH VersR 1991, 175.

11 BGHZ 83, 169.
12 BGH VersR 1991, 580.
13 BGHZ 111, 278; vgl. auch OLG Koblenz VersR 1992, 571.

Summary

The services industry is presently one of the most important economic sectors. The increase in the number of legal actions also reflects this fact. Service companies are having to compensate their customers for bad performances. This article deals with the risks (legal risks) of service companies involved with customer services. A general illustration of the services sector in the present and planned European and Germany Legalsystems is followed by a detailed analysis of the legal risks of Banking and Insurance companies.

Literaturverzeichnis

Baumbach, A.; Duden, K.; Hopt, K.: HGB-Kurzkommentar, 28. Aufl., München 1989

Bar, Chr. v.: Berufshaftung im Bankgeschäft, in: Zeitschrift für Unternehmens- und Gesellschaftsrecht, 12. Jg. (1983), S. 505-511

Brandner, H.E.: §§ 8-10, 11 Nr. 15 AGB-Gesetz, in: AGBG-Kommentar, hrsg. v. P. Ulmer, H.E. Brandner und H.-D. Hensen, 7. Aufl., Köln 1987

Bundesminister der Justiz: Abschlußbericht der Kommission zur Überarbeitung des Schuldrechts, Bundesanzeiger, Bonn 1992

Canaris, C.-W.: Bankvertragsrecht, in: HGB Staub Großkommentar, hrsg. v. C.-W. Canaris, W. Schilling und P. Ulmer, 4. Aufl. (1988), 10. Lieferung: Erster Teil, Berlin 1988

Damm, R.: Entwicklungstendenzen der Expertenhaftung, in: Juristen Zeitung, 46. Jg. (1991), S. 373-385

Deutsch, E.: Versicherungsvertragsrecht, 2. Aufl., München 1988

Deutsch, E.: Das neue System der Gefährdungshaftungen: Gefährdungshaftung, erweiterte Gefährdungshaftung und Kausal-Vermutungshaftung, in: Neue Juristische Wochenschrift, 45. Jg. (1992), S. 73-79

Gaidzig, P.W.: Der EG-Richtlinienentwurf über die Haftung bei Dienstleistungen, in: Juristische Rundschau, 46. Jg. (1992), S. 323-238

Giesen, D.D.: Zur Annäherung von Arzthaftung und Dienstleistungshaftung in Deutschland und Europa, in: Juristische Rundschau, 45. Jg. (1991), S. 485-492

Heinemann, K.: Auf dem Weg zur europäischen Dienstleistungshaftung, in: Zeitschrift für Wirtschaftsrecht, 12. Jg. (1991), S. 1193-1204

Heinrichs, H.: Freizeichnung im Bankgeschäft, in: Neue Entwicklungen im Bankhaftungsrecht, hrsg. v. J. Köndgen, Köln 1987

Hellner, W.; Maier, K.; Obermüller, K.; Werner, A.: Bankrecht und Bankpraxis (Loseblattausgabe), 1979 ff. (Stand 1992), Frankfurt 1992

Hofmann, E.: Privatversicherungsrecht, 3. Aufl., Stuttgart 1991

Hopt, K.: "(7) Bankgeschäfte", in: HGB-Kurzkommentar, hrsg. v. A. Baumbach, K. Duden und K. Hopt, 28. Aufl., München 1989

Horn, N.: Anhang zu § 372 (Bankgeschäfte), in: HGB-Kommentar, hrsg. v. E. Heimann und N. Horn, Berlin 1990, S. 315-470

Köndgen, J. (Hrsg.): Neue Entwicklungen im Bankhaftungsrecht, Köln 1987

Köndgen J.: Die Entwicklung des privaten Bankrechts in den Jahren 1990/91, in: Neue Juristische Wochenschrift, 45. Jg. (1992), S. 2263-2266

Kollhosser H.: § 43 VVG, in: VVG-Kurzkommentar, hrsg. v. E. Prölls und A. Martin, 25. Aufl., München 1992

o. V.: Aus dem Bundesrat - EG-Haftungsregeln bei Dienstleistungen, in: Zeitschrift für Rechtspolitik, 24. Jg. (1991), S. 236-237

o. V.: Aus dem Bundestag - EG-Vorschlag zur Haftung bei Dienstleistungen, in: Zeitschrift für Rechtspolitik, 25. Jg. (1992), S. 159-160

Palandt, O.: BGB-Kommentar, 53. Aufl., München 1994

Prölls, E.: § 1 VVG, in: VVG-Kurzkommentar, hrsg. v. E. Prölls und A. Martin, 25. Aufl., München 1992

Sandkühler, G.: Bankrecht, 2. Aufl., Frankfurt 1992

Skaupy, W.: Der Vorschlag einer EG-Richtlinie für die Haftung bei Dienstleistungen, in: Betriebs-Berater, 46. Jg. (1991), S. 2019-2025

Westphalen, F. Graf v.: Produkthaftungshandbuch, Band 1, Vertragliche und deliktische Haftung, Strafrecht und Produkthaftungsversicherung, München 1989

Erfolgsstrategien für professionelle Services - Ansätze zur Steigerung der Serviceintensität

Von Dr. Joachim Holst, Ehningen

I. Einführung

Krisen bergen den Keim zum Neubeginn. Die Absatzeinbrüche der vergangenen Monate haben viele Unternehmen veranlaßt, ihre Organisationen und Kostenstrukturen auf Einsparungspotentiale hin zu untersuchen. Oftmals war die Suche erfolgreich und Maßnahmen sind nicht ausgeblieben: Hierarchieebenen werden abgebaut, Privilegien gestrichen und moderne, mehr an Aufgaben als an Funktionsgrenzen orientierte Arbeitsformen eingeführt. Das nährt die Hoffnung auf eine erfolgreiche Wettbewerbsposition beim konjunkturellen Aufschwung.

Kostenreduzierungen allein können aber kein attraktives Produktangebot ersetzen. Mit dem Überangebot auf vielen Märkten formulieren die Kunden ihre Wünsche nach individuellen Produkten und intensiver Beratung deutlicher. Die Verkäufer hören ihren Kunden besser zu als früher. Neue Serviceleistungen werden kreiert und den bisherigen Produkten hinzugruppiert. Plötzlich bietet ein Reifenhändler an, die Autos seiner Kunden auf die TÜV-Hauptuntersuchung vorzubereiten. Banken bieten Bausparverträge mit bisher nicht gekannter Flexibilität an, und Fluggesellschaften locken mit preisgünstigen Hotelkonditionen. Diese Serviceangebote sollen die Kunden zu höherer Konsumneigung locken und stärker an die Anbieter binden. Die Unternehmen begeben sich dafür in Märkte hinein, die ihnen neu sind und ihre arteigenen Risiken haben.

Dienstleistungsmarketing: An die Dienstleistungen stellen die Kunden besondere Anforderungen: Sie sollen stets verfügbar sein und in angenehmen Räumen durch ausgebildetes Personal erbracht werden, das ein Vertrauensverhältnis zu den Kunden aufbaut. Die Kunden möchten individuell, aufmerksam und schnell behandelt werden. Unter diesen Anforderungen kommt der prompten Einsatzbereitschaft die höchste Bedeutung zu (vgl. Berry/Parasuraman 1991, S. 16). Deshalb können die Serviceprodukte von den Sachprodukten auch am ehesten vom unterschiedlichen Konsumentenverhalten her definiert und abgegrenzt werden. Während Sachgüter produziert und vertrieben werden, werden Dienstleistungen - häufig in Gegenwart des Kunden - erbracht und durchgeführt. Dabei ist die Motivation und Erfahrung des Servicepersonals von entscheidender Bedeutung. Wird Kundennutzen als eine Veränderung der Grenzen des Möglichen innerhalb der Strukturen des täglichen Lebens definiert, so gelingt es erfolgreichen Dienstleistungen, die Grenzen des Möglichen bei den routinemäßigen Aktivitäten des täglichen Lebens zu verschieben. Anders ausgedrückt: Serviceangebote werden dann von den Kunden akzeptiert, wenn sie zu Änderungen im geschäftlichen oder sozialen Umfeld des Kunden führen, wenn sie ihm zu größerer Bequemlichkeit, Sicherheit oder höherem Komfort verhelfen. Als beispielsweise Geldausgabeautomaten eingeführt werden sollten, wurde von den Banken und den Kunden befürchtet, daß der fehlende Schalterservice zu Akzeptanzproblemen der Geräte führen würde. Es hat sich jedoch gezeigt, daß das Angebot der Mehrzweck-Bankautomaten, auf dem Arbeitsweg oder im Supermarkt wesentliche Aktivitäten, wie Banküberweisungen oder Geldabhebungen, zu erledigen, große Zustimmung der Kunden gefunden hat. So sind die Bankomaten zu einem wichtigen Bestandteil des täglichen Lebens geworden. Serviceinnovationen oder -verbesserungen müssen beim Kundennutzen ansetzen, um ein hohes Maß an Akzeptanz und eine hohe Verbreitung bei den Kunden zu finden. Daraus folgt, daß das Leistungs- und Qualitätsniveau der Serviceerbringung ähnlich wie im Produktionsprozeß detailliert geplant und gesteuert werden muß.

Erfolgsfaktoren der Serviceproduktion: Viele der angebotenen, wohldurchdachten Services müßten nach den Gesetzen der Logik eigentlich für die Kunden attraktiv erscheinen. Doch das Gegenteil ist der Fall. Brillante Lösungen finden keine Akzeptanz und werden trotz hoher Investitionen nach kurzer Zeit wieder zurückgezogen. Zum Gelingen, mit erfolgreichen Serviceprodukten die Strukturen des täglichen Lebens der Kunden zu verändern, tragen vor allem Kompetenz, Leistungsbereitschaft und Entgegenkommen der Serviceorganisation bei. Dafür gibt es mehrere Erfolgsfaktoren:

Der eine ist die genaue Kenntnis der Kundenerwartungen. Sind sie strukturiert erfaßt, dann können Schwachstellen und Defizite im bestehenden Angebot aufgedeckt werden. Damit ergeben sich Ansätze für Verbesserungen und neue Angebote. Re-Engineering-Ansätze haben hier ihre Wurzel.

Die Organisation, der Ablauf und die Steuerung der Leistungserbringung bilden den zweiten Faktor. Dafür bietet der Geschäftsprozeßansatz konkrete, erfolgversprechende Vorgehensweisen. Der Nachweis eines Qualitätssicherungssystems trägt zusätzlich zur Berechenbarkeit der Dienstleistung bei.

Die Qualifikation und die Leistungsbereitschaft des Servicepersonals bilden den dritten Faktor. Das Personal muß die Anforderungen der Kunden an die Servicequalität und die Stärken des eigenen Angebots kennen.

Die technische Infrastruktur, d.h. die Informationstechnik (IT), hat ebenfalls einen hohen Einfluß auf die Serviceleistung. Mit einer modernen IT kann die individuelle Kundenberatung und -betreuung wirksam unterstützt werden. Wenn die Informationstechnik spezielle Komponenten enthält und auf das eigene Unternehmen zugeschnitten ist, kann verhindert werden, daß Konkurrenten das Leistungsangebot schnell nachahmen oder einholen.

Diese vier Erfolgsfaktoren werden im folgenden näher erläutert. Dem Managementprozeß kommt darüber hinaus besondere Bedeutung zu, um die optimale

Faktorkombination festzulegen und daraus Wettbewerbsvorteile für das eigene Unternehmen zu generieren, dem andere nichts entgegenzusetzen haben.

II. Wettbewerb mit Service - die Bedeutung der Service- Qualität

Der Servicebegriff wird in der Literatur, mehr aber noch im allgemeinen Sprachgebrauch, mit unterschiedlichen Begriffsinhalten verwendet. Es werden z.B. Gesundheitsleistungen der Ärzte, die Kontoführung der Banken, der Rohrreinigungsservice oder die Freundlichkeit des Verkaufspersonals dazugezählt. Im folgenden Text werden Services ergebnisorientiert in *zwei* Gruppen untergliedert: (1.) *kundenindividuelle* Dienstleistungen, die mit vorab erarbeiteten Servicekonzepten oder wiederkehrend in einem für eine bestimmte Dauer festgelegten Serviceniveau erbracht werden (Beispiele für diese Gruppe sind Angebote der Unternehmensberatungen, der Software-Entwicklung, von Werbeagenturen und Fachärzten). (2.) *Repetitive* Dienstleistungen sind personenbezogene, durch Verkehrsträger erbrachte Leistungen der Fluggesellschaften, des Mietwagen-Service und der Eisenbahngesellschaften sowie der Hotelservice, aber auch Wartungs- und Reparatur-Leistungen, Transporte von Güterspeditionen und Kommunikationsnetzwerkleistungen.

Die Industrie erkennt den Servicemarkt: Zu Beginn des zwanzigsten Jahrhunderts wurde der Service dem Umfeld des Kundendienstes zugeordnet. Handels-, Verkehrs- und Versicherungsunternehmen wurden als Hilfsgewerbe neben den Sachgüter produzierenden Unternehmen gesehen (vgl. Meyer 1990, S. 10). Ein eigenständiger Geschäftsbereich war für den Service nicht vorgesehen. Der Kundendienst hatte die Aufgabe, die dauerhafte Funktionsfähigkeit von Produkten zu sichern. Mängel, die in der Konstruktion oder der Fertigung entstanden waren, oder Defekte beim Gebrauch mußten behoben werden. Dabei wurde früh erkannt, daß Kunden durch Reparatur- und Ersatzteildienste dauerhaft an das eigene Unternehmen gebunden werden können. Dennoch waren Dienstleistungen vorwiegend auf das Produkt und weniger auf den Kunden gerichtet. Deshalb wurden diese Leistungen meist auch unentgeltlich, als notwendiges Übel, erbracht (vgl. Frisch 1989, S. 106 ff.). Eine Steuerung des Serviceprozesses im Hinblick auf Kundenzufriedenheit oder Effizienz wurde deshalb auch nicht als notwendig erachtet.

In den Jahren nach dem Zweiten Weltkrieg stand die Sättigung der Grundbedürfnisse im Vordergrund der Kaufentscheidungen. Allenfalls Wartungsverträge sicherten einen bescheidenen Serviceumsatz. Erst mit der allmählich einsetzenden Marktsättigung gegen Ende der sechziger Jahre und dem Wandel von Verkäufer- zu Käufermärkten begannen die Unternehmen, auf die Kundenwünsche näher einzugehen und den Dienst am Kunden zu entdecken. Allmählich gewann der Kundendienst als absatzpolitisches Instrument an Bedeutung und wurde in den Marketingaktivitäten als eigenständiger, aber immer noch stark an den technischen Produkteigenschaften orientierter Aktionsparameter eingesetzt.

Servicemarketing als Wettbewerbsargument: Seit in den achtziger Jahren viele Märkte weitgehend gesättigt sind, ist bei der Servicepolitik eine Abkehr von der Fokussierung auf die technische Gebrauchsfähigkeit von Sachgütern festzustellen. Sie wird vielmehr als selbstverständlich vorausgesetzt. Leistungs- und Qualitätsvergleiche herstellerunabhängiger Prüfungsunternehmen, wie die der Stiftung Warentest, stellen die Austauschbarkeit vieler Produkte und die Bewertung nach Qualität und Handhabungsfreundlichkeit in den Vordergrund ihrer Veröffentlichungen. Dem Service kommt vermehrt die Aufgabe zu, die Kernprodukteigenschaften (z.B. technische Leistungsfähigkeit, Zuverlässigkeit) durch zusätzliche Eigenschaften anzureichern. Damit sollen die komplexen Erwartungen der Kunden, die sie an ein Produkt stellen, befriedigt werden. Levitt (1981, S. 98) drückt dies mit "Kunden kaufen Erwartungen, keine Erzeugnisse" aus. Der Service ist damit zu einem wichtigen Marketing-Element geworden. Für die Kundengewinnung ist die Servicequalität ein wichtiges Instrument zur Abgrenzung vom Wettbewerb. Dafür ist im Unternehmen ein attraktives Serviceprogramm zu planen, zu realisieren und zu steuern.

III. Serviceplanung und Leistungsniveau

Was will der Kunde? Wie können die Kundenwünsche ermittelt werden, um die Marketingchancen eines neuen Serviceprodukts einzuschätzen oder Ansätze zum Re-Engineering der bestehenden Angebote zu finden? Die Mitarbeiter der Serviceplanung können dafür primäre und sekundäre Datenquellen heranziehen. Das naheliegende Vorgehen, Kunden direkt über ihre Vorstellungen von einem neuen Produkt zu befragen, ist die zeitaufwendigste und kostspieligste Methode. Gleichwohl kommt der persönlichen Befragung für das Servicegeschäft die höchste Bedeutung zu, weil der Kundenwert meist nur gemeinsam mit dem Kunden erbracht werden kann und die Kunden genaue Erwartungen über guten Service haben. Demgegenüber tritt der Informationsgehalt sekundärer Daten, wie Erfahrungsberichten der Verkäufer oder Artikeln in Fachzeitschriften, zurück.

Die Kundenanforderungen können durch die Ermittlung des höchsten Nutzens verschiedener Merkmalskombinationen eines Produkts erhoben worden. Diese

Vorgehensweise ist aus der Neuproduktplanung bei Markenartikeln und im Automobilbau bekannt. Bestimmte Schlüsselkunden mit einem Vorverständnis für das geplante Produkt werden nach der Eigenschaftskombination eines neuen Autos gefragt, die ihnen am meisten gefallen würde. Die Befragung der Interview-Teilnehmer umfaßt eine bestimmte Anzahl von Produktkombinationen. Das Befragungsergebnis soll die Kombination aus Produktmerkmalen ergeben, die die höchste Attraktivität für die Befragten ergibt. Bezogen auf ein konkretes Serviceangebot aus dem Touristikbereich, die Fernreisen, ist die Vorgehensweise beispielhaft in Abbildung 1 dargestellt. Es werden zwei Fernreisen mit mehreren Merkmalen angeboten. Im Zuge der Befragung können einzelne Merkmale durch andere, niedrig- oder höherwertige, ausgetauscht werden, um so die Präferenz der Befragten besser ermitteln zu können. Diese Vorgehensweise ist als konjunkte Analyse oder Conjoint Analyse bekannt (vgl. Kotler/Bliemel 1992, S. 146).

Fernreise 1   Fernreise 2

Preis: 2.500 DM   Preis: 3.000 DM
Ziel: Südostasien   Ziel: Karibik
Landeskunde: Tempelrundreise   Landeskunde: Inselrundreise
Hotelkategorie: Drei Sterne   Hotelkategorie: exklusiv
Sportangebot: Windsurfing   Sportangebot: Segeln

Abbildung 1:   Beispiel für die Mehrfaktorenbewertung in der Conjoint Analyse

Bei dieser Methode liegt das Schwergewicht der Datenerhebung auf den Austauschbeziehungen (Tradeoffs) zwischen mehreren Nutzenmerkmalen. So können abgestufte Nutzenpräferenzen gebildet werden (vgl. Green/Tull 1982, S. 447 ff.; Schweikl 1985, S. 45 ff.). Die Messung der individuellen Präferenz erfolgt durch die Vergabe von Punktwerten im Verhältnis zur Nutzeneinschätzung durch die Befragten: "Fernreise 1 mag ich doppelt so gern wie Fernreise 2". Aus den Präferenzurteilen lassen sich danach Bedeutungsgewichte für die einzelnen Angebote bilden. So kann eine Prognose der wichtigsten Angebotsvarianten für bestimmte Zielgruppen gestellt werden (vgl. Schweikl 1985, S. 59).[1] Zu berücksichtigen ist, daß innerhalb der Produktmerkmale der Preis ein besonders hohes Gewicht bei den Befragten hat. Eine Preisvariation wirkt sich deshalb meist stärker auf die Nutzeneinschätzung aus als die Variation anderer Produktmerkmale (vgl. Kucher/Simon 1987, S. 29).

Die Conjoint Analyse wurde bisher vorwiegend im Sachgütermarketing eingesetzt. Sie setzt voraus, daß die Befragten die wichtigen Eigenschaften eines Produkts identifizieren können, um Variationen in der Zusammensetzung in Hinblick auf ihre partiellen Nutzenwerte abzuschätzen. Die Übertragung auf den Dienstleistungsbereich sollte für Produkte mit festgelegtem Serviceniveau erfolgen. Denn bestimmten Unternehmen in wettbewerbsintensiven Branchen, wie Hotels oder Fluglinien, ist es wichtig, daß ihre Angebote weltweit das gleiche Qualitäts- und Zuverlässigkeitsniveau haben und die Kunden dies sofort erkennen.

Im obengenannten Beispiel könnte für die Fernreise 1 gemessen werden, wie sich der Verzicht auf die Tempelrundreise auf die Präferenz des Befragten auswirkt. War die Nutzeneinschätzung zunächst "Fernreise 1 mag ich doppelt so gern wie Fernreise 2", so könnte sich nun die Einschätzung erheblich reduzieren, vor allem, wenn der Preis beider Fernreisen gleich bleibt. Ähnlich kann aus einem Tausch der Hotelkategorie bei Fernreise 2 - statt exklusiv nun mittlere Kategorie - auf die Präferenz, die der Befragte seiner Unterkunft beimißt, geschlossen werden.

Kategorien für die Kundenerwartungen: Aus der Auswertung dieser Antwortkombinationen lassen sich verschiedene Erwartungsniveaus ermitteln. Daraus kann geschlossen werden, bei welchen Leistungsfaktoren des zu entwickelnden Serviceangebots Schwerpunkte zu setzen sind. Nach Kano/Seraku (1984, S. 25) können die Forderungen, die ein Kunde an ein Produkt stellt, in vier Kategorien eingeteilt werden. In der nach ihnen benannten Umfrage unterscheiden sie zwischen

- Grundforderungen,
- Qualitäts- und Leistungsanforderungen,
- Attraktionsmerkmalen und
- für den Kunden unbedeutenden Merkmalen.

Auf die Erfüllung der vier Forderungsgruppen reagieren die Kunden mit einem völlig unterschiedlichen Grad der Zufriedenheit. Die Erfüllung der Grundforderungen wird bei Produkten, deren Eigenschaften weitgehend bekannt sind, als selbstverständlich vorausgesetzt. Bei einer Befragung werden diese Merkmale deshalb auch kaum Erwähnung finden. Dennoch ist der Kunde enttäuscht, wenn er bereits diese Eigenschaften nicht erfüllt findet. Die Ermittlung der Grundforderungen setzt deshalb ein sorgfältig geplantes Interview voraus, um mit den Befragten auch über jene Anforderungen Einigkeit zu erzielen, die ihnen selbstverständlich sind. Bei einer Fernreise sind der pünktliche Transfer vom Flughafen zum Hotel und reinliche Zimmer Grundforderungen. Ihre Erfüllung reicht aber zur Zufriedenheit der Kunden noch nicht aus.

Die Anforderungen an Qualitäts- und Leistungsmerkmale wird der Kunde bei einer Befragung explizit nennen. Mit steigender Erfüllung der Forderungen wächst die Zufriedenheit der Kunden, bei abnehmender Erfüllung sinkt sie. Wegen der proportionalen Beziehung zwischen Funktionalität und Zufriedenheit

wird diese Gruppe auch one-dimensional quality elements genannt. Bei der Fernreise wäre dies die Hotelkategorie. Ein kleineres, zentrales Haus wird zu geringerer Unzufriedenheit führen als ein Mittelklasse-Hotel in einer Stadtrandlage fern
vom Zentrum.

Als Attraktionsmerkmale werden solche Anforderungen bezeichnet, die bei ihrer
Erfüllung die Kundenzufriedenheit direkt steigern, deren Nichterfüllung aber akzeptiert wird. Diese Eigenschaften lassen das Produkt neu und innovativ erscheinen und lösen beim Kunden Begeisterung aus. Bei der Befragung wird der Kunde
diese Anforderungen kaum nennen, da sie ihm entweder nicht bekannt sind oder
er ihre Erfüllung nicht voraussetzt. Bei einer Fernreise wären Attraktionsmerkmale ein Festbankett und die Erkundigung des Reiseveranstalters nach Ende der
Reise, ob der Kunde mit dem Service und der Unterbringung zufrieden war.

Für den Kunden unbedeutende Merkmalanforderungen sind solche, deren Erfüllung oder Nichterfüllung ihm nicht bewußt werden. Er nimmt sie in Anspruch,
ohne sie bei seiner Zufriedenheitsbewertung zu berücksichtigen.

Die Beziehung zwischen den vier Zufriedenheitskategorien wird grafisch in
Abbildung 2 dargestellt. Die Kurven verlaufen asymmetrisch, weil Unzufriedenheit der Kunden nicht das Gegenteil von Zufriedenheit ist. Wenn ein Attraktions-
merkmal nicht erfüllt wird, führt das nicht zur Unzufriedenheit, sondern lediglich
zu geringerer Zufriedenheit. Wird dagegen eine Grundforderung erfüllt, so ist der
Kunde damit noch nicht zufrieden. Es wird nur Unzufriedenheit vermieden. Lediglich die Gruppe der Qualitäts- und Leistungsanforderungen bildet einen steti-
gen Verlauf. Mit wachsender Erfüllung steigt die Kundenreaktion von Unzufriedenheit über Indifferenz zur Zufriedenheit.

Wird bei den Interviews herausgefunden, daß die Befragten bestimmte Produktmerkmale nur den Grundforderungen zuordnen, sollten die Qualitäts- und Leistungsanforderungen oder die Attraktionsmerkmale verbessert werden. Mit dieser
Vorgehensweise können die wenigen entscheidenden Merkmale zur Unterscheidung von Konkurrenzprodukten herausgefiltert werden. Bei der Produktplanung
sollten die Grundanforderungen vollständig erfüllt werden, die Qualitäts- und
Leistungsanforderungen auf dem Niveau der Mitbewerber liegen und einige dif-
ferenzierende attraktive Merkmale verwirklicht werden.

Die Entwicklungszeit kann entscheiden: Bei der Entwicklungsplanung für ein
neues Produkt ist zu berücksichtigen, daß die Kunden ihre Wertschätzung der
Produktmerkmale im Zeitablauf verändern. Attraktionsmerkmale, die ursprünglich von den Kunden als willkommene Überraschung empfunden wurden, werden
von den Mitbewerbern übernommen und damit größeren Kundengruppen be-

kannt. Mit der Verbreitung verlieren die zusätzlichen Services ihre Sonderbedeutung und werden von den Kunden als Qualitäts- und Leistungsanforderungen erwartet. Vor allem in wettbewerbsintensiven Branchen muß ein zu langer Entwicklungsprozeß vermieden werden, damit die Serviceleistung von den Konkurrenten nicht schon bei der Ankündigung kopiert am Markt ist.

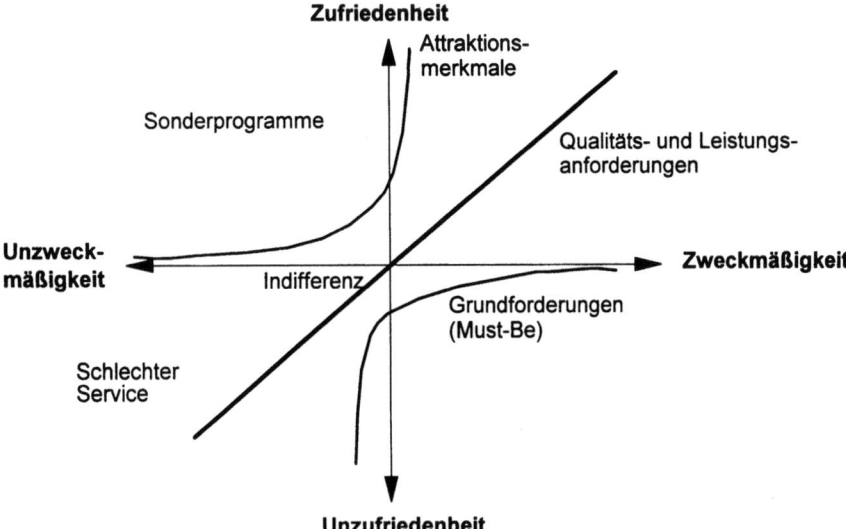

Abbildung 2:   Kategorien für die Kundenerwartungen (Kano/Seraku Modell)

So war beispielsweise die Verknüpfung zwischen Großrechnern und Personal Computern bis in die jüngste Zeit auf wenige wichtige Anwendungen beschränkt. Hohe Entwicklungs- und Anpassungsaufwände und fehlendes Wissen der Informatiker verzögerten die Verbreitung solcher Lösungen. Mittlerweile gibt es viele Beispiele für die erfolgreiche Integration von Anwendungen verschiedener Hersteller und Architekturen. Heute erwarten die Kunden, daß Datenverarbeitungsgeräte verschiedener Hersteller zu niedrigen Preisen vernetzbar sind.

Die Konzeptentwicklung: Die Übersetzung der Kundenanforderungen in die Sprache der Designer, Planer und Leistungserbringer ist der nachfolgende Prozeß der Konzeptentwicklung. Er enthält die zwei Hauptaktivitäten:

-    die Prüfung der Kundenanforderungen auf Realisierbarkeit und
-    die Entwicklung von Lösungsentwürfen zur Serviceverbesserung.

Die Kundenanforderungen müssen daraufhin geprüft werden, ob sie zu der Servicemarketing-Strategie des eigenen Unternehmens und dem eigenen Service-Kernprodukt passen. Insbesondere der Innovation neuer Servicesegmente kommt eine hohe Bedeutung zu, wenn die Kernbereiche des Angebots weitgehend gesättigt sind. Gegebenenfalls ist eine Diversifizierung angeraten, um bestimmte Kundengruppen mit ihren individuellen Bedürfnissen spezieller ansprechen zu können. Es hat sich allerdings gezeigt, daß die Flexibilität von Service-Unternehmen, ihr Kernprodukt an unterschiedliche Kundenerwartungen anzupassen, begrenzt ist. Dann kann weder das bisherige Kerngeschäft noch das neue Kundensegment optimal bedient werden (vgl. Rapp 1991, S. 21). Fluggesellschaften, die einen Rückgang bei den Geschäftsreisenden verzeichnen, versuchen, ihre Maschinen durch verstärkte Angebote an Touristen auszulasten. Sofern beiden Kundengruppen der gleiche Service geboten wird, werden sich beide nicht optimal angesprochen fühlen: weder die Geschäftsreisenden noch die Rucksacktouristen.

Produktverbesserung oder Reengineering? Im nächsten Schritt sind die Fachfunktionen aufgefordert, Lösungsvorschläge zu erarbeiten. Sofern ein bestehendes Produkt verbessert werden soll, können die Maßnahmen im bestehenden Handlungs- und Entscheidungsrahmen entwickelt und umgesetzt werden. So hat der Wettbewerb der Fluggesellschaften um Geschäftsreisende zu einem vermehrten Verpflegungsangebot in den Flugzeugen und pünktlicheren Abflugterminen geführt. Zur nachhaltigen Abgrenzung vom Wettbewerb kann aber auch das Reengineering eines Kernservice erforderlich sein, weil die allmähliche Verbesserung der Hauptwahrnehmungen Verläßlichkeit, Reagibilität und Einfühlungsvermögen nicht mehr ausreicht. Am Beispiel der bevorstehenden Eröffnung des Eisenbahn-Kanaltunnels zwischen Großbritannien und Frankreich wird deutlich, wie die Serviceinnovation "Beförderung per Landverbindung" das bestehende Transportangebot verändern wird. Die bisher wichtigsten Vorteile der Flug- gegenüber der Fährverbindung, Geschwindigkeit und Bequemlichkeit, können künftig auch von der Eisenbahn erbracht werden. Voraussichtlich werden die Flug- und die Fährgesellschaften auf die neue Konkurrenz mit zusätzlichen Leistungsangeboten, wie Computer- oder Kommunikationsservice für den Geschäftsreisenden, niedrigen Preisen und weiteren Serviceerweiterungen reagieren, um die dauerhafte Abwanderung von Fluggästen zu verhindern. Während die Geschäftsleute von den zusätzlichen Services angesprochen werden dürften, werden die Touristen auf die niedrigeren Preise sicher positiv reagieren.

Die Übersetzung der Kundenanforderungen in Serviceprodukte kann in den folgenden Schritten erfolgen:

- Entwicklung von Teillösungen für die Einzelanforderungen der Kunden (neue oder Verwendung bestehender Lösungen);
- Entwicklung von Lösungskombinationen (Solutions) aus den Teillösungen;
- Auswahl der bestgeeigneten Lösungskombination durch Gegenüberstellung mit den Kundenanforderungen, um den höchsten Kundennutzen mit der Risi-

koabschätzung für eine kurze Entwicklungszeit und niedrigen Entwicklungs-
und Durchführungskosten bei maximaler Verfügbarkeit des Service zu kombinieren.

Jede Kundenanforderung erhält eine Angebotslösung: Die Entwicklung von
Teillösungen kann bei der spezifizierten Kundenanforderung mit der Formulie-
rung des Entwicklungsziels ansetzen. Zum Beispiel könnte die Kundenerwartung
"Hohe Zuverlässigkeit bei der telefongestützten PC-Bedienungshilfe (PC Help
Desk)" als Ziel "Das Servicetelefon sollte nicht länger als fünfmal klingeln, bis
das Wartungsteam das Problem aufnimmt" formuliert werden. Das Entwick-
lungsziel für die Servicelösung ist "Das Serviceteam muß jeden Anruf spätestens
beim fünften Klingeln entgegennehmen und den zuständigen Fachleuten weiter-
geben." Damit werden die Kundenanforderungen in technische und organisatorische Lösungsvorgaben übersetzt, die im Entwicklungsmodus zu bearbeiten sind.
Dafür können das Dekompositionsverfahren (Unterscheidung nach Input, Prozeß,
Output) oder Kennziffern zur Erreichung der Kundenanforderungen herangezogen werden.

Jede der im Hinblick auf die Erfüllung der Kundenanforderung genannten Teillösungen sollte auf ihre Risiken zur Vermarktung, der technischen Realisierung und
der organisatorischen Chancen zur Serviceerbringung abgeschätzt werden. Daraus ergibt sich eine Prioritätenliste von den vielversprechendsten bis zu den am
wenigsten versprechenden Serviceideen. In Abbildung 3 wird das Beispiel der
Telefonberatung bei PC-Bedienungsproblemen dargestellt. Die Risikobewertung
reicht von hoch (++) über mittel (0) bis niedrig (--). Abstufungen werden durch
einzelne Zeichen (+) oder (-) dargestellt. Obgleich die zentrale Anrufentgegen-
nahme durch Mitarbeiter als organisatorisch schwer durchsetzbar eingeschätzt
wird, birgt der Einsatz von Sprachcomputern Risiken der Kundenakzeptanz aus
Gründen der Kundennähe und der vorhandenen Technik. Wird Alternative 2 zur
Realisierung herangezogen, sollten Werbemaßnahmen und intensive Gespräche
mit den wichtigen Kunden des Unternehmens eingeplant werden.

Beim Vergleich der Lösungen mit den Kundenanforderungen zeigt sich, daß einige Lösungen viele Anforderungen direkt betreffen, andere nur einen geringen
Teil. Mit der Kombination mehrerer Teillösungen oder Solutionkombinationen
können neue Lösungsansätze für die Kundenforderungen definiert werden, die
einen höheren Deckungsgrad als die vorherigen ergeben.

Kundenforderung:

Anrufe beim PC Help Desk umgehend entgegennehmen und
qualifiziert beantworten

Service-idee	Risiko		
	aus Kundennähe/ Kundensicht?	technisch realisierbar?	organisator./be-triebswirtschaftl. durchsetzbar?
1. Zentrale Anruf-entgegennahme und -weiterleitung	-	-	+
2. Anrufentgegen-nahme und Bera-tung per Sprach-computer	+	+	++

Abbildung 3:   Übersicht der geeigneten Lösungsvorschläge für eine gegebene Kunden-forderung

Als sekundäre, die Entscheidung für eine Servicelösung beeinflussende Faktoren
sollen noch die unternehmensweite oder produktgruppenspezifische Markenstra-
tegie, erbringungs- und infrastrukturspezifische unternehmensinterne Einschrän-
kungen sowie der Zeitpunkt des Marktzutritts angesprochen werden. Sofern die
Idee vom Serviceprodukt gegen eine der erstgenannten Aspekte verstößt, hat sie
nur geringe Entwicklungschancen. Tritt das Unternehmen zum falschen Zeitpunkt (Rezession oder gleichzeitige Ankündigung mit einem wichtigen Mitbewerber) mit dem neuen Serviceprodukt auf den Markt, wird sich dies negativ auf
die Marktdurchdringung auswirken.

Lösungskombinationen mit dem Solution-Konzept: Mit der Kombination der
Teillösungen werden Vorschläge für Gesamtlösungen der Kundenanforderungen
gebildet. Dabei kann das Ziel darin bestehen, multiple Dienstleistungsangebote
(Solutions) zu entwickeln. Diese Vorgehensweise wurde ursprünglich in der
Software-Branche angewandt, um mit Standardprodukten eine Vielzahl von
Kunden mit unterschiedlicher DV-Architektur ansprechen zu können. Die end-
gültige Ausprägung der Anwendung erfolgt bei jedem Kunden durch die Integra-
tion in seine DV-Architektur.

Das Solution-Konzept ist als Differenzierungsstrategie für Sach- oder Serviceprodukte entstanden, deren Merkmale weitgehend bekannt sind und die von vielen Mitbewerbern angeboten werden. Nicht mehr das Kernprodukt, sondern die
es umgebenden wertschöpfungssteigernden Faktoren schaffen den Nutzen für die
Kunden (vgl. Vandermerwe 1993, S. 37). Solutions bestehen aus mehreren mo-

dularen Komponenten, wie eigenen oder hinzugekauften Sachprodukten, Services, wie z.B. Ausbildung und Anlageberatung, Selbstbedienung bzw. Anleitung zur Eigeninitiative, Wartungsunterstützung und Ferndiagnose, Managementinformationen und Reporting sowie Know-how Transfer, z.B. über den Aufbau von Chemikalien-Entsorgungssystemen. Mit der Kombination dieser Komponenten können individuelle Kundenlösungen gefunden und optimal gelöst werden. Grundlage des Solution-Konzepts ist, daß die Kunden Lösungen für ihre individuellen Problemstellungen erhalten sollen. Die Implementierung der Standardkomponenten erfolgt gemäß den organisatorischen und technischen Gegebenheiten des Kundenumfelds. Die Vorbereitung eines Unternehmens auf die Zertifizierung gemäß DIN ISO 9001 durch Serviceanbieter umfaßt beispielsweise die Erarbeitung des unternehmensindividuellen Regelwerks zur Qualitätssicherung. Dafür werden zuvor entwickelte Konzepte und Leitfäden, wie ein Qualitätsmanagementsystem, ein Qualitätshandbuch und ein Qualitätsauditsystem, herangezogen und anhand der Anforderungen des Unternehmens unter Berücksichtigung der DIN ISO Norm gestaltet.

Für den Lösungsanbieter ist das Verhältnis zwischen vorgefertigtem Solutionkern und dem kundenindividuell erforderlichen Implementierungsaufwand von hoher Bedeutung. Die denkbar größte Flexibilität für den Kunden setzt einen relativ kleinen Produkt- oder Konzeptkern voraus und viele Anpassungen an das Kundenumfeld. Damit werden an das Wissen und die Flexibliltät des Servicepersonals hohe Anforderungen gestellt. Bei stärker vorgegebenem Solutionkern sinkt dagegen die Chance, viele Kunden durch das "offene" Konzept zu erreichen.

IV. Prozeßorganisation im Servicegeschäft

Mit der Erarbeitung von Vorschlägen für neue Dienstleistungsangebote oder kundenorientierte Anpassungen an den bestehenden Leistungsangeboten treten die drei Aspekte Organisation, Servicepersonal und Informationstechnik in den Vordergrund. Die Dienstleistungsunternehmen versuchen, die Kunden immer wieder mit attraktiven Leistungsangeboten zu überraschen und dauerhaft an sich zu binden. Flankierend werden aktive Maßnahmen zur Qualitätssicherung ergriffen. Nachdem vorwiegend Fertigungsunternehmen ihr Qualitätssicherungssystem durch unabhängige Prüfer untersuchen und bewerten ließen, steigt auch der Anteil der Dienstleistungsunternehmen mit einer Zertifizierung nach DIN ISO 9001 allmählich an.

Prozeßmanagement (effiziente Steuerung der Abläufe): Repetitive Services mit gleichbleibend hoher Qualität zu berechenbaren Kosten können mit einer prozeßorientierten Organisation effizienter als in der herkömmlichen hierarchischen Organisation erbracht werden. Die horizontale Verkettung der Einzelaufgaben mit horizontaler Kommunikation von Fachabteilung zu Fachabteilung schafft die Voraussetzung dafür, daß

- jeder Mitarbeiter versteht, warum er seine Aufgabe durchführt und welchen Beitrag sie für die Gesamtleistung bringt,
- jeder Mitarbeiter versteht, daß seine Bearbeitungszeit, die Kosten und die Qualität seines Beitrags direkt in das Serviceprodukt eingehen und die Servicequalität beeinflussen,
- jeder nicht behobene Mangel zu Qualitätskosten und Kundenunzufriedenheit führt, die meist ein Vielfaches der unmittelbaren Fehlerbehebung kosten.

Maßnahmen zur Verwirklichung dieser Organisationsprinzipien sind in vielen Unternehmen begonnen worden. Unter dem Begriff "Prozeß-Management" oder "Lean Management" liegen darüber Untersuchungen und Erfahrungsberichte vor, die das Managementsystem und die Methoden zum Quality Engineering darstellen. Die leistungserbringenden Funktionen werden zu einer Prozeßkette gegliedert, die durch eine Kundenanfrage oder einen Auftrag aktiviert wird. Innerhalb der Prozeßkette arbeiten unternehmensinterne Funktionen zusammen. Durch die Ausgliederung von vielen ehemals unternehmensinternen Aufgaben werden vermehrt auch externe Funktionen zum festen Bestandteil der Prozesse. Die Kunden-/Lieferantenbeziehung im Prozeßmanagement ist in Abbildung 4 dargestellt.

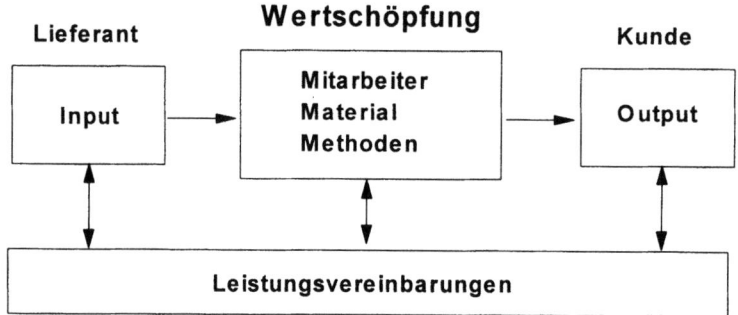

Abbildung 4:   Kunden-/Lieferantenbeziehung im Prozeßmanagement

Von der Produktion ursprünglich übernommen, sind Geschäftsprozesse heute im Verwaltungs-, Logistik- und im Finanzbereich vieler Unternehmen fester Bestandteil der Organisation und der Servicestrategie. Die Prozeßverantwortung ist funktionsübergreifend zugeordnet, die Prozeßmitarbeiterinnen und -mitarbeiter haben gemeinsame Ziele, die kaskadierend von der Prozeß- zur Abteilungsebene und vom Prozeßbeginn bis zum -ende durchgängig und an den Kundenerwartungen orientiert sind (vgl. Holst 1991, S. 277). Die Prozeßorganisation ermöglicht, die Bearbeitungszeit vom Angebot über die Vertragserstellung und -erfüllung bis zum Zahlungseingang zu messen, die Durchführungskosten für jeden Teilprozeß zu berechnen sowie die fehlerhaften Teilprozesse zu erfassen. Über diese - aus den Anfängen der Geschäftsprozeßinitiativen stammende - Definition hinaus hat sich ein neues Denken und Handeln gebildet. Stand Mitte der achtziger Jahre die unternehmensinterne Optimierung entlang der sequentiellen Wertkette im Vordergrund der Zielsetzungen, so sollen die heutigen Prozesse Hilfsmittel zur Wertschöpfungssteigerung bei Kunden und in der eigenen Organisation sein. Dafür beginnt der Prozeß beim Kunden und läuft rückwärts durch Definition der Einzelaktivitäten zur Erbringung der gewünschten Leistung. Der Kunde wird während der Phasen der Definition und der Leistungserbringung nicht mehr allein gelassen. Das Ziel besteht vielmehr darin, die eigenen Prozesse mit denen des Kunden weitgehend zu synchronisieren.

In Abbildung 5 ist der Kundenauftragsprozeß dargestellt. Er besteht aus den Teilen Angebot erstellen, Vertrag erstellen, Auftrag erfassen, Installation bearbeiten, Rechnung schreiben, Zahlungseingang steuern. Der Gesamtprozeß aus Serviceherstellung und Servicelieferung ist einem Prozeßverantwortlichen übertragen. Er muß die Prozeßinitiative anstoßen und den Prozeßfortschritt fördern. Der Leistungsgrad des Gesamtprozesses und der Einzelaktivitäten wird durch kundenorientierte und interne Kennziffern überprüft. Kundenorientierte Kennziffern sind die Bearbeitungsqualität/Anzahl von Fehlern, die Bearbeitungszeit, die Kundenzufriedenheit und die Anzahl der Reklamationen. Interne Kennziffern sind die Prozeßkosten und die Abweichung von den Leistungsvereinbarungen.

Mit der Anzahl der Abweichungen von den Zielwerten für die Bearbeitungsqualität und die Bearbeitungszeit wird die Prozeßqualität und die Durchlaufzeit für den Gesamtprozeß und für die Teilprozesse ermittelt. Sofern externe Unternehmen in die Serviceprozesse eingebunden werden, sollten in die Leistungsverträge Zielvereinbarungen über die Qualität, die Kosten und die Bearbeitungszeit von Aufträgen aufgenommen werden. Bei unternehmensinternen Prozessen sollten Leistungsvereinbarungen die Grundlage der Zusammenarbeit bilden, um damit die Orientierung auf den eigenen Bereich zugunsten des Gesamtprozesses zurückzudrängen. Dies wurde bereits in Abbildung 4 dargestellt. Dem horizontalen Leistungsstrom sind Leistungsvereinbarungen zugrunde gelegt, gegen deren Vorgaben die Prozeßleistung gemessen wird.

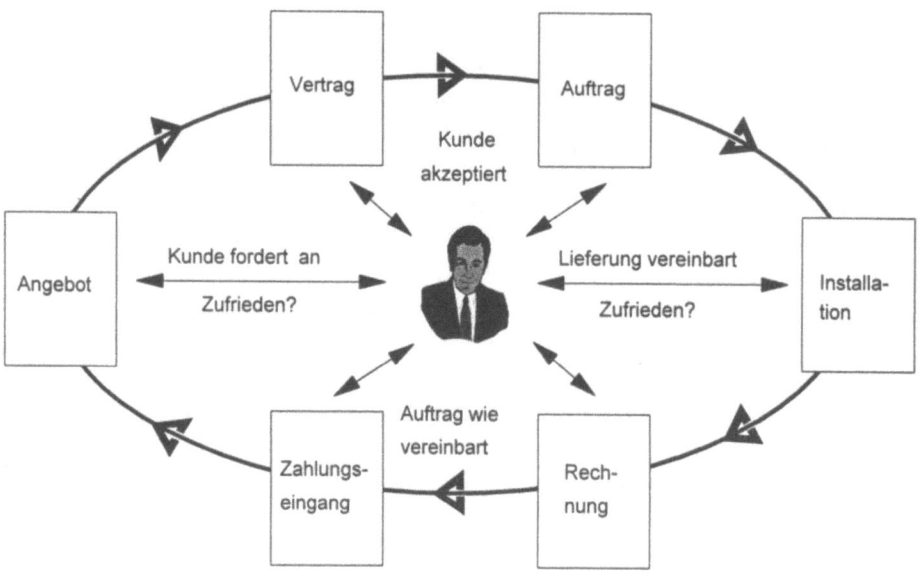

Abbildung 5:   Kundenauftrags-Prozeß

Prozeßkostenrechnung: Die Prozeßorganisation im Servicebereich ist eine wichtige Voraussetzung für die Steuerung des Gesamtkostenverlaufs und eine wirkungsvolle Qualitätskostenrechnung. Dies wird am Auftragsbearbeitungsprozeß
beispielhaft mit einem Cost Build Up Chart dargestellt (vgl. Abbildung 6). Zur
Berechnung der aktuellen Prozeßkosten werden Zeit- und Aufgabenerhebungen
über die Wertschöpfungstätigkeiten bei den Fach- und Führungskräften durchgeführt. Die Bearbeitungsmengen werden mit den für jede Tätigkeit geltenden Ko-
stensätzen sowie Aufschlägen multipliziert. Die wichtigsten Aufschläge sind die
Gehaltsnebenkosten, die Kosten beziehungsweise Umlagen für die Informationstechnik sowie weitere, im Einzelfall geltende Belastungen (z.B. die Aufwände für
Subunternehmen; vgl. Seidenschwarz 1992). In den vergangenen Jahren wurde
die Prozeßkostenerhebung nur in längeren Intervallen, oftmals nur einmal jährlich durchgeführt, da die Daten nicht aus den operationalen Buchhaltungssyste-
men ermittelt werden konnten. Entsprechend wenig Aussagekraft hatten die Ko-
stendaten. In jüngster Zeit werden aber schon Standardanwendungen zur Prozeßkostenrechnung angeboten, die mit geringem Aufwand in Buchhaltungssysteme
integriert werden können. Mit zunehmender Aktualität und Genauigkeit kann für
die nächsten Jahre eine zunehmende Verbreitung der Prozeßkostenrechnung angenommen werden.

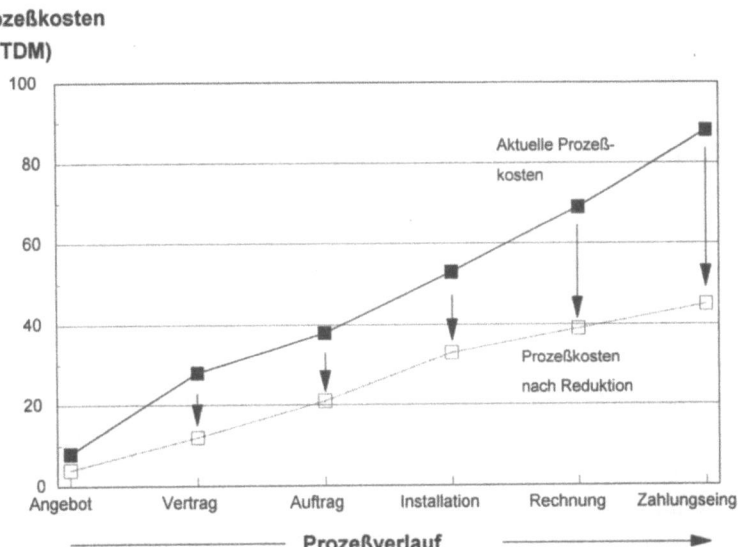

Abbildung 6: Prozeßkosten in der Auftragsbearbeitung vor und nach Verringerung

Die kumulierten Prozeßkosten werden durch die Anzahl der im Prozeß durchge-
führten Operationen dividiert. Mit dieser relativ einfachen Berechnung wird ein
durchschnittlicher Kostensatz für den Ressourcenverbrauch bei der Prozeßdurch-
führung ermittelt. Damit kann der Aufwand für die einzelne Auftragsbearbeitung,
die Kontoeröffnung in einer Bank oder die Durchführung einer Marketing-Kam-
pagne berechnet werden, sofern weitgehend standardisierte Aufgaben vorliegen.
Mit dieser Methode können Bezugsgrößen im Servicebereich definiert und die
wirklichen abteilungsübergreifenden Kosten der Serviceprozesse gezeigt werden.

Für die Senkung der Prozeßkosten werden Alternativen zum gegenwärtigen Auf-
gabenverlauf mit sinkendem Ressourcenverbrauch und steigender Effizienz des
Prozesses erarbeitet. Nichtlineare Kostenverläufe erschweren die gezielten Ko-
stensenkungsmaßnahmen vor allem durch unterschiedlich hohe Fixkosten in den
Teilprozessen. Oft soll die Mitarbeiterkapazität ein bestimmtes Mindestmaß aus
Gründen der Kundenzufriedenheit nicht unterschreiten oder die IT-Kosten erfor-
dern einen hohen Wartungsaufwand und sind nur mittelfristig reduzierbar. Deshalb ist der Prozeßkostensatz als kurzfristig beeinflußbare Kennziffer wenig geeignet.

Dies gilt aber ebenfalls für die Kennziffern der Prozeßqualität und der Durchlaufzeit. Auch hier dürfte die drastische Verbesserung eher im mittelfristigen als im
kurzfristigen Bereich erreichbar sein. Selbst bei den mit Re-Engineeringmaß-
nahmen stark veränderten Prozessen erforderte die Bereitstellung der notwendi-

gen Informationstechnik bei der IBM Credit Corporation, Ford Kreditorenbuch-
haltung und Kodak Produktentwicklung längere Entwicklungs- und Implementie-
rungszeiträume (vgl. Hammer/Champy 1993, S. 36 ff.).

Für Serviceangebote mit stark schwankendem Inputeinsatz ist die Prozeßkostenrechnung dagegen weniger geeignet. Eine weitere Einschränkung der Aussagekraft von Prozeßkostensätzen ist gegeben, wenn sich während des Prozeßverlaufs
die Einheit der Bezugsgröße ändert. Dies ist im Kundenauftragsprozeß darstell-
bar: Die Kosten im ersten Teilprozeß können auf die Anzahl der Angebote, die
im zweiten Teilprozeß auf die der Verträge umgelegt werden. Sofern bei der
Auslieferung Stücke aus mehreren Aufträgen gemeinsam transportiert werden, ist
eine Zurechnung der Kosten auf den Einzelauftrag nur mit detaillierter, infor-
mationssystemgestützter Erfassung möglich. Daher ist die Aussagefähigkeit der
Prozeßkostenrechnung im Servicebereich dort am größten, wo Mitarbeiter direkt
für eine definierte, wiederkehrende Aufgabe eingesetzt sind. Je geringer die be-
arbeitete Prozeßmenge, je vielseitiger der Mitarbeitereinsatz und je abweichender
die Erhebungsmethode von Bereich zu Bereich, um so ungenauer wird die Aussagekraft der Kostensätze für ein Management Reporting oder für Vergleiche
zwischen Prozessen.

Nichtkonformitätskosten: Die Prozeßkosten im Servicebereich müssen stets in
engem Zusammenhang mit den Erträgen gesehen werden, die durch unzureichende bzw. nichtkonforme Servicequalität entgehen. Dafür können die Prozeßkosten mit den Opportunitätskosten entgangener Gewinne kombiniert werden, die
durch unzufriedene Kunden bei unzureichender Höhe des Serviceniveaus entstehen. Wenngleich entgangene Gewinne nur mit hoher Unsicherheit geschätzt
werden können, hat ihr Informationsgehalt große Signalwirkung für die kosten-
orientierten Servicemanager (vgl. Fries 1994, S. 79). Zwei *Beispiele* sollen zur
Verdeutlichung dienen.

Im Logistikbereich eines großen Versandhauses sind die Aktivitäten bei un-
pünktlicher Zustellung eines Versandpakets untersucht worden:

- Empfänger muß benachrichtigt werden.
- Nicht ausgelieferte Pakete sind auf spezieller Fläche zwischenzulagern und
  zu sichern.
- Empfänger muß erneut aufgesucht werden, um Paket auszuliefern.
- Im ungünstigsten Fall geht das Versandgut an die Versandabteilung zurück.

Sofern der Kunde für die Ware die Annahme bei erneuter Zustellung ablehnt,
fällt neben den erhöhten Zustellungskosten auch der entgangene Gewinn an. Mit
dem Wissen über die Prozeß- und Nichtkonformitätskosten der unpünktlichen
Zustellung wurde die Tourenplanung überarbeitet. In diese Maßnahme wurden

die Fahrer eingebunden. Die Folge: Die Lieferungen werden individueller zugestellt, die Zahl der Rückläufer konnte stark verringert werden.

In einer Luxushotelkette ist weltweit den Mitarbeiterinnen und Mitarbeitern durch eine Fehlerkostenrechnung bekannt gemacht worden, welche Kosten durch nicht gemachte Betten, verspäteten Zimmerservice oder mindere Qualität der Speisen verursacht wurden. Dafür wurde der Gesamtprozeß der Reklamationsbearbeitung von der Besänftigung der Kunden, z.B. Gratiscocktail, über die Entschuldigungsbriefe des Empfangschefs bis hin zum Aufwand für zusätzlichen, nicht eingeplanten Reinigungsservice erfaßt. Ebenso wurden die Kosten für kleine Aufmerksamkeiten sowie der potentielle Verlust von Stammgästen berechnet. Mit diesen Informationen über die Kosten nicht konformer Qualität konnten die Mitarbeiter direkt angesprochen werden. Exzellenter Service ist die Aufgabe jedes einzelnen. Das Serviceniveau der Hotelkette konnte beträchtlich gesteigert werden, was sich in hoher Kundenzufriedenheit und einem starken Umsatzwachstum auswirkte (vgl. Möhlmann/Rieker 1993, S. 202).[2]

Da für das Servicemarketing intangible, unfühlbare Produkte ein wesentlich höheres Gewicht haben als im Gütermarketing, ist die Erhebung der Kundenzufriedenheit nach Erbringung der Leistung ein unverzichtbarer Bestandteil des Serviceprozesses. Deshalb ist wichtig, bei weitgehend gleich bleibendem Angebot wiederkehrende, systematisch gestaltete Erhebungen durchzuführen. Bei Innovationen und Attraktionsmerkmalen ist es wichtig, die Rückkopplung sehr schnell mit den Kunden zu suchen. Nur so kann das Unternehmen erkennen, ob es ihm mit den zusätzlichen Maßnahmen gelungen ist, sich gegenüber den Mitbewerbern im Kundenbewußtsein zu profilieren.

V. Servicepersonal: Innenorientiertes Servicemarketing

Neben dem Prozeßmanagement und der kennziffergesteuerten Überwachung der Prozeßqualität muß die Bedeutung des Aspekts, daß Dienstleistungen von den Mitarbeitern erbracht werden, hoch eingeschätzt werden. Wissen über die Konsumwünsche der Kunden, ihre Umgebung und ihre Probleme können am ehesten im direkten Kontakt durch Freundlichkeit, Motivation und Erfahrung aufgebaut und gewinnbringend eingesetzt werden. Im Gegenzug tendieren Kunden bei unfreundlichen, wenig hilfsbereiten, unkooperativen oder uninteressierten Servicelieferanten dazu, dieselbe Einstellung dem ganzen Unternehmen zuzuschreiben (vgl. Rapp 1991, S. 25). Die personalintensiven Faktoren haben im Service eine entscheidende Bedeutung für den Markterfolg.

Bei den bisher beschriebenen Methoden zur Anforderungserhebung und Prozeß-
steuerung wurde dieser personalorientierte Aspekt implizit vorausgesetzt. Die
Erfahrung lehrt aber, daß das Wissen über die Kundenerwartungen und den Zusammenhang zwischen exzellenter Servicequalität, hoher Kundenzufriedenheit
und hohen Wiederkaufsraten allein die Mitarbeiter noch nicht zu überdurchschnittlichen Leistungen bewegt. Genauso wie das Management die Aufgabe hat,
die Kunden von der Leistungsfähigkeit ihrer Mitarbeiter zu überzeugen, müssen
sie im *internen Marketing* eine langfristige Vision über die Serviceaufgabe kommunizieren und zu hohen Leistungen anspornen. Damit können die Mitarbeiter
auf ihre Aufgabe hin motiviert werden. Unsicherheit über die Art, wie die Services erbracht werden, und fehlendes Wissen in unerwarteten Problemsituationen
empfinden die Kunden häufig als unfreundliches Verhalten der Techniker, Arzt-
assistentinnen oder Steuerberater. Durch geeignete Schulungen kann Wissen über
die Servicestrategie und die Serviceangebote aufgebaut werden, um dem Servicepersonal zu Professionalität zu verhelfen. In der Praxis ist aber das Gegenteil
oft der Fall. Training und Wissensaufbau des Personals werden vernachlässigt
und durch hohe Fluktuation behindert. Die Entlohnung in vielen Servicebranchen
ist im Vergleich zum verarbeitenden Gewerbe viel niedriger. Die Kunden erkennen den Wert des Service oftmals nicht an und sind deshalb nicht bereit, dafür
einen angemessenen Preis zu zahlen. Damit ist der Beitrag des Personals als einer
der kritischen Erfolgsfaktoren für erfolgreiches Servicemarketing nur unzureichend.

Es ist allerdings zu berücksichtigen, daß nicht jeder Servicemitarbeiter die Flexibilität aufbringt, die im Dienstleistungsbereich gefordert ist. Viele Beschäftigte
sehen ihr Berufsziel eher im Innendienst großer Unternehmen als im Kundenbe-
reich. Dies zeigt sich auch darin, daß das Servicepersonal neue Ideen der Kunden
oftmals nicht kommuniziert, weil die Umsetzung mehr Arbeit bedeuten könnte
(vgl. Rapp 1991, S. 26). Nicht allein die Weiterbildung des bestehenden Perso-
nalstamms, auch die Auswahl und Einstellung der geeigneten Mitarbeiter ist für
die Dienstleistungsproduktion entscheidend. Entwicklungsziele für Servicemitarbeiter sollten auf die Teambildung und Kooperation in der Organisation gegrün-
det sein, um den Wissens- und Erfahrungsaustausch zu fördern. Verantwortungs-
zuwachs und größere Entscheidungsfreiräume bei der Leistungserbringung sollten mit Leistungs- und Qualitätsmessungen gepaart sein. Überdurchschnittliche
Leistungen sollten erkannt und durch das Management ausgezeichnet werden. So
kann das notwendige Selbstbewußtsein gefördert werden, daß die Dienstleistungen zu den Kernaktivitäten im Unternehmens gehören und einen wesentlichen
Teil der Wertschöpfung bilden.

VI. Wertsteigerungsstrategie mit Informationstechnik

Die Informationstechnik bildet einen weiteren strategischen Erfolgsfaktor für die Erbringung überdurchschnittlicher Dienstleistungen. Weltweit gleichartige Flexibilität von Reiseagenturen bei der Reservierung von Flügen und Mietwagen, tagesgenaue Kreditkonditionen durch den Investmentberater oder Lieferfähigkeit an jeden Ort in der Bundesrepublik Deutschland innerhalb von 24 Stunden sind bereits bestehende Servicestandards, die die Kunden selbstverständlich erwarten. Demgegenüber gibt es immer noch viele Versicherungen und Bausparkassen, die spezielle Kundenanfragen entweder erst nach einigen Tagen oder gar nicht beantworten können. Befunde von Blutuntersuchungen in Krankenhäusern dauern mehrere Wochen, Verkäufer haben keinen Überblick über Veränderungen im Einkaufsverhalten ihrer Kunden oder Preisänderungen der Konkurrenz. Mit dieser geringen Flexibilität wird die Geduld der Kunden auf die Probe gestellt. Die Servicemitarbeiter müssen im Gegenzug mit Einfallsreichtum kurzfristig Lösungen improvisieren, die ihre Konkurrenten mit moderner Technik mühelos erreichen.

Diejenigen Unternehmen, die ihre Informationstechnik (IT) erfolgreich für die Unterstützung ihrer Geschäftstätigkeit einsetzen, verschaffen ihren Kunden Nutzen- und ihren Mitarbeitern Wettbewerbsvorteile. Sie tun etwas, dem andere nichts entgegenzusetzen haben. Weniger innovative oder flexible Unternehmen sind bei der Aufholjagd gezwungen, ein vergleichbares Know how beschleunigt aufzubauen - was unter Zeitdruck kostenintensiv ist -, ein Unternehmen mit vergleichbarer Technik aufzukaufen oder das geringere Serviceniveau durch Preisreduktionen auszugleichen.

Der Beitrag der Informationstechnik wird kritisch hinterfragt: Bereits in den achtziger Jahren erwiesen sich die Großrechner als zu wenig flexibel für die Änderungen der Kundenbedürfnisse und der Produktzyklen. Die Entwicklung neuer unternehmensweiter Anwendungen dauerte Jahre und führte bei der Einführung selten zum ursprünglich erwarteten Nutzen in den Fachabteilungen. Beim Bestreben, diese Inflexibilität zu überwinden, bauten viele Bereiche eigenständige Datenverarbeitungszentren auf, die sich um Personalcomputer herum gruppierten. Der Hintergrund dieser Vorgehensweise war die Annahme, daß die IT vom Zeitpunkt ihrer Installation an wie von selbst den Nutzen für Marketing und Verwaltung entfalten würde. Deshalb wurde die Beschaffung auch Einkaufsabteilungen übergeben, die Fragen unternehmensweiter Software-Plattformen und der Integrationsfähigkeit der Geräte geringer gewichteten als das Potential zur Kostensenkung. Akzeptanzprobleme mit der IT stellten sich ein, sobald die Fachabteilungen unter der Inkompatibilität der verschiedenen Computersysteme zu leiden begannen. Da gleichzeitig der technische Fortschritt zu immer kürzeren Produktzyklen der Computer führte, konnten die eigenen IT-Bereiche nur durch ständige Zukäufe auf dem neuesten Stand gehalten werden - mit der Folge überproportional wachsender IT-Budgets. Um die IT-Kosten zu senken und die Flexibilität der Anwendungen zu steigern, entscheiden sich daher immer mehr Unternehmen zum Fremdbezug (Outsourcing; vgl. hierzu ausführlicher den Beitrag von Gruhler in diesem Band) der IT-Leistungen. Dies wird zudem mit dem Entschluß begründet, sich wieder auf die Kernkompetenz, die eigentliche Aufgabe, konzentrieren zu können. In langfristigen Verträgen verpflichtet sich der IT-Lieferant, die meisten Aufgaben und Serviceleistungen zu erbringen, die bislang von der hauseigenen IT-Abteilung wahrgenommen wurde (vgl. Huber 1993, S. 85).

Dafür werden die Datenverarbeitung, die Netztechnik, die Pflege bestehender und die Entwicklung neuer Anwendungen sowie häufig der Mitarbeiterstamm dem Lieferanten übertragen. Dieser löst die eigenentwickelten Anwendungen nach und nach durch Standardanwendungen ab, deren Zuverlässigkeit und Wartungsaufwand genau planbar ist.

Solange die Unternehmensstruktur gleich bleibt, verschafft IT-Outsourcing den Unternehmen überschaubare, gut zu steuernde Kosten. Das Risiko eingeschränkter Flexibilität des Unternehmens darf allerdings nicht unterschätzt werden. Kommt es zu Akquisitionen fremder Unternehmen und dem Zwang, verschiedene Bereiche zusammenzufassen, kommt es zur Gründung eigenständiger Tochtergesellschaften mit mandantenfähigen IT-Systemen oder zur Eröffnung völlig neuer Geschäftsfelder, werden Erweiterungen der bestehenden Systemlieferverträge erforderlich.

Dabei wird häufig außer acht gelassen, daß die effiziente Nutzung der Technologie wesentlich durch das Managementsystem bestimmt wird. Unzureichende Dialogfähigkeit zwischen kaufmännischen Fachabteilungen und dem IT-Bereich können durch eine Ausgliederung kaum verbessert werden. Hier ist es die Aufgabe des Managements, den Beitrag der IT zur Verbesserung der Wettbewerbsposition zu verdeutlichen. Wenn für ein strategisches Geschäftsfeld der Kundennutzen bestimmt und die eigene Servicelösung definiert ist, bieten Technologieinvestitionen ein hohes Potential zur Unterstützung, Erweiterung oder Differenzierung der im Kernbereich des Unternehmens liegenden Tätigkeiten.

Anforderungen an effiziente Anwendungen: Die Analyse der unternehmerischen Prozesse beginnt und endet mit dem Kundenbedarf, weil die Kundenmacht zur Neugestaltung der Wettbewerbsbedingungen geführt hat. Die IT-Systeme müssen daher die Flexibilität aufweisen, daß Mitarbeiter jederzeit z.B. über die eingezahlten Versicherungsbeträge ihrer Kunden auskunftsbereit sind, den derzeitigen Standort und die Ladeliste ihrer Speditions-LKW unschwer ermitteln oder die

Ertragslage eines startenden Flugzeugs ihrer Airline errechnen können. Dafür sind benutzerfreundliche Datenbanken, die auf zentral oder dezental errechnete Werte zugreifen, erforderlich.

Die Anwendungen müssen in einer überschaubaren Zeit entwickelt werden, damit die strategischen Chancen heutiger neuer Geschäftsfelder noch erreicht werden können. Bei Entwicklungszyklen großer Anwendungen von fünf bis sieben Jahren sind taktische Wettbewerbsvorteile ohnehin nicht erreichbar (vgl. Keen 1992, S. 90). Dreischichtige Client-Server Architekturen mit hohen Anteilen von Standardanwendungen bieten die Möglichkeit, flexible Anwendungen in kürzeren Zeiträumen bereitzustellen. Von den drei Schichten (Tiers) der Architektur arbeiten die Benutzer nur mit den ihnen vertrauten Arbeitsmitteln: Bildschirm, Tastatur und Maus. Die zwei dahinter liegenden Schichten der Datenserver und Datenbanksysteme sind für die Arbeitsvorgänge beim Benutzer nicht transparent, sie bilden aber erst die eigentliche Flexibilität für die Anwendung. Die dreischichtige IT-Architektur ist in Abbildung 7 dargestellt.

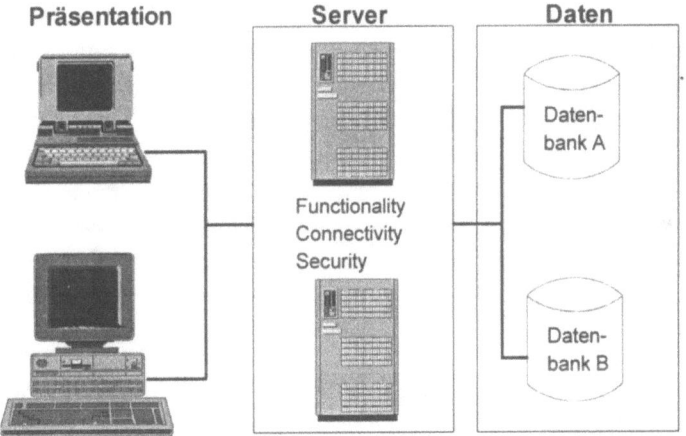

Abbildung 7: Dreischichtige Client-Server Architektur

Die Server erlauben, verschiedene Datenbanken gleichzeitig zu benutzen sowie Abfragen, Datenformatänderungen, Aktualisierungen und die Löschung von Daten auf den Datenbanken zu realisieren. Hier werden die Datenzugriffe (Security) gesteuert und die Synchonisierung von Daten, Text und Video zu Multimedia-Anwendungen durchgeführt. Zur Datenschicht gehören die Datenbanken jedes Systems, also Großrechner, mittelgroße Rechner und Personalcomputer, und jeder Lokation, auf die via Netzwerk von den Servern zugegriffen wird (vgl. Donovan 1993, S. 97).

Offene Systeme für Work Flows: Neben der neuartigen Verknüpfung der Rechner und Anwendungen verschiedener Hersteller ermöglicht die Client-Server Architektur, kostengünstigere Anwendungen bereitzustellen. Durch den Preisverfall bei den Workstations, den Betriebssystemkosten und die zunehmende Verbreitung objektorientierter Programmiertechniken werden die Entwicklungskosten geringer als in der Vergangenheit. Gleichzeitig wird die Entwicklung durch die Verknüpfbarkeit vieler Softwarewerkzeuge schneller. Diese Werkzeuge werden von der Open Environment Corporation (OEC) speziell dafür entwickelt und angeboten, um in der Client-Server Architektur schneller und einfacher entwickeln zu können. Objektorientierte, einheitliche Vorgehensweisen in der Entwicklung der Anwendungslösungen erbringen Einsparungen, die bei größerer Erfahrung und wirkungsvollem Projektmanagement zu erheblicher Beschleunigung im Projektverlauf führen (vgl. Müller-Ettrich 1993, S. 288 ff.). Standardisierte Kommunikationsprotokolle wie TCP/IP und weltweite Netzwerke erlauben den Datenaustausch und -zugriff auf jede Datenbank und von jedem Ort aus.

Auf der Anwenderseite im Unternehmen führt dies u.a. dazu, daß die verschiedenen operationalen und informationalen IT-Anwendungen in der kaufmännischen Sachbearbeitung bei Banken und Versicherungen zu Work Flows zusammengeführt werden können. Die Grundlage bilden die Arbeitsprozesse der Sachbearbeiter. In der Vergangenheit wurde für die Eröffnung eines Bankkontos die Formularbearbeitung, Datenabfrage und -eingabe, Rückfrage bei anderen Funktionen, Speicherung von Papierformularen und -bescheiden sowie Weiterleitung zur Freigabe und Ablage in zahlreichen, voneinander getrennten Arbeitsgängen durchgeführt. Heute sind die Abläufe mit allen erforderlichen IT-Systemen in der Arbeitsoberfläche der Sachbearbeiter integriert und können durchgängig bearbeitet werden.

Damit sind wesentliche Voraussetzungen erfüllt, daß IT die wirkungsvolle Infrastruktur der Servicemitarbeiter zur Unterstützung der Entscheidungsfindung und Kundenberatung bildet.

VII. Zusammenfassung: Service Management in den neunziger Jahren

Am Anfang der Ausführungen stand die Frage nach den Erfolgsfaktoren für die effiziente Serviceproduktion. Als Antworten wurden die strukturierte Erfassung der Kundenerwartungen, die Serviceproduktion, die innere Einstellung der Servicemitarbeiter und die Informationstechnologie genannt. Die Kernfrage dabei ist, wie das Management der Aufgabe gerecht wird, die vier Faktoren so zu kombinieren, daß für das anbietende Unternehmen ein Wettbewerbsvorteil entsteht. Viele große Unternehmen haben mit größtem Enthusiasmus Kunden befragt, Servicekonzepte entwickelt, Mitarbeiter im Qualitätsbewußtsein geschult und teure und moderne IT-Anwendungen entwickelt. Das hat in einigen Fällen zu exzellenten Ergebnissen geführt, in anderen Fällen haben die Kunden die Services gar nicht oder nur so zögernd angenommen, daß die Mitbewerber die Angebote bald kopiert hatten. Unabweisbar jedoch ist, daß die Ansprüche der Kunden nach höherwertigem Service in Zukunft noch wachsen werden. Mit höheren Ansprüchen werden die Unternehmen besser zuhören und die Servicequalität zu einer Kernleistung ihrer Tätigkeit erheben. Bis dahin ist es noch ein weiter Weg. Die Ergebnisse der Kundenzufriedenheitsmessung muß für Verbesserungen herangezogen werden. Beschwerdeprozesse müssen implementiert, die Kosten unzureichender Qualität und entgangener Umsätze als Kennziffern ermittelt und im Unternehmen veröffentlicht werden. Andererseits müssen gute Leistungen ebenfalls öffentlich ausgezeichnet werden, weil für zufriedene Kunden beim Service der Einsatz und die Verantwortung jedes einzelnen entscheidend ist.

Anmerkungen

1   Das wichtigste Berechnungsverfahren für die Conjoint Analyse stützt sich auf die sog. monotone Varianzanalyse und ist unter MONANOVA (Monotonic Analysis of Variance) bekannt geworden. Computerprogramme dafür liegen seit 1965 vor (vgl. Green/Tull 1982, S. 435).

2   Die Ritz-Carlton Hotelgruppe, die hier erwähnt ist, gewann als erste Hotelgruppe überhaupt den Malcolm Baldrige National Quality Award, den höchsten Preis für Kundenzufriedenheit und Qualität in den USA (vgl. Möhlmann/Rieker 1993, S. 193 ff.).

Summary

In many firms the narrow-track managerial view of customers as clients buying those goods of which the marketers are convinced they will use them - has begun to flounder. More informed and selective, the new breed of consumer demand concepts that fit with their values. As a consequence, firms must specialize in offering high quality, sophisticated core goods enhanced with efficient services. The first step to design a service that really satisfies customers is to evaluate consumers' needs. The article shows a structured way to effectively collect the requirements, to select them and to generate concepts that fit the customers' needs. The most important success factors - having an effect on service delivery - service organization, service personnel and information technology are assessed subsequently. Most of the time service is generated with the customer. Therefore the service activities must be planned and controlled in tandem with customer activities to create a value for the customer. Business process management is a structured approach to implement the service activity cycle. A method to combine several modular components into a cohesive solution is a successful way to provide satisfying results for customers. Motivated, skilled and experienced employees are the soft side of service generation. Value for customers comes from service personnel with a problem-solving empathy and a high commitment to service quality. Finally, information technology is key to meet the worldwide business opportunities with focused, correct and high-growth services. The combination of the four success factors must be organized by the management system to get an advantage over the competitors. The article was intended to show weaknesses of today's service generation and a starting point to add value to your organizations' service products.

Literaturverzeichnis

Berry, L.; Parasuraman, A.: Marketing Services, New York 1991

DIN Deutsches Institut für Normung e.V. (Hrsg.): DIN ISO 9004 Qualitätsmanagement und Elemente eines Qualitätssicherungssystems - Leitfaden, Berlin 1990

Donovan, J.: Business Re-Engineering with Technology. An Implementation Guide, Cambridge/Mass. 1993

Fries, S.: Neuorientierung der Qualitätskostenrechnung in prozeßorientierten TQM-Unternehmen - Entwurf eines ganzheitlichen Entwicklungsprozesses zur Auswahl der Prozeßmeßgrößen, Diss., Hallstadt 1994

Frisch, W.: Service-Management, Wiesbaden 1989

Green, P. E.; Tull, D. S.: Methoden und Techniken der Marketingforschung, Stuttgart 1982

Hammer, M.; Champy, J.: Reengineering the Corporation, New York 1993

Holst, J.: Prozeß-Management im Verwaltungsbereich der IBM Deutschland GmbH, in: Prozeßkosten-Management, hrsg. v. IFUA Horvath & Partner, München 1991, S. 271-290

Huber, R. L.: Als die Continental Bank ihre "Kronjuwelen" in fremde Hände gab, in: Harvard Business Manager, 15. Jg. (1993), H. 3, S. 83-91

Kano, N.; Seraku, T. F.: Attactive Quality and Must-be Quality Elements, in: Journal of Japanese Society for Quality Control, Vol. 14 (1984), No. 2, S. 17-35

Keen, P. G.: Informationstechnologie: der Weg in die Zukunft, Wien 1992

Kotler, Ph.; Bliemel, F.: Marketing-Management, 7. Aufl., Stuttgart 1992

Kucher, E.; Simon, H.: Conjoint-Measurement - Durchbruch bei der Preisentscheidung, in: Harvard Manager, 9. Jg. (1987), H. 3, S. 28-36

Levitt, Th.: Marketing intangible products and products intangibles, in: Harvard Business Review, Vol. 59 (1981), May/June, S. 95-102

Meyer, A.: Dienstleistungs-Marketing. Erkenntnisse und praktische Beispiele, 4. Aufl., Augsburg 1990

Möhlmann, B.; Rieker, J.: Die Millionenfehler, in: manager magazin, 23. Jg. (1993), H. 9, S. 193-205

Müller-Ettrich, G. (Hrsg.): Fachliche Modellierung von Informationssystemen - Methoden, Vorgehen, Werkzeuge, Bonn 1993

Pfeifer, Th.: Qualitätsmanagement, München/Wien 1993

Rapp, R.: Das Service Marketing Konzept, USW-Working Paper 41991, Schloß Gracht, Erftadt bei Köln 1991

Schweikl, H.: Computergestützte Präferenzanalyse mit individuell wichtigen Produktmerkmalen, Berlin 1985

Seidenschwarz, W.: Target Costing, Diss. München 1992

Stauss, B.: Dienstleistungsmarketing und Dienstleistungsmanagement, in: DBW, 52. Jg. (1992), S. 675-692

Vandermerwe, S.: From Tin Soldiers to Russian Dolls. Creating added Value through services, Oxford 1993

Produktionsplanung in Dienstleistungsunternehmen: Das neue Briefproduktionssystem der Deutschen Bundespost

Von Dr.-Ing. Günter W. Tumm, Bonn
und Dipl.-Ing. Jan-Hinrich Fischer, Frankfurt

I. Strukturwandel des Dienstleistungsunternehmens Deutsche Bundespost - POSTDIENST

Als größtes Dienstleistungsunternehmen Europas steht die Deutsche Bundespost vor der zentralen strategischen Aufgabe, sich völlig neu zu orientieren, um sich im zunehmenden europäischen Wettbewerb einen zukunftssicheren Platz zu erhalten. Ausgangspunkt ist die Verwirklichung einer leistungsfähigen Unternehmensorganisation, Ziel die Wettbewerbsfähigkeit ohne Monopole.

1. POSTDIENST als größter Dienstleistungsproduzent Europas

Im Gegensatz zu Privatunternehmen hat der POSTDIENST eine gesetzliche Verpflichtung zur Grundversorgung der Bevölkerung der Bundesrepublik Deutschland mit Post-Dienstleistungen. Diesen gesetzlichen Auftrag erfüllt die Deutsche Bundespost zur Zeit mit etwa 340.000 Mitarbeitern (davon gut 200.000 im Briefdienst) und ist damit personell größter Logistik-Dienstleister Europas.

Um die gesetzlichen Pflichten kompensieren zu können, z.B. einen Brief mit gleichen Serviceleistungen und zu gleichen Preisen auch im hintersten Winkel der Republik zuzustellen, gewährt der Gesetzgeber der Deutschen Bundespost bislang ein Monopol für die Zustellung von Briefen. Ziel ist es, die Post als Universaldienst zu erhalten und gleichzeitig den Postdienst vor gezieltem Wettbewerb in den lukrativen Teilsegmenten zu schützen.

Bevor nun in diesem Jahrzehnt die Monopolrechte im Liberalisierungsprozeß der Europäischen Union untergehen, will die Deutsche Bundespost ihre Behördenstrukturen abwerfen und sich in ein wirtschaftlich gesundes Unternehmen verwandeln. Dafür sollen die drei öffentlich-rechtlichen Unternehmen Telekom, Postdienst und Postbank in Aktiengesellschaften umgewandelt werden.

Die Konkurrenzfähigkeit ist dabei durch ein wirtschaftlich attraktives Leistungs- und Produktangebot zu sichern; die gebotenen Leistungen sollen sich dabei stets am Bedarf der Kunden orientieren. Aktuelle Umfragen ergaben, daß die große Mehrheit der Kunden Wert darauf legt, daß beim Postdienst keine Verluste und keine Beschädigungen der Sendungen auftreten, daß die Sendungen korrekt zugestellt werden und die Laufzeit-Qualität eingehalten wird. Dabei ist in punkto Qualität die Zuverlässigkeit (Erreichen des Empfängers am zweiten Tag nach der Einlieferung = E+2) wichtiger als die Schnelligkeit (Erreichen des Empfängers am ersten Tag nach der Einlieferung = E+1).

1993 wurden über 18 Milliarden Briefsendungen an mehr als 37 Millionen Haushalte und Firmen ausgeliefert.

Damit - nicht zuletzt auch durch das größer gewordene Versorgungsgebiet seit der deutschen Vereinigung - die Kosten nicht davonlaufen, wird die Deutsche Bundespost POSTDIENST im Briefbereich bis zum Jahr 2000 eine völlig neue Betriebsstruktur einführen müssen.

"Qualität steigern, Kosten senken" lautet die neue Devise des auf Kundenorientierung eingeschworenen Unternehmens. Aber geht denn das überhaupt? Läßt sich die Qualität der Dienstleistung steigern bei gleichzeitiger Kostensenkung?

2. Probleme einer Produktionsplanung im heutigen System

Die derzeitige "Produktion" im Bereich der Briefpost ist ein äußerst komplexes System (vgl. Abbildung 1), das von einer Vielzahl von Produkten mit den unterschiedlichsten Bearbeitungssystemen und Bearbeitungsstellen sowie einem geringen Technisierungsgrad geprägt ist. Durch zahlreiche Detailregelungen sowie lokale Spezialisierungen ist das heutige Betriebssystem sehr unübersichtlich, kostenaufwendig und anfällig. Die Strukturen der Briefsortierung sind über 30 Jahre alt. Auf seinem Weg vom Absender bis zum Empfänger wird jeder Brief heute bis zu zehnmal in die Hand genommen, an den meisten Stationen also manuell sortiert. Dezentrale oder regionale Planungseingriffe führen heute bestenfalls zu Anpassungen für die Aufrechterhaltung eines reibungslosen Betriebes, sind aber nicht in der Lage, das Gesamtsystem grundlegend zu verbessern.

Die in den letzten Jahren in den großen Briefabgangsämtern installierten Anlagen zur automatischen Anschriftenlesung und Sortierung werden derzeit nur für die abgehende Post verwendet, nicht aber für eingehende Briefe. Und sie sortieren dabei auf so viele Ziele, daß sich an den Zielorten (in den Eingangsämtern) der Einsatz automatischer Sortieranlagen nicht mehr lohnt. Da Abgangsämter und Eingangsämter im derzeitigen Betriebssystem funktional und räumlich getrennt und technisch unterschiedlich ausgestattet sind, werden sowohl die Sortiermaschinen der Abgangsstellen als auch die Gebäude beider Seiten im Tagesverlauf nur wenige Stunden genutzt. Das führt zu relativ hohen Betriebskosten und ist eine der Ursachen für den geringen Technisierungsgrad.

Da sich dieser Mangel des heutigen Systems nicht durch punktuelle oder lokale Änderungen beheben läßt, ist eine völlig neue Produktionsstruktur einzuführen.

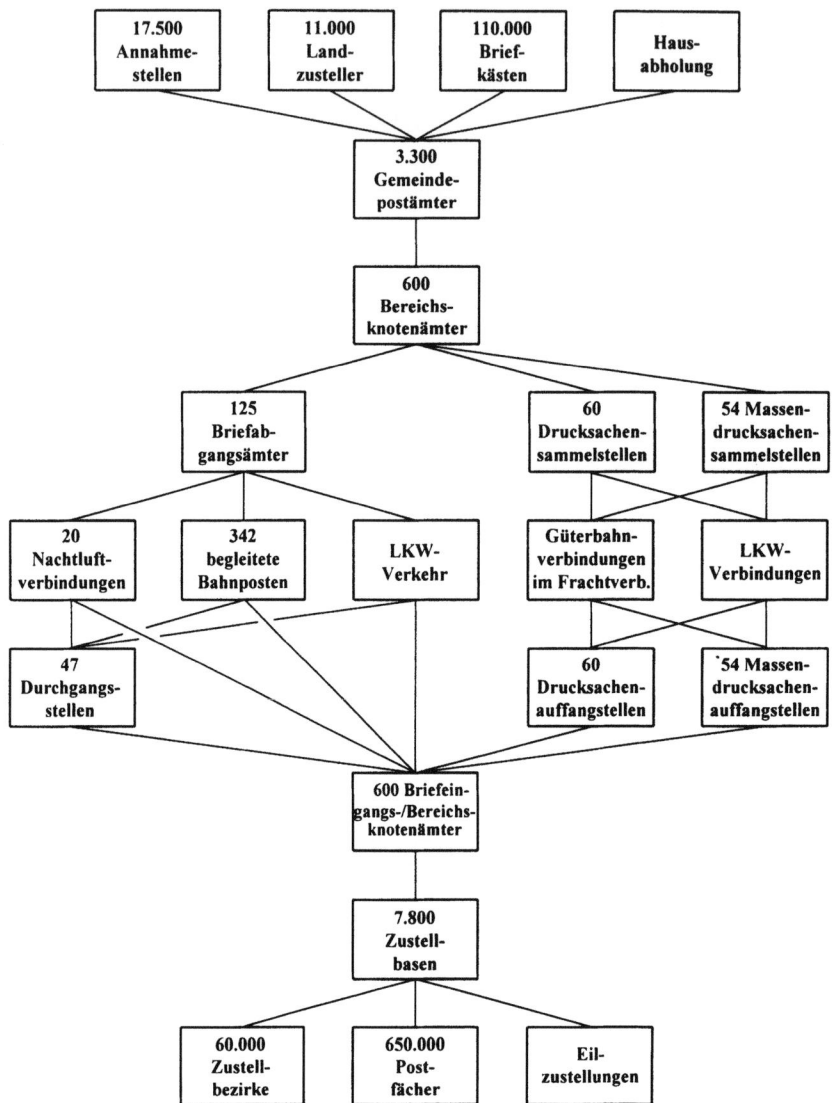

Abbildung 1: Heutige Netzstruktur im Brief- und Zeitungsdienst (alte Bundesländer)

3.   Neue Produktstruktur der Briefpost

Für einen rationellen und transparenten Betriebsablauf war es zwingend, zunächst die Vielzahl von Produkten im Briefdienst durch eine deutlich gestraffte, neugestaltete Produktpalette zu ersetzen. Dies geschah im Jahre 1993. An die Stelle der früher etwa 150 verschiedenen Möglichkeiten der Kombination von

Sendungsarten und Versendungsformen traten vier Basisprodukte (Standardbrief, Kompaktbrief, Großbrief und Maxibrief).

Neben dem großen Vorteil einer eindeutigen Zuordnung auf speziell geeignete Sortiermaschinen wurde hierdurch der gesamte Briefstrom leichter kontrollierbar und steuerbar. Entsprechend dem nun möglichen Automatisierungsgrad, der bei Standardbriefen am höchsten und bei Maxibriefen am geringsten ist, ging die Umstellung auf die vier Basisprodukte mit der Einführung einer einfachen und übersichtlichen Preisstruktur Hand in Hand, die sich an der tatsächlichen Kostensituation ausrichtet.

Angestrebt wird auf Dauer ein marktkonformes Preis-/Leistungsverhältnis. Hinsichtlich der Produktstruktur wird erwartet, daß sich der Anteil der Standard- und Kompaktbriefe bei über 80 Prozent, der Anteil der Großbriefe bei etwa 15 Prozent und der Anteil der Maxibriefe bei unter fünf Prozent einpendeln wird. Hinsichtlich der Bearbeitung der Sendungen soll die zukünftige Betriebsstruktur so ausgelegt sein, daß etwa 85 Prozent der Standard-/Kompaktbriefe maschinenfähig sind und die Leserate für die automatische Lesung dieser Produkte ebenfalls 85 Prozent beträgt - Basis für einen deutlich höheren Technisierungsgrad.

Neben der Standardlaufzeit E+1 (Zustellung eines Briefes am Tag nach der Einlieferung) gibt es für die vier Basisprodukte noch die jeweilige Infopost-Version, für die aufgrund von Kunden-Vorleistungen hinsichtlich Vorsortierung und Maschinenlesbarkeit sowie geringerer Laufzeitanforderungen (E+2/4) andere Tarife gelten.

Auch bei der E+1-Post können Großmengen-Einlieferer Rabatte unter anderem für Vorsortierungsarbeiten erhalten. Diese sind dadurch gerechtfertigt, daß aufgrund der Vorleistungen weniger Sortierstufen durchlaufen werden müssen.

Jüngstes Postprodukt ist seit Februar 1994 die ePost, bei der die Informationsübertragung auf elektronischem Wege bis in ein Briefzentrum in Kundennähe erfolgt und der Brief von dort in ausgedruckter Form zugestellt wird.

Hinsichtlich der Produktstruktur bereiten die Sendungen des internationalen Postverkehrs besondere Schwierigkeiten, da im Auslandsverkehr andere Format- und Gewichtsabgrenzungen gelten, Post ins Ausland nicht codiert werden darf und aus dem Ausland kommende Post oft nicht normgerecht und seltener maschinenlesbar beschriftet ist.

II. Dimensionen der Produktionsplanung der Briefpost bei der Deutschen Bundespost

Die Produktionsplanung im Dienstleistungs-Unternehmen POSTDIENST kann im wesentlichen nur in einem intelligenten Reagieren auf die Anforderungen des Marktes bestehen. Um in einigen Jahren über ein flexibles und effizientes Produktionssystem zu verfügen, wird ein Dreistufenkonzept realisiert:

– Phase 1: *Neuplanung der gesamten Betriebsstruktur,*
– Phase 2: *Implementierungsphase mit Anpassungsmaßnahmen,*
– Phase 3: *Einführung einer Produktionssteuerung*, d.h. der Produktionsplanung im engeren Sinn. Diese Phase überlappt zeitlich mit den ersten beiden, wobei mit zunehmender Implementierung der Betriebsstruktur auch die Steuerungsmöglichkeiten zunehmen.

Über allen drei Planungsphasen stehen zwei Ziele:

– Die *Verbesserung des Kundenservice.* D.h., ein noch höherer Anteil Briefe ist korrekt, unbeschädigt und unter Einhaltung der zugesagten Laufzeitvorgabe beim Kunden abzuliefern.
– Die *Kostenreduzierung*, um aufgrund wettbewerbskonformer Produktivitätsfortschritte eine marktgerechte Kostenentwicklung erreichen zu können.

1. Langfristige Produktionsplanung - Strukturplanung

Wie lassen sich Produktionsabläufe beim POSTDIENST besser planen und transparenter machen? Auf diese Frage antwortet das neue Produktionssystem mit der Formel A=E (Abgang = Eingang). Was heißt das? Es bedeutet, daß dieselben Räumlichkeiten und dieselben technischen Anlagen einmal abends beim Abgang und einmal morgens beim Eingang durchlaufen werden und so, im Gegensatz zu heute, zweimal pro Tag genutzt werden. Durch diese einfache Formel wird eine Reduktion von 19 vorhandenen Produktionssystemen auf zwei erreicht.

Damit kann die Anzahl der Sortierprozesse, der Umschlagsvorgänge und der Transportvorgänge minimiert und stärker automatisiert werden. Durch die Einfachheit der neuen Struktur werden Fehlerquellen verringert und die Produktion beschleunigt. Aufgrund der doppelten täglichen Nutzung werden die teuren Lese- und Sortieranlagen besser ausgelastet, so daß insgesamt eine bessere Qualität zu geringeren Kosten erreicht werden kann.

Grundvoraussetzung für das Funktionieren ist ein eindeutiger und einheitlicher Materialfluß, der sich verläßlich planen und steuern läßt. Die sukzessive Inbetriebnahme des neuen Produktionssystems soll bis zum Ende dieses Jahrzehnts erfolgen. Bei der Komplexität und Dimension der Aufgabe steckt dieser Zeitrahmen ein ehrgeiziges Ziel.

1.1 Voraussetzungen für die neue Struktur

Damit das neue Produktionssystem mit dem beabsichtigten hohen Automatisierungsgrad betrieben werden kann, sind einige Voraussetzungen unabdingbar. Die *Produktstruktur* wurde durch die Einführung der Basisprodukte bereits 1993 gestrafft (erste Voraussetzung). Die neuen *fünfstelligen Postleitzahlen* wurden Mitte 1993 eingeführt (zweite Voraussetzung). Die ersten beiden Ziffern sind regionale Angaben, markieren die sog. Leitregion, und werden für die Abgangsbearbeitung benötigt. Anhand der dritten bis fünften Ziffer findet im Briefzentrum des Zielgebietes die Eingangssortierung auf Zustellbezirksgruppen, Postfachschränke oder Großkunden statt. Die Verteilung auf die einzelnen Zusteller erfolgt manuell. Ausnahme: Bei den maschinenlesbaren Standard- und Kompaktbriefen kann in Verbindung mit einer Lesung der vollständigen Straßenanschrift und Hausnummer die Sortierung bis auf den einzelnen Briefträger erfolgen.

Damit ist die neue Postleitzahl auch ein wesentlicher Baustein zur Erhöhung der Qualität im Sinne einer rationelleren und schnelleren Postzustellung. Heute, nach einem halben Jahr Gültigkeit der neuen Postleitzahlen, ist bereits eine so hohe Akzeptanz erreicht, daß 97 Prozent aller Sendungen die neuen Leitzahlen tragen. Jede Erhöhung dieser Quote hilft, die durchschnittliche Laufzeit und die Kosten weiter zu senken.

Die dritte Voraussetzung für die neue Struktur ist die Einführung eines *einheitlichen Transportbehältersystems*.

Durch die Einführung eines modularen - aus drei Behältergrößen bestehenden - Behälterkonzeptes werden die bisherigen Bunde und Beutel weitgehend abgelöst und die Umschlags- und Sortiervorgänge durch die Vereinheitlichung (Normierung) automatisierbar gemacht. Die eindeutige Zuordnung der Produkte zu Behältertypen (Standard-/Kompaktbrief in Behältergröße 1, Großbrief in Behältergröße 2 und Maxibrief in Behältergröße 3) vereinfacht darüber hinaus den Materialfluß. Die Behälter erlauben eine ergonomisch günstigere Arbeitsplatzgestaltung und erhöhen den Schutz der Sendungen vor Beschädigungen.

Die vierte Voraussetzung für ein wettbewerbsfähiges Produktionssystem ist die Errichtung *einheitlicher Betriebsstätten* in modularer Industriebauweise, die fünfte ein neues *Transportsystem*, worauf in den nächsten Abschnitten eingegangen werden soll.

1.2   Briefzentren-Modellkonzept

Kernelement des neuen Produktionssystems für die Briefpost sind die Briefzentren (BZ). In ihnen findet sowohl die Abgangsbearbeitung für den gesamten Einzugsbereich des BZ (= BZA), als auch die Eingangsbearbeitung für den gesamten Versorgungsbereich des BZ (= BZE) statt.

Der Zuschnitt der Einzugs- und Versorgungsbereiche der Briefzentren stimmt mit den Postleitzahlregionen überein, wobei eine BZ-Region jeweils eine oder zwei Leitregionen umfaßt. In Abbildung 2 ist die Einbindung der Briefzentren in den Materialfluß vom Absender bis zum Empfänger dargestellt.

In der Entwicklungsphase des Modellkonzeptes untersuchte der POSTDIENST die funktionale Arbeitsteilung zwischen den abends im Abgang und später morgens im Eingang zu erbringenden Sortiertiefen.

Es stellte sich heraus, daß sowohl das Leistungs- als auch das Kostenoptimum in der Arbeitsteilung der Sortierfunktionen des BZA und des BZE liegt: Es kommt zu einer maximalen Auslastung aller Maschinen über einen größtmöglichen Zeitraum. Es erfolgt eine gleichgewichtige Nutzung, und es wird ein transport-optimaler Vorsortierungsgrad im BZA-Betrieb erreicht.

Die Anzahl und die geographische Lage der künftigen Briefzentren wurde über eine Simulationsrechnung ermittelt. Diesem mathematischen Modell lagen die Sendungsmengen, die Quellen und Senken, die Entfernungen, die Zeitrelationen sowie die Kosten für die einzelnen Bearbeitungsstufen zugrunde. Dabei wurden für die Auslegung des Gesamtsystems die Sendungsmengen mit einem Prognosefaktor für die Verkehrsentwicklung und einem Saisonfaktor für die Abdeckung von Verkehrsspitzen multipliziert.

Unter Berücksichtigung der Simulationsergebnisse und aller denkbaren Rahmenbedingungen wurde die Zahl der Bearbeitungszentren auf 83 festgelegt und ihre regionale Zuordnung getroffen.

Da die Einzugs- und Versorgungsbereiche im wesentlichen durch die zeitliche Erreichbarkeit der Zustellung definiert wurden, konnte für die Briefzentren ein

Schema von Größenklassen entwickelt werden, aus dem dann die zutreffende Größe entsprechend dem Bedarf jeder Region gewählt wurde.

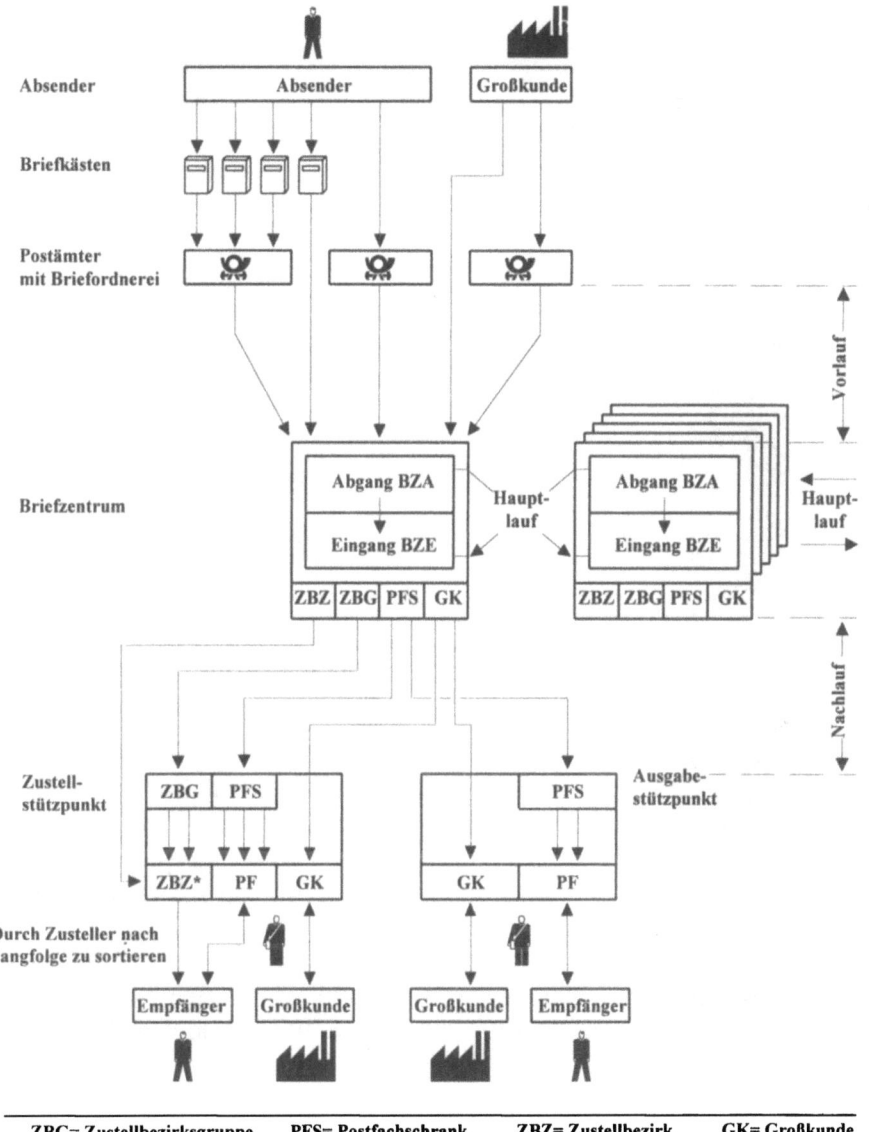

ZBG= Zustellbezirksgruppe   PFS= Postfachschrank   ZBZ= Zustellbezirk   GK= Großkunde

Abbildung 2: Briefzentren-Modellkonzept

Als Kenngröße für die Festlegung der Briefzentrenklasse gilt die maximale Anzahl der für die Abgangs- oder Eingangsbearbeitung aufkommenden Standard- und Kompaktbriefe, die an einem Tag durchzusetzen sind. Darüber hinaus ist zu berücksichtigen, wieviel Großbriefe, Maxibriefe, Pressepost und Infopost anfallen werden. Und nicht zuletzt muß das einzelne Briefzentrum sowohl für die abgehende als auch für die eingehende Post richtig dimensioniert sein. Jeder Brief - mit Ausnahme der Info- und der Pressepost - durchläuft ja zwei Briefzentren: das erste beim Einliefern, das zweite beim Ausliefern. (Sofern die Auslieferung im eigenen Einzugsbereich stattfindet, durchläuft der Brief zweimal das gleiche BZ.) Um die Betriebsabläufe und Betriebsstätten weitestgehend zu standardisieren, wurden nur fünf BZ-Größen festgelegt, die nach "Konfektionsgrößen" benannt sind:

BZ-Größen- klasse	Standard- und Kompaktbriefe/Tag	Gesamtzahl Sendungen/Tag
S	bis zu 250.000	bis zu 750.000
M	bis zu 500.000	bis zu 1.500.000
L	bis zu 750.000	bis zu 2.250.000
XL	bis zu 1.000.000	bis zu 3.000.000
XXL	mehr als 1.000.000	bis zu 4.500.000

Für die Bearbeitung von täglich über 60 Millionen Sendungen ist der Einsatz von über 300 Anschriftenlese- und Videocodieranlagen sowie 500 Briefsortieranlagen mit über 120.000 Endstellen vorgesehen. Dabei weisen die Sortieranlagen für Standard- und Kompaktbriefe den höchsten Feinheitsgrad und Automatisierungsgrad auf, wobei der Anteil der automatisch gelesenen und sortierten Briefe gegenüber heute um den Faktor 3 bis 4 steigen wird.

Im Bereich der Großbriefe und Maxibriefe wird die BZE-Sortierung auf Gruppen von Zustellbezirken durchgeführt, da hier das Aufkommen je Zusteller eine höhere Feinsortierung nicht rechtfertigt und die Transportkosten im Nachlauf unverhältnismäßig hoch ansteigen würden.

Die konzeptbedingte Konzentration der Bearbeitungsstellen auf nur 83 Zentren mit der jeweiligen Doppelfunktion der Eingangs- und Ausgangssortierung macht den hohen Investitionsbedarf aufgrund der hohen Technisierung sehr wirtschaftlich. Hinzukommt noch, daß zeitversetzt zu den Individualbriefen (Sendungen mit E+1) die Infopost und die Pressepost (Sendungen mit E+x) auf den gleichen Anlagen bearbeitet werden.

Anzumerken ist noch, daß durch den Maschineneinsatz jede Standardsendung nur einmal gelesen werden muß und der hierbei aufgebrachte Code für alle weiteren Sortiervorgänge Verwendung findet.

Die Größenordnung der Kosteneinsparung durch die Automatisierung im Standardbriefbereich kann etwa dadurch umrissen werden, daß ein handsortierter Brief mehr als die dreifachen Kosten eines automatisch sortierten Briefes verursacht.

Im Sinne der Minimierung der Investitionen und der maximalen Anlagenauslastung werden bei den kleineren Briefzentren in der Eingangssortierung zwei unterschiedliche Sortierprogramme, d.h. Zielbelegungen, zum Einsatz kommen. Dadurch wird auch bei geringeren Verkehrsmengen und Sortierzielen ein Feinsortiergrad bis zum Zusteller hinunter ermöglicht. In den großen Briefzentren wird parallel gearbeitet, d.h., daß z.B. jeder Zusteller während der gesamten Sortierlaufzeit über eine Sortier-Endstelle verfügt.

Da die Briefzentren während der ganzen Woche nahezu rund um die Uhr in Betrieb sein werden, ist ein strenges Zeitmanagement erforderlich. Ab etwa 15.00 Uhr beginnt der Zustrom der Sendungen aus der Briefkastenleerung und der Abholung bei Großkunden und erreicht sein Maximum etwa eine Stunde nach Schließung der Postämter gegen 19.00 Uhr.

Da die Abgangssortierung gegen 21.00 Uhr beendet sein muß, ergibt sich je nach Standort und BZ-Größenklasse ein Sortierbedarf von 18 - 25 Prozent der Tages-Gesamtmenge je Spitzenstunde. Beeinflußbar im Sinne einer aktiven Planung ist diese Zulaufkurve lediglich durch das Angebot einer vorzeitigen Abholung bei Großkunden.

Ist die Abgangssortierung abgeschlossen, beginnt nach einer kurzen Umstellpause (Software-Wechsel) die Verwandlung des BZA in ein BZE. Die BZE-Funktion startet zunächst mit der Feinsortierung der aus dem eigenen Einzugsbereich kommenden Sendungen, woran sich im Laufe der Nacht die Sortierung der eingehenden Sendungen aus den näher gelegenen, den ferner gelegenen und schließlich über das Nachtluftpostnetz herangebrachten Sendungen anschließt.

Sortierschluß ist morgens um 6.00 Uhr, damit der Transport zu den Zustellstützpunkten pünktlich um 6.30 Uhr beginnen kann. Großkunden erhalten dann ihre Sendungen über die Postfächer zwischen 7.00 und 7.30 Uhr, die Privatkunden etwas später im Laufe des Tages.

Und was geschieht im Briefzentrum zwischen 06.00 Uhr (Sortierschluß BZE) und 15.00 Uhr (Sortieranfang BZA)? Im BZ-Betrieb wird nach einer etwa zweistündigen Wartungs- und Umstellungspause am Vormittag die eingehende Info-post und die Pressepost sortiert, die am nächsten Morgen zur Zustellung gelangen soll. Nachmittags zwischen 14.00 und 15.00 Uhr wird wieder auf Abgangs-sortierung umgestellt, wodurch sich der Tageskreislauf schließt.

Zur Realisierung des neuen Produktionssystems für die Briefpost ist eine Investi-tionssumme von rd. vier Milliarden Mark veranschlagt. Bei einer erwarteten jährlichen Kosteneinsparung von 1,8 Milliarden Mark erweist sich das Gesamt-projekt als ausgesprochen wirtschaftlich.

1.3   Briefzentren als multifunktionale Knotenpunkte

Die 83 Briefzentren spielen im neuen Produktionssystem für die Briefpost eine zentrale Rolle. Funktional lassen sie sich in den Bereich der Briefsortierung (den eigentlichen Produktionsbereich) und den Bereich der Behältersortierung mit an-grenzender Versandbereitstellung untergliedern. Zur Vereinfachung der Pla-nungs- und Realisierungsphasen werden nur die erwähnten fünf Größenklassen zugelassen und diese darüber hinaus modular aufgebaut und standardisiert. Die Baukörper werden eingeschossig und in Industriebauweise erstellt. Zur Verbesse-rung der Arbeitsplatz-Qualität sollen möglichst viele Fenster und Lichtbänder im Deckenbereich eingesetzt werden.

Hinsichtlich der Betriebsorganisation unterscheidet der POSTDIENST zwei Briefzentren-Typen:

– *Durchlauf-orientierte* Briefzentren für die kleineren Größenklassen S, M und L und
– *Umlauf-orientierte* Briefzentren für die Größenklassen XL und XXL.

Die kleineren Briefzentren sind durchlauf-orientiert, damit Materialflußkreuzun-gen bei manuellen Hüllwagenbewegungen vermieden werden, die innerbetriebli-chen Wegstrecken durch Längsaufstellung der Sortieranlagen kürzer werden und größere Bereitstellungspuffer bei dem vorgesehenen Einsatz serieller Maschinen-belegungsprogramme Platz haben (vgl. Abbildung 3).

Die größeren BZ sind umlauf-orientiert, um Platz zu sparen: Das gewählte Layout führt zu einer Halbierung von Hofflächen und Straßenlandschaft. Auch können so die investitionsaufwendigen Toranlagen täglich viermal genutzt wer-den (vgl. Abbildung 4). Da die umfangreichen Behälterströme in größeren BZs ohnehin nur mit Hilfe von Behälterfördertechnik zu bewältigen sind, werden layoutbedingte Materialflußkreuzungen auf verschiedenen Förderebenen abge-wickelt.

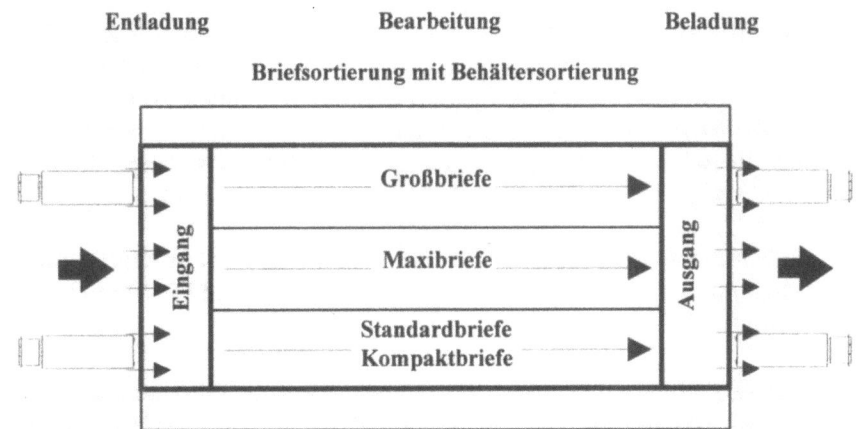

Abbildung 3: Durchlauf-orientiertes Briefzentrum

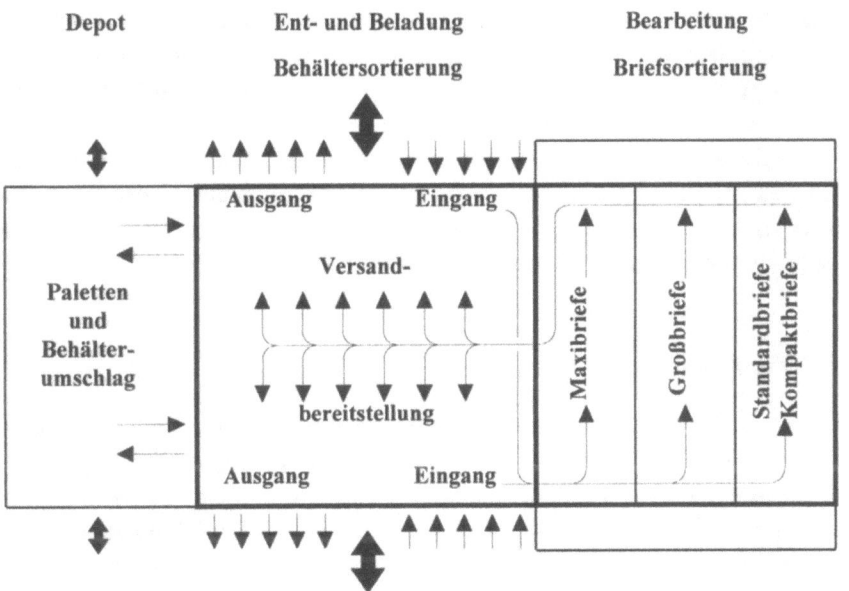

Abbildung 4: Umlauf-orientiertes Briefzentrum

Um überschaubare Sendungsdurchflüsse zu erzielen, werden in den Briefzentren drei Hauptbearbeitungsmodule eingerichtet:

–　*Das Standard- und Kompaktbriefmodul* besteht aus Anschriftenleseberei-chen, Videocodierbereichen, gegebenenfalls einer integrierten Anschriftenle-se- und Videocodiermaschine sowie aus Feinsortierbereichen für die Sortie-rung auf ausgehende Behälter des Typs 1.

- *Das Großbriefmodul* ist mit einem integrierten Anschriften-Lesebereich sowie manuellen Codierplätzen ausgestattet, wobei die Großbriefsortieranlage unmittelbar in den Ausgangsbehälter (Behältertyp 2) hineinsortiert.
- *Das Maxibriefmodul* wird in Form eines Sorters realisiert, dessen Endstellen sowohl in Behälter vom Typ 3 als auch in Nachtluftpostbeutel für Sendungen, die in das Nachtluftpostnetz fließen, einsortiert werden können.

An Nebenbearbeitungsmodulen sind in den Briefzentren die Briefordnerei, eine Massenannahmestelle sowie je eine Wertbrief-, Eilbrief- und Einschreibbriefstelle eingerichtet.

Der modulare Aufbau erleichtert eine problemlose Anpassung an die tatsächlichen örtlichen Verhältnisse. Nach dem Durchlaufen der Briefsortierungsbereiche sind die Behälter auf Touren zu sortieren.

Zur optimalen Nutzung der Tourenausgangssortieranlagen in den großen BZ werden an neun der achtzehn größten Briefzentren (XL und XXL) Depots angebaut, die als zentrale Umschlagstellen für das EXPress-Logistiknetz fungieren, mit dem die Infopost und die Pressepost transportiert wird. Für diesen Bereich sind mit den Großeinlieferern Vereinbarungen über entsprechende Vorsortierungen und Codierungen zu treffen, die zu einem Sortiervolumen führen, das sich - in Behälter umgesetzt - in dem für die Bearbeitung von Infopost und Pressepost zur Verfügung stehenden Vormittags-Zeitfenster abwickeln läßt.

1.4   Transportmodell

Derzeit sind rund 44.000 große und kleine Straßenfahrzeuge, 1.600 Bahnpost- und Güterwagen und 24 Flugzeuge unterwegs, um den täglichen Sendungsstrom zu transportieren. Durch die zukünftige Betriebsstruktur, bei der jede Sendung im Normalfall nur noch 3,2 mal transportiert wird, nämlich in der Kastenleerung (ca. 20% der Menge), im Vorlauf von den Postämtern zum BZA, im Hauptlauf vom BZA zum BZE und im Nachlauf vom BZE zum Zustellstützpunkt, wird die Anzahl täglich erforderlicher Transportfahrten drastisch verkleinert. Allein im Fernverkehr kann die Zahl täglicher Transportfahrten von etwa 150.000 auf etwa ein Drittel reduziert werden. Die Entscheidung, hundert Prozent der Post in drei normierten Behältertypen zu transportieren, führt - da nicht immer alle Behälter voll gefüllt sein können - zu einem Mehrbedarf an Transportvolumen. Er wird durch betriebliche Vorteile in der stationären Bearbeitung kompensiert, so daß insgesamt eine deutliche Betriebskostenreduzierung eintritt.

Zur Realisierung des neuen Briefkonzeptes gehört auch eine neue Transportlogistik. Zukünftig wird es drei Transportsysteme mit unterschiedlichen Anforderungen geben:

- Briefe und regionale Tageszeitungen mit dem Qualitätsstandard E+1 werden mit dem Regelnetz transportiert.
- Für den Transport der Infopost und der Pressepost mit dem Qualitätsstandard E+2/4 wird ein separates Transportnetz, das *EXPress-Logistiknetz*, eingerichtet.
- Für die Beförderung der überregionalen Tageszeitungen mit Zustellung am Erscheinungstag stellt der Postdienst das *Schnelläufernetz* bereit.

Im Vorlauf und im Nachlauf sind in erster Linie Direktfahrten zum Briefabgangszentrum (BZA) bzw. vom Briefeingangszentrum (BZE) einzurichten, die im Durchschnitt drei bis fünf Annahmestellen entsorgen bzw. drei bis fünf Zustell- oder Ausgabestützpunkte versorgen. Sofern es aus Gründen der Zeitersparnis möglich sein sollte, können die Fahrten auch zu bestimmten Transportknoten zusammengefaßt und die Ver- und Entsorgung dieser Transportknoten dann mittels Sammelfahrten durchgeführt werden.

Für den Hauptlauf (vgl. Abbildung 5) ist ein optimaler Mix aus Luft-, LKW- und Bahntransporten zu finden.

Im Nah- und mittleren Fernbereich wird dabei grundsätzlich der LKW zum Einsatz kommen, da im direkten Transport von den Briefabgangszentren zu den Briefeingangszentren ohne zusätzliche Umschlagsvorgänge der größte Zeitgewinn liegt, Sortierfehler bei einer möglichen Unterwegsbearbeitung vermieden werden und die einfachsten Korrespondenzmöglichkeiten zwischen benachbarten BZ gegeben sind.

Begünstigt wird das Transportmittel LKW durch die neuen, vorzugsweise in der Nähe von Autobahnzufahrten gelegenen Standorte.

Im Regelnetz wird die Bahn gar nicht oder nur sehr vereinzelt zum Einsatz kommen können, da die Güterzugverbindungen zu langsam sind, nicht in dem im Postzeitfenster erforderlichen Zeitraum verfügbar sind und für komplette Expreßzüge das Postvolumen je Transportrelation viel zu gering ist.

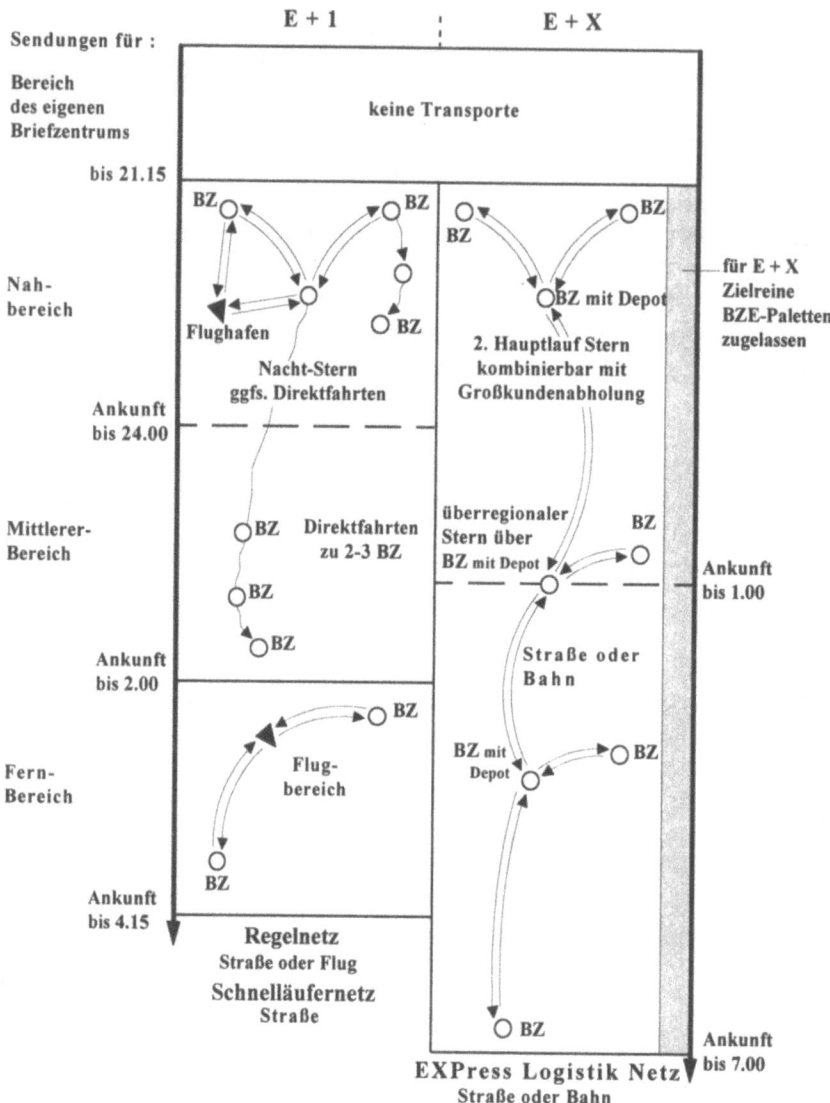

Abbildung 5: Transportmodell für den Hauptlauf

Für den Hauptlauf zwischen weit auseinander gelegenen Briefzentren bleibt bei einer maximal zur Verfügung stehenden Transportzeit von sechs Stunden ohnehin nur der Transport per Flugzeug. So werden auch in Zukunft etwa 20 Prozent aller Sendungen über das Nachtflugpostnetz transportiert, das in den letzten 32 Jahren stetig ausgebaut wurde. Hierbei kommen zur Zeit Passagierflugzeuge zum Einsatz, in denen die Post zum Teil containerisiert in den Laderäumen und zum Teil in Spezialschonbezügen auf den Sitzreihen transportiert wird.

Das nächtliche Lufttransportvolumen des Briefpostdienstes beträgt derzeit rund 400 Tonnen. Neben einigen Direktflügen wird der größte Teil der Post über den Nachtluftpoststern des Frankfurter Flughafens umgeschlagen, zu dem zwischen Mitternacht und ein Uhr elf Flugzeuge von allen anderen deutschen Flughäfen Post bringen und die zwischenzeitlich umsortierten Postbeutel und -behälter für ihr Zielgebiet wieder mitnehmen.

Um den Flughafen Frankfurt zu entlasten, wird etwa 20 Prozent dieses Verkehres neuerdings über den "Sachsenstern" in Leipzig abgewickelt.

Im Rahmen des EXPress-Logistiknetzes werden Großeinlieferungsmengen unmittelbar beim Kunden abgeholt und kostenoptimal möglichst direkt zum entsprechenden Briefeingangszentrum befördert, das die weitere Aufteilung bzw. Sortierung der Sendungen vornimmt. Die Auslieferung zu den Zustellstützpunkten erfolgt entweder mit der Nachlauffahrt des Regelnetzes am nächsten Morgen oder mit den Fahrzeugen, die die abgehende Post bei den Postämtern einsammeln.

Alle Transportplanungen müssen darauf ausgerichtet sein, Synergieeffekte zwischen dem Regelnetz und dem EXPress-Logistiknetz, soweit sie vom Zeitfenster her kompatibel sind, zu berücksichtigen. Gleichzeitig ist mit Hilfe der Tourenplanung aber auch ein möglichst kontinuierlicher Zufluß zu den Briefzentren zu gewährleisten, um eine durchgängige Auslastung der Sortieranlagen sicherzustellen.

Da die überregionalen Tageszeitungen erst sehr spät der Post übergeben werden, erfolgt ihr Transport über das Schnelläufernetz. Dabei werden die Tageszeitungen bei den Druckereien abgeholt und dem Briefeingangszentrum im Zielgebiet übergeben, noch bevor die Sendungen des Nachtluftpostnetzes dort eintreffen.

1.5   Ergebnis der Produktions-Strukturplanung

Im Jahr 2000 wird der POSTDIENST für die Abwicklung der Briefpost über ein neues Produktionssystem verfügen, das mit Hilfe von 83 - in funktionaler Industriebauweise auf der "grünen Wiese" errichteten - Briefzentren, die rund um die Uhr in Betrieb sein werden, seine Dienstleistungsfunktion in einem günstigen Kosten-/Nutzenverhältnis erfüllen kann. Mit dem neuen Produktionssystem wird der POSTDIENST den Anforderungen und Ansprüchen seiner Kunden gerecht und kann dem zu erwartenden Verlust seiner Monopolstellung gelassener entgegensehen.

2.   Mittelfristige Produktionsplanung - Modulare Struktur-anpassungen

Die neue Betriebsstruktur wird für Zehntausende von Beschäftigten innerhalb eines Zeitraumes von sieben Jahren zu neuen Arbeitsabläufen führen. Während der Realisierungszeit werden sich viele Parameter verändern. Beim Briefzentren-Modellkonzept wurde deshalb auf Modularität großer Wert gelegt.

Speziell bei den großen Briefzentren wurden Hallenraster definiert, in denen sich im Gegensatz zum "Standard-Anlagenmix" eines Standard-Briefzentrums andere Anlagenkonfigurationen errichten lassen. Dies ist wegen einer unterschiedlichen Aufkommensrelation zwischen den vier Basisformaten je Standort auch bei ansonsten gleicher BZ-Größenklasse erforderlich. Aufgrund der unterschiedlichen Lage der Briefzentren in ländlichen oder stadtnahen Gegenden ist auch eine unterschiedliche Ankunftsverteilung je Standort vom Vorlauf her zu erwarten, was den Leistungswert für den Durchsatz in Spitzenstunden beeinflussen wird.

Alle genannten Werte können sich während der Realisierungsdauer des Projektes gegenüber der Ausgangssituation verändern.

Neben der Unsicherheit der langfristigen Briefmengen-Vorhersage kann der Bau neuer Ortschaften oder die Umsiedlung zentraler Behörden mehr oder weniger deutliche Veränderungen in der Struktur herbeiführen.

Auch der Verladebereich ist speziell bei den großen Briefzentren modular aufgebaut. So bietet ein zusätzliches Hallenraster Platz für vier weitere Verladetore mit den dahinterliegenden entsprechenden Aufstell- und Sortierflächen.

Stadtnahe Briefzentren versorgen weniger, aber dafür größere Zustellstützpunkte als gleich große Briefzentren in ländlichen Gegenden, die eine andere Tourenstruktur aufweisen. Sind darüber hinaus die Zustellstützpunkte als Nachlaufziele rund um die Uhr besetzt und kann der Abtransport dorthin im Pendelverkehr erfolgen, werden weniger Tourenbereitstellungsflächen benötigt. Auf jeden Fall bleibt während der Beladevorgänge gegen 21.30 Uhr und gegen 6.30 Uhr keine Zeit zur Behälter- oder Hüllwagen-Sortierung, so daß hier Bereitstellflächen für die kontinuierliche Sortierung während des Briefsortierbetriebes erforderlich sind.

Im Rahmen der mittelfristigen Produktionsplanung sind Anpassungen und Verfeinerungen des Grundkonzepts vorzunehmen, die den Kundenservice weiter verbessern und die Betriebskosten weiter senken helfen:

- Hier wäre z.B. an eine Veränderung der Relation zwischen den Luft- und Landtransporten zu denken.
- Auch könnte durch verschiedene Maßnahmen der Kundenbeeinflussung eine Erhöhung der Maschinenlesbarkeit erreicht werden. Gerade auf diesem Gebiet gibt es in absehbarer Zukunft leistungsfähige Erkennungssysteme, die sowohl handgeschriebene als auch sonstige, bisher nicht lesbare Anschriften mit hoher Sicherheit lesen können.
- Um darüber hinaus die manuell noch zu codierenden Sendungen auf die gleiche Sortiertiefe zu bringen wie die automatisch gelesenen Briefe, wird das Remote-Video-Codier-Verfahren einzusetzen sein. Damit ist dann auch die Basis geschaffen, eine automatische Gangfolgesortierung aufzubauen. Das Konzept läßt diese sowohl technischen als auch ablauforganisatorischen Erweiterungen zu.

Die mittelfristige Produktionsplanung wird also darin bestehen, das neue System zu perfektionieren und kostenmäßig weiter zu optimieren.

3. Kurzfristige Produktionssteuerung - Produktionsplanung im engeren Sinne

Wenn man den schnellen und sicheren Transport eines Briefes vom Absender zum Empfänger als *Produktion* im Gesamtbereich Briefdienst ansieht, lassen sich die einzelnen Teilbereiche in sehr unterschiedlichem Maße planen und steuern.

Von den Kosten eines Standardbriefes entfallen beispielsweise nur etwa zehn Prozent auf den Transport, aber 35 Prozent auf die stationäre Bearbeitung und 55 Prozent auf die Briefträger. Während sich die Zustellung nur im Rahmen mittelfristiger Planungen verändern läßt (z.B. durch Einführung von Gruppenarbeitsmodellen), können sowohl die stationäre Bearbeitung als auch der Transport als kurzfristig steuerbar angesehen werden. Betriebliche Störungen resultieren zu 30 Prozent aus Verspätungen und Auslastungsproblemen im Transportbereich, zu 20 Prozent aus Kapazitätsengpässen infolge erhöhten Sendungsaufkommens, zu 12 Prozent aus Mängeln bei der Zuführung zu den Bearbeitungsstellen; weitere 11 Prozent der Störungen werden durch Personal- und 7 Prozent durch Technikausfälle verursacht. Die verbleibenden 20 Prozent beruhen auf einer Vielzahl unterschiedlicher - teilweise ortsspezifischer - Ursachen. Die Zahlen lassen ermessen, in welchem Maß sich die Qualität bei einer Reduzierung der jeweiligen Störquellen durch eine kurzfristige Produktionsplanung und Steuerung verbessern lassen.

Im Gegensatz zu den heutigen, im wesentlichen einseitig von "unten" nach "oben", also vom Betrieb zur Verwaltung ausgerichteten Informationssystemen zur Bereitstellung administrativer Daten bietet das neue Produktionssystem die Möglichkeit zur Einführung eines Steuerungssystems mit kurzfristiger Reaktionszeit. Während heute aufgrund der Komplexität und Unübersichtlichkeit des Gesamtsystems die Datenerhebung und -aufbereitung nur eine mittelfristige Reaktion in Form von Personalbemessungswerten oder Ausbauplanungen ermöglicht, erlaubt die neue "schlanke" Produktionsstruktur ein unmittelbares Abgreifen wichtiger Steuerungsdaten, aus denen kurzfristig Rückschlüsse für Personaleinsatz und Transportkapazitäten getroffen werden können.

Beispiel: Durch die Standardisierung jedes Transportvolumens (aufgrund des Einsatzes standardisierter Behälter) sind an jeder Bearbeitungsstelle nur noch Angaben über die Anzahl abgesandter Behälter - unterteilt nach Behältertypen - dem jeweils nachfolgenden Bearbeitungsbetrieb weiterzuleiten. Aufgrund dieser kurzfristig verfügbaren Werte lassen sich schnelle Anpassungen einer Transportsteuerung durchführen.

Auch könnten laufend der Auslastungsgrad der Nachtluftpostflüge ermittelt und ad hoc Entscheidungen für Flug- oder LKW-Transport im Bereich des Ferntransportes getroffen werden.

Eine Ankunftsmengen-Voranmeldung der auf jedes Briefeingangszentrum zulaufenden Behältermenge könnte bereits abends gegen 21.30 Uhr im Extremfall sogar zu einer Personalaushilfensteuerung in der Nacht verwendet werden.

Bei einer hohen Unpaarigkeit der Sendungsaufkommen, zum Beispiel bei sehr viel größeren Abgangs- als Eingangsmengen an einzelnen Briefzentrums-Standorten, kann das zukünftige Steuerungssystem Vorschläge machen, wohin überschüssige Leerbehälter zu transportieren sind und wo Leerbehälter als Reservepuffer bereitgehalten werden sollen.

Die kurzfristige Produktionssteuerung und -planung, mit deren Verwirklichung der POSTDIENST bereits jetzt - parallel zur Inbetriebnahme der ersten Briefzentren - in Form des sog. Informationssystems Brief (ISB) beginnt, wird erst dann ihre volle Wirkung entfalten können, wenn das neue Produktionssystem für die Briefpost vollständig eingeführt ist. Als Bindeglied zwischen Zustellung, Niederlassungen (Postämter), Briefzentren und Transportsystemen wird es wesentlich dazu beitragen, die Produktion der Briefpost planbar zu machen. Dies wird gleichermaßen die Servicequalität erhöhen und die Betriebskosten senken.

III. Zusammenfassung

Bei der Deutschen Bundespost - POSTDIENST, dem mit 340.000 Mitarbeitern größten Dienstleistungsunternehmen in Europa, ist eine Produktionsplanung im engeren Sinne aufgrund der seit dreißig Jahren gewachsenen Strukturen derzeit nur schwer möglich.

In einem ehrgeizigen Siebenjahresprojekt wird mit Ausgaben von etwa vier Milliarden Mark eine neue Betriebsstruktur eingeführt, die unter dem Motto "Qualität steigern und Kosten senken" die Basis für eine kurzfristige Produktionsplanung bieten wird.

Unter dem Begriff "Produktionsplanung" versteht die Deutsche Bundespost - POSTDIENST zunächst die strategische Konzeptionsfindung und die Realisierung der neuen Produktionsstruktur. Mit Hilfe von 83 neu zu errichtenden Briefzentren, die erstmals für den Briefeingang und -ausgang dieselben voll automatisierten technischen Equipments nutzen (Formel A=E), führt diese neue Betriebsstruktur zu einem Höchstmaß an Effizienz und Schnelligkeit. Die mittelfristige Produktionsplanung sieht strukturelle Anpassungen an schwankende Bedürfnisse und technologische Weiterentwicklungen vor. Dazu zählen z. B. Reaktionen auf geändertes Kundenverhalten oder auf das Entstehen neuer Wohngebiete.

Durch die standardisierten Abläufe von den Einlieferungsstellen über die Briefzentren bis zu den Zustell-Stützpunkten bzw. Postfächern wird es bei der vorgesehenen hohen Mechanisierung der internen Prozesse innerhalb der Briefzentren möglich sein, ständig Steuerungs- und Plandaten abzugreifen und mit Hilfe einer Analyse der Transportbehälterströme Bearbeitungskapazitäten, Transportkapazitäten und Mitarbeitereinsatz kurzfristig zu regulieren.

Summary

For the German postal system's Postal Services, with 340,000 employees the largest single services enterprise in Europe, production planning in the narrower sense of the term is currently very difficult as a result of the structures that have evolved over the past thirty years.

In an ambitious seven-year project involving investments of about DM 4 billion new organizational structures are being introduced with a view to increasing quality, reducing costs and providing the basis for short-term production planning.

By "production planning" the Postal Services sector of the German postal system understands first and foremost the development of strategies and the implementation of new production structures. With the aid of 83 new mail centres which, for the first time, will make use of fully automated technical equipment for incoming and outgoing mail (formula $I = O$), this new organizational structure will provide a maximum of efficiency and speed. Medium-term production planning will be aimed at ensuring structural adjustment to fluctuating needs and technology advancements. This would involve the ability to react to such things as changes in customer behaviour or the creation of new residential areas.

As a result of employing standardized processes from the receiving points through the mail centres on down to the delivery bases or P.O.boxes it will be possible, given the planned high level of mechanization for internal processes in the mail centres, to have constant access to control and planning data and, by analysing transport container flows, to regulate processing capacities, transport capacities and staff use at short notice.

Outsourcing von Dienstleistungen zu Dienstleistungsunternehmen

Von Dr. Wolfram Gruhler, Köln

I. Die wachsende Bedeutung der Dienstleistungs- produktion

1. Die institutionelle Betrachtung

Nahezu alle reifen Volkswirtschaften folgen inzwischen dem säkularen Trend, den u.a. Jean Fourastié (1969) schon vor Jahrzehnten vorausgesagt hatte, wonach um die Jahrtausendwende rund vier Fünftel der Erwerbstätigen im tertiären bzw. Dienstleistungs-Sektor beschäftigt sein werden. Wie Tabelle 1 zeigt, sind inzwischen (1991) rund 64 Prozent der zivilen Erwerbstätigen der OECD-Länder im Dienstleistungs-Sektor tätig. Dies bedeutet gegenüber dem Jahr 1970 zu Lasten des primären wie auch des sekundären Sektors einen Anstieg um 14,5 Prozentpunkte. Eine Ausnahme von diesem Strukturmuster bildet allerdings Westdeutschland (und zum Teil Japan, Österreich und Italien, wo insbesondere anteilig noch überdurchschnittlich viele Erwerbstätige im primären Sektor arbeiten).

1.1 Deutsche Überindustrialisierung oder Defizit an Outsourcing?

Wegen des Übergewichts des tertiären Sektors in den reifen Volkswirtschaften der OECD entfallen auf die im Produzierenden Gewerbe Tätigen im Durchschnitt nur noch etwa 29 Prozent der Gesamtbeschäftigten. Für Westdeutschland differiert freilich der Beschäftigtenanteil nicht unbeträchtlich vom OECD-Durchschnitt. So liegt dort der Erwerbstätigenanteil im Dienstleistungssektor mehr als 6 Prozentpunkte unterhalb jenes OECD-Durchschnitts und im Produzierendem Gewerbe sogar 10 Prozentpunkte über der entsprechenden OECD-Marke. Insofern erhebt sich die berechtigte Frage: Ist Westdeutschland "überindustrialisiert" oder werden in überdurchschnittlichem Ausmaß Dienstleistungen innerhalb des Produzierenden Gewerbes, also intrasektoral, erbracht? Anhaltspunkte für das Zutreffen der letzteren Vermutung ergeben sich aus einer vergleichenden Untersuchung eines niederländischen Ökonomen, der für sieben hochentwickelte Volkswirtschaften deren jeweils tertiäre Beschäftigtenanteile in Subsektoren, darunter einen solchen für produktionsorientierte Dienstleistungen im weiteren wie auch im engeren Sinne, unterteilt hat (Elfring 1992, S. 2 ff.). *Produktionsorientierte Dienstleistungen* dienen im Gegensatz zu den konsumorientierten der Aufrechterhaltung sowie der vor- oder nachgelagerten Begleitung des Produktionsprozesses bzw. der Ergänzung der Fertigerzeugnisse. Sie nehmen an Art und Umfang in letzter Zeit bemerkenswert zu, worauf im nachfolgenden Abschnitt noch kurz einzugehen ist. Wie nun der Ländervergleich zeigt (vgl. Tabelle 2), war 1987 der Anteil des Subsektors "produktionsorientierte Dienstleistungen" an der Gesamtbeschäftigung mit 7,7 v.H. in Westdeutschland mit Ausnahme von

Schweden (7,2 v.H.) unter den anderen Vergleichsländern am geringsten. Berücksichtigt man unter diesen gar nur die "produktionsorientierten Dienstleistungen im engeren Sinne" (business and professional services), wie hauptsächlich z.B. Rechts- und Steuer-Beratung, Wirtschaftsprüfung, Reinigungs- und Wartungsdienste, Technische Beratung durch Ingenieure, Datenverarbeitungsdienste einschließlich Softwareentwicklung und -pflege, Teilzeitdienste, Werbung und Marktforschung, so schneidet Deutschland mit einem Anteil von 3,6 Prozent an der Gesamtbeschäftigung unter den Vergleichsländern am schlechtesten ab.

	Land- und Forstwirtschaft, Fischerei	Produzierendes Gewerbe	Dienstleistungen
Belgien	2,6	28,1	69,3
Bundesrepublik Deutschland (West)	3,4	39,2	57,4
Dänemark	5,7	27,7	66,6
Spanien	10,7	33,1	56,3
Frankreich	5,8	29,5	64,8
Großbritannien	2,2	27,8	70,0
Griechenland	22,6	27,5	50,0
Italien	8,5	32,3	59,2
Irland	13,8	28,9	57,2
Luxemburg	3,3[1]	30,5[1]	66,2[1]
Niederlande	4,5	25,5	69,9
Portugal	17,3	33,9	48,7
Europäische Gemeinschaft	6,3	31,9	61,9
Österreich	7,4	36,9	55,8
Schweiz	5,5	34,4	60,1
Island	10,7	26,4	62,9
Norwegen	5,9	23,7	70,4
Schweden	3,2	28,8	68,5
Finnland	8,5	29,2	62,3
Kanada	4,5	23,2	72,3
Japan	6,7	34,4	58,9
Vereinigte Staaten von Amerika	2,9	25,3	71,8
OECD	7,2	29,1	63,7

[1] 1990.

Tabelle 1:   *Struktur der Erwerbstätigen nach Sektoren im internationalen Vergleich 1991 in v.H. aller zivilen Erwerbstätigen (Quelle: OECD)*

	Produktionsorientierte Dienstleistungen[1] insgesamt			Produktionsorientierte Dienstleistungen im engeren Sinne		
	Anteil an Gesamt- beschäf- tigung	Durchschnittliche jährliche prozentuale Zunahme		Anteil an Gesamt- beschäf- tigung	Durchschnittliche jährliche prozentuale Zunahme	
Land	in v. H.	1973- 1979	1979- 1987	in v. H.	1973- 1979	1979- 1987
Frankreich	9,0	3,4	2,5	5,5	4,1	3,5
BRD (West)	7,7	2,0	3,5	3,6	3,2	5,5
Japan	10,2	4,4	3,9	6,2	5,7	4,7
Niederlande	10,8	4,4	2,9	6,4	4,4	3,9
Schweden	7,2	2,1	3,8	4,1	3,1	4,6
Vereinigtes Königreich	10,4	2,8	3,7	5,8	3,4	4,2
Vereinigte Staaten	13,6	4,9	5,5	7,5	6,0	7,3
Durchschnitt	9,8	3,4	3,3	5,6	4,3	4,8

1   Neben den produktionsorientierten Dienstleistungen im engeren Sinne gehören
    dazu auch solche Dienstleistungen, die ebenso von privaten Haushalten in An-
    spruch genommen werden, wie Finanzdienstleistungen, Versicherungen und
    Grundstückswesen.

Tabelle 2:   *Anteile produktionsorientierter Dienstleistungen an der Gesamtbeschäftigung*
             in sektoraler Betrachtung 1987 (Quelle: Elfring 1992, S. 5.)

Die schwache deutsche Position im Hinblick auf die sektoralen Beschäftigtenanteile bei produktionsorientierten Dienstleistungen ergab sich, obwohl die jährlichen Steigerungsraten in diesem Bereich 1979 - 1987 leicht bis deutlich über dem
Durchschnitt der betrachteten Länder lagen. Zu vermuten bleibt daher, daß auch
bei weiter anhaltendem überdurchschnittlichen Beschäftigtenzuwachs im Subsektor der produktionsorientierten Dienstleistungen ein deutscher Rückstand im
internationalen Kontext weiterhin gegeben sein dürfte. Da andererseits nicht davon auszugehen ist, daß die deutsche Industrie auf die Nutzung der produktionsorientierten Dienstleistungen weniger angewiesen ist und diese weniger in
Anspruch nimmt als ihre ausländischen Konkurrenten, kann sie diese anteilig
eben nur vermehrt intrasektoral erbringen und daher weniger externalisiert haben
als dies im Ausland der Fall ist. Die im übernächsten Abschnitt dazu noch anzu-
stellende funktionale Betrachtung stützt im übrigen diese Hypothese.

1.2 Produktions- versus konsumorientierte Dienstleistungen

Unabhängig davon, ob nun produktionsorientierte Dienstleistungen mehr indu-strie-intern erbracht oder mehr extern hinzugekauft werden, haben sie in den letz-ten Jahren unzweifelhaft erheblich an Bedeutung gewonnen und auch stärker als die konsum- bzw. personenbezogenen Dienstleistungen expandiert.

Selbst bei lediglich sektoraler Betrachtung wird dies evident. Denn einer Zunah-me der Erwerbstätigen im Dienstleistungssektor von insgesamt knapp 2,9 Prozent im Jahresdurchschnitt der Vergleichsperiode aus Tabelle 2 von 1979 bis 1987 standen ein 3,5 prozentiges Wachstum der mit produktionsorientierten Dienstlei-stungen insgesamt beschäftigten Erwerbstätigen, solchen mit produktionsorien-tierten Dienstleistungen im engeren Sinne sogar von 5,5 Prozent, gegenüb-er[1].Treibende Kraft für die Dienstleistungsexpansion ist mithin nicht so sehr die Nachfrage der Verbraucher, wie dies neben Jean Fourastié auch andere Vertreter der sogenannten Drei-Sektoren-Hypothese unterstellten. Der verstärkte Bedarf nach Dienstleistungen kommt mehr aus der Wirtschaft selbst, hier namentlich aus der Industrie (vgl. Elfring 1993, S. 379 f.). In noch stärkerer Akzentuierung for-muliert handelt es sich dabei sogar um von der Sachgüterproduktion induzierte Folgewirkungen (vgl. Corsten 1985, S. 10 f.).

Art und Umfang sowohl des input- wie des outputorientierten Dienstleistungs-spektrums haben infolge der Verschiebungen der Faktorproportionen im Zuge des veränderten techno- und sozioökonomischen Umfeldes der käufermarktbe-stimmten Flexibilisierungs- und Segmentierungserfordernisse sowie der insbe-sondere wissens- und damit dienstleistungsgestützten Verstärkung der Interaktion von Absatz und Produktion erheblich zugenommen (vgl. Gruhler 1990, S. 81 ff.).

Demgegenüber hat nicht zuletzt wegen der für die private Nachfrage nach Dienstleistungen ungünstigen Entwicklung der relativen Preise und der Ausprä-gung der Selbstbedienungs- und Do-it-yourself-Produktion eine vermehrte Dienstleistungssubstitution durch industriegütergestützte Verrichtungen in den privaten Haushalten und den informellen Wirtschaftsbereichen Platz gegriffen (vgl. Buttler/Stegner 1990, S. 932). Denn bekanntlich müssen die konsumorien-tierten Dienstleistungen aus dem versteuerten Einkommen der Verbraucher be-zahlt werden. Produktionsorientierte Dienstleistungen dagegen, namentlich ihre outputorientierte Spezies, sind inzwischen für den Unternehmenserfolg, insbe-sondere im Investitionsgütersektor, nachgerade unverzichtbar geworden. Sie sind insofern auch von erheblicher akquisitorischer Bedeutung (was nicht zuletzt bei Outsourcing-Erwägungen stets zu bedenken ist!). Je vollständiger sich das sach-gutkomplementäre Dienstleistungsangebot eines Investitionsgüterherstellers prä-sentiert, desto attraktiver erscheint auch seine eigentliche Hardware. Insofern

zählen zu den wichtigsten Dienstleistungen im Investitionsgütergeschäft vor dem
Kauf die technische Beratung, die Problemanalyse, die Planung bzw. Projektie-
rung, das Projektmanagement und die Finanzierung. Nach dem Kauf interessiert
den Kunden vor allem der Lieferservice, die Ersatzteilversorgung, die Schulung,
die Wartung und die Kulanz (vgl. Müller 1993, S. 12).

2.   Die funktionale Betrachtung

Wie schon angedeutet, erfaßt die lediglich institutionelle Darstellung innerhalb
des Dienstleistungssektors die Tertiärisierung einer Wirtschaft nur partiell. Er-
heblichen Umfang nehmen inzwischen auch die tertiären Funktionen im sekundären Sektor, also dem Produzierenden Gewerbe bzw. der Industrie, ein. Wäre
jene nicht zuletzt auf statistischer Konvention beruhende sektorale Einteilung
nicht einer der Anlässe, Überlegungen im Hinblick auf Outsourcing von bislang
industrieintern erbrachten Dienstleistungsfunktionen anzustellen, so wäre jene
Unterscheidung allenfalls als ein künstliches bzw. akademisches Problem zu bezeichnen (vgl. auch o.V. 1994b, S. 82).

Um Anhaltspunkte über Ausmaß und Veränderung des dienstleistungsbestimmten intraindustriellen Strukturwandels - und damit auch über mögliche Externali-
sierungspotentiale - zu gewinnen, ist man auf die Auswertung vorwiegend be-
schäftigungsbezogener Indizien angewiesen. Solche sind beispielsweise der Anteil der Angestellten und der Dienstleistungsberufe an den Beschäftigten. Tatsächlich war im Produzierenden Gewerbe der "Trend zum weißen Kragen" in den
vergangenen beiden Jahrzehnten unübersehbar (vgl. Gruhler 1992, S. 25 und
1994, S. 35).

In diesem Kontext sind auch Informationen zu Umfang und Wandel der Tätig-
keits- und Qualifikationsstrukturen relevant. So gestattet der alle zwei Jahre vom
Statistischen Bundesamt durchgeführte Mikrozensus eine Darstellung der funktionalen Beschäftigungsstrukturen (vgl. Gruhler 1993, S. 28 f.). Hierbei zeigt
sich, daß im Jahr 1991 sich nicht einmal mehr ein Drittel, sondern nur noch 30,4
Prozent aller vorwiegend ausgeübten Tätigkeiten im Verarbeitenden Gewerbe auf
die unmittelbare Herstelltätigkeit erstreckte (vgl. Tabelle 3)! Das aber bedeutet
gleichzeitig, daß mehr als zwei Drittel aller in Industrie und Handwerk (!) Beschäftigten mehr oder weniger vom Herstellungsprozeß entfernte Dienstleistungen erbringen. Auch macht der Vergleich zum Jahr 1982 deutlich, daß die meisten dieser intrasektoral produzierten Dienstleistungen anteilig, wenn auch in unterschiedlichem Umfang, expandieren. Insbesondere die modernen, vorwiegend
wissensorientierten Dienstleistungskategorien haben an Bedeutung, namentlich in
der Investitionsgüterindustrie, gewonnen. Freilich stellt auch hier die amtliche

Tätigkeit	1982	1991	Veränderung der Bedeutung
Herstellen	36,8	30,4	- -
Fertigungsnahe Dienstleistungen	23,3	28,1	+ +
darunter:			
Reparieren	10,4	9,3	-
Maschinen einstellen, warten	12,9	18,8	+ + +
Allgemeine Dienstleistungen	7,7	6,8	-
Fertigungsferne Dienstleistungen	32,2	34,7	+
darunter:			
Sichern	0,6	0,7	+
Büroarbeiten	13,6	13,1	-
Handel treiben	5,8	5,7	-
Planen, Forschen	6,5	7,7	+ +
Informieren, Ausbilden	0,7	1,0	+ + +
Leiten	5,0	6,5	+ + +
Alle Tätigkeiten	100,0	100,0	

Tabelle 3: Vorwiegend ausgeübte Tätigkeit im Verarbeitenden Gewerbe in den Jahren 1982 und 1991 (Quelle: Statistisches Bundesamt; eigene Berechnungen)

Statistik keinen einheitlichen Indikator zur Verfügung, nach welchem die unterschiedlichen Dienstleistungsprofile in den jeweiligen Industriezweigen zu identifizieren wären. Als Orientierungsmarke lassen sich daher lediglich mehrere dienstleistungsrelevante Merkmale, wie die sozialrechtliche, die Berufs-, die Tätigkeits-Struktur und anderes verwenden. Bei einem derartigen Procedere bietet es sich im Hinblick auf die modernen Strukturelemente an, vor allem die wissensorientierten und -intensiven Dienstleistungskategorien überdurchschnittlich zu gewichten. Zu diesen gehören z.B. die Aufwendungen für Forschung und Entwicklung, der Anteil der Beschäftigten mit Hochschulausbildung, an Technikern und Ingenieuren, solchen mit leitenden und planenden Funktionen und anderes mehr. Eine Kombination und Kumulierung jener wissensorientierten Dienstleistungsmerkmale gestattet es nun, einen Rangordnungsindex der Dienstleistungsintensität für alle Zweige des Verarbeitenden Gewerbes zu etablieren (vgl. Dax/Gruhler 1991, S. 26 f.). Danach befinden sich an der Spitze jener Rangskala die Luft- und Raumfahrtindustrie, die Elektrotechnik und Elektronik, die Chemische Industrie, die Büromaschinen- und EDV-Hersteller sowie die Mineralölverarbeitung. In einem gewissen Abstand folgen der Maschinen- und der Straßenfahrzeugbau (vgl. Abbildung 1).

Dienstleistungs-Profil der Industrie

Wert	Branche	Anteil
318	Luft- und Raumfahrzeugbau	(1,0)
300	Elektrotechnik	(14,5)
290	Chemie	(8,5)
290	Büromaschinen-, EDV-Hersteller	(1,3)
267	Mineralölverarbeitung	(0,4)
178	Maschinenbau	(14,5)
164	Straßenfahrzeugbau	(12,7)
155	Eisen- und Stahl-Industrie	(2,7)
131	Schiffbau	(0,5)
122	Tabakverarbeitung	(0,2)
112	NE-Metallindustrie	(1,0)
103	Feinmechanik und Optik	(2,1)
89	Druckindustrie	(2,5)
89	Stahl- und Leichtmetallbau	(2,7)
56	Gummiverarbeitung	(1,4)
47	Papiererzeugung	(0,7)
47	Papierverarbeitung	(1,5)
37	Glasindustrie	(1,0)
37	Gießereien	(1,4)
37	Holzbearbeitung	(0,6)
33	EBM-Industrie	(4,5)
28	Ernährungsindustrie	(6,3)
28	Steine und Erden	(2,2)
28	Bekleidungsindustrie	(2,5)
23	Kunststoffverarbeitung	(2,5)
23	Stahlverformung	(2,5)
19	Keramische Industrie	(0,7)
19	Lederindustrie	(0,8)
19	Textilindustrie	(3,2)
5	Holzverarbeitung	(2,8)
5	Spielwarenherstellung	(0,8)

Index der Dienstleistungs-Intensität

Der Index berücksichtigt Merkmale wie den Akademiker-Anteil an den Beschäftigten, den Anteil der FuE-Aufwendungen, die Ausrüstung mit IuK-Technik, die Innovationsaufwendungen pro Beschäftigten, den Anteil der Mitarbeiter mit technischen Berufen und dispositiven Tätigkeiten.

Anteil an der Industrie-beschäftigung

Ursprungsdaten: Statistisches Bundesamt, Ifo, IAB, Stifterverband, eigene Berechnungen

Abbildung 1:   Dienstleistungsprofil des Verarbeitenden Gewerbes

Besonders dienstleistungsintensiv produziert also die Investitionsgüterindustrie, ein für die Bundesrepublik Deutschland strukturprägender Wirtschaftsbereich, da in ihm über die Hälfte der im Verarbeitenden Gewerbe Beschäftigten tätig sind.

Wenn daher, woran wohl nicht zu zweifeln ist, in der Bundesrepublik Deutschland tatsächlich ein Nachholbedarf an Ausgliederung von industriellen Dienstleistungen besteht, dürfte er neben möglichen verhaltensbedingten auch in den dargestellten sektorspezifischen Gegebenheiten zu suchen sein.

3. Bedeutungsbedingtes Optimierungsgebot

Wie die bisherigen Darlegungen gezeigt haben, sind unter dem Personalkostenaspekt weniger die eigentlichen Fertigungstätigkeiten für Wirtschaftlichkeitsüberlegungen ausschlaggebend, sondern die diesen vor-, neben- und nachgelagerten Dienstleistungen. Zwar ist mit einer Verringerung der fertigungsspezifischen Produktionstiefe in der Regel auch eine Externalisierung fertigungsnaher Dienstleistungen verbunden, doch machen diese nur ca. zwei Fünftel aller industrieinternen Dienstleistungen aus.

Um einen ungefähren Anhaltspunkt dafür zu gewinnen, um welche Kostenpotentiale es sich bei der internen Erbringung der produktionsorientierten Dienstleistungen im Verarbeitenden Gewerbe in Westdeutschland handelt, braucht man nur einmal die anteilige Lohn- und Gehaltssumme, unter Vernachlässigung der damit verbundenen Sach- und Gemeinkosten, ins Blickfeld zu nehmen. Diese betrug im Jahr 1992 in den alten Bundesländern 405,3 Mrd. DM. Unterstellt man nun der Einfachheit halber, daß die Vergütung nicht nach sozialrechtlichen, sondern nach funktionalen Kriterien (einheitlich) vorgenommen wird, so entfielen davon auf die interne Dienstleistungserbringung rund 70 Prozent oder umgerechnet 282 Mrd. DM an Lohn- und Gehaltssumme. Gelänge es daher, über welche Optimierungsprozesse auch immer, jene (heute eher noch größere) Summe um wenigstens 10 Prozent zu verringern, so entspräche dies mehr als dem in 1991 erzielten Jahresüberschuß vor Gewinnsteuern solch großer Industriezweige wie der Chemie, dem Maschinen- und dem Straßenfahrzeugbau zusammengenommen!

In jüngster Zeit ist angesichts der konjunkturellen Schwierigkeiten und unter der Devise der Lean Production und des Lean Management eine stärkere Tendenz zur Ausgliederung von Unternehmensfunktionen zu beobachten; man scheint sich wieder mehr auf den Kernbereich und die Kernkompetenz zu konzentrieren. Begünstigt durch niedrige Arbeitskosten im Ausland werden nicht nur zunehmend (arbeitsintensive) Teilprozesse aus dem Fertigungsbereich dorthin ausgelagert, sondern auch gewisse Dienstleistungen. Hilfreich ist hierbei der technische Fortschritt im Rahmen der Informationstechnologie, der z.B. die Erbringung und Speicherung von Daten oder Software-Programmen in anderen Ländern gestattet als in denjenigen, in denen ihre Nutzer domizilieren. Ihr Abruf läßt sich heute durch die modernen Übertragungstechniken schnell und kostengünstig auch über längere Distanzen hinweg sicherstellen. Vor allem Informations- und Kommunikationsdienstleistungen werden heute zunehmend in solchen Staaten Asiens (aber auch Mittel-, Ost-Europas) produziert, wo die Arbeitskosten niedrig, englische Sprachkenntnisse (als die lingua franca dieser modernen Technologie) aus-

reichend vorhanden sind und auch eine gewisse Infrastruktur an Telekommunikation gegeben ist (vgl. Gruhler 1994, S. 15 f.).

II. Outsourcing - Voraussetzungen und Entscheidungs-kriterien

1. Optimierungsalternativen

1.1 Allgemeine Erwägungen

Zu den zentralen Anliegen der Makro- wie der Mikro-Ökonomie gehört die optimale Allokation der Produktionsfaktoren, also die Effizienz des Produktionsprozesses. Jenem Optimierungsgebot haben auch die Unternehmensfunktionen
der industrierelevanten Dienstleistungen zu entsprechen, zumal diese, wie weiter
vorn dargelegt wurde, inzwischen den Löwenanteil der Personalaufwendungen
bei zudem weiter steigender Tendenz auf sich vereinen.

Alle Rationalisierungsbemühungen bleiben freilich immer der Meßbarkeitspro-
blematik unterworfen. Diese stellt sich vor allem für jene inputorientierten
Dienstleistungen, für welche keine Marktpreise und keine unternehmensexternen
Anbieter existieren (vgl. Gruhler 1990, S. 250). Vermehrt laufen Kosteneinspa-
rungsprogramme im sogenannten Gemeinkostenbereich und unter dem Imperativ
von "Lean Production" bzw. "Lean Management" oder "Reengineering" ab (vgl.
o.V. 1994a). Zu ihnen gehören neben innerorganisatorischen Rationalisierungsstrategien, wie der Verringerung von Hierarchiestufen, auch die Flexibilisierung
und Vereinfachung von Vergütungsstrukturen und -systemen auf der Basis von
Funktionsanalysen.

Wichtig bleibt in diesem Zusammenhang, den Nutzenaspekt nicht zugunsten einer Übergewichtung des Kostenaspekts zu vernachlässigen. Gerade die Dienstleistungsqualität - zumal in ihrer wissensorientierten Ausprägung - zählt zunehmend
zum strategischen Potential der Industrie und steht und fällt mit dem Engagement
und der Loyalität der diese erbringenden Mitarbeiter. Gut geführte Unternehmen
motivieren und hegen dieses Potential, denn ohne die notwendigen internen Leistungsträger verliert ein Unternehmen schnell an Dynamik und damit an Zu-
kunftschancen. Schlanke Unternehmen allein sind zu wenig; sie müssen auch ge-
sund und entwicklungsfähig bleiben. Die Warnung eines US-Experten lautet in
diesem Zusammenhang: "These repeat restructurers, rather than becoming lean

and mean, often end up lean and lame" (Henkoff 1994, S. 30). Downsizing mit Augenmaß verringert die Risiken jener unternehmensschädlichen Effekte. Downsizing im technischen Sinne betrachtet ist sogar dazu angetan, negative Folgewirkungen auszuschließen. Dies gilt z.B. bei der Informations- und Datenverarbeitung, wo im Zuge des kapitalsparenden technischen Fortschritts teure zentrale Recheneinheiten zunehmend durch die kostengünstigere mittlere Datentechnik bzw. leistungsfähige dezentrale Personalcomputer ersetzt werden und mithin gleichzeitig Kostensenkung und Leistungssteigerung zu verwirklichen sind.

Mit dem Zukauf oder ausschließlichen Einkauf bestimmter Dienstleistungen von darauf spezialisierten Dritten, dem sogenannten *Outsourcing*, eröffnen sich weitere Optimierungsmöglichkeiten. Wie eingangs dargestellt, scheinen gerade bei jener Variante die Möglichkeiten in der Bundesrepublik Deutschland noch wenig ausgeschöpft zu sein. Dabei sollte man grundsätzlich immer Angebote, die der Markt bereithält, prüfen, zumal der Wettbewerb unter verschiedenen Anbietern in der Regel eine kosten- und leistungsgünstigere Bereitstellung im Vergleich zur Eigenerstellung ermöglicht. Denn externes Spezialistenwissen, von den Dienstleistungsanbietern realisierte Economies of scale sowie der Druck der Konkurrenz sprechen häufig klar für das Outsourcing.

1.2 Definitorisches

Was den Begriff angeht, so stammt er wohl aus dem amerikanischen Wirtschaftsleben und ist eine Verkürzung von *Outside Resource using* (vgl. Köhler-Frost 1993, S. 13). Man versteht gemeinhin darunter, Unternehmensdienstleistungen jeglicher Art an Externe zu vergeben, das heißt, sie von diesen einzukaufen (vgl. Engelhardt/Reckenfelderbäumer 1993, S. 291; Knobloch 1994; Späth 1994). Gemeint ist also die Herauslösung der Dienstleistungsaktivitäten aus dem eigenen Wertschöpfungsprozeß und ihre Bereitstellung durch Dritte, vorzugsweise selbständige und unabhängige Marktteilnehmer. Doch gibt es auch intermediäre Formen, die weiter unten kurz erwähnt werden.

Zuweilen verwendete Synonyma sind *Externalisierung* oder andere Anglizismen wie *Contracting out, Farming out* oder auch *Subcontracting* (bezogen auf die Abwicklung eines spezifischen Auftrages). Beim Gebrauch dieser Begriffe wird freilich nicht immer zwischen dem Bezug von Dienstleistungen und demjenigen von Sachgütern unterschieden und somit darunter gelegentlich die generelle Verkürzung der Produktionstiefe subsumiert. Ein solcher Sprachgebrauch ist immer dann unproblematisch, wenn damit keine Beschränkung auf die materiellen Güter oder deren Überbewertung verbunden ist, denn diese betreffen nur *eine* Seite der Auslagerung von Wirtschaftsprozessen und auch nicht immer die bedeutendste.

Unter dem definitorischen wie auch prozeduralen Aspekt ist in diesem Zusammenhang auch eine Variante erwähnenswert, die Personalabbau und Externalisierung in einer für beide Seiten produktiven Art und Weise miteinander verbinden. Dabei wechselt der bisherige Mitarbeiter eines Unternehmens mit Unterstützung seines bisherigen Arbeitgebers in eine selbständige Existenz. Anlaß für ein solches Procedere sind Aktivitäten, die im Unternehmen selbst nicht mehr in das strategische Konzept passen und daher dort Personalabbau erforderlich machen. Dieser Fall kann für Projekte und Aufträge gelten, die aufgrund von vertraglichen Verpflichtungen noch abzuarbeiten sind. Ähnlich verhält es sich bei solchen Tätigkeiten, die vom Umfang her eher geringfügig und/oder unregelmäßig anfallen. Dem läßt sich dann z.B. organisatorisch dadurch entsprechen, "daß Mitarbeitern, die sich mit diesen Aufträgen befaßt haben und die über das technologische Know-how verfügen, das Geschäft als Basis für eine selbständige Existenz angeboten wird. Gekoppelt an einen Aufhebungsvertrag, die Mitgabe von Patenten, Werkzeugen, angearbeiteten Produkten und Marktempfehlungsschreiben, kann dies selbst für langjährige Mitarbeiter ein Anreiz sein, das Unternehmen zu verlassen" (Späth 1994, S. B17). Eine solche Variante des Outsourcing ist insbesondere für darin erfahrene und ältere Mitarbeiter als unternehmerische Alternative zum sonst wahrzunehmenden Vorruhestand von besonderem Interesse. Unternehmensbedingtes Outplacement mutiert auf diese Weise zum Management-Buy-Out, d.h., aus dem bisherigen Dienstvertrag wird ein Werkvertrag.

Zu erwähnen sind in diesem Kontext der Vollständigkeit halber institutionelle wie prozedurale sich bisweilen im Zeitablauf weiterentwickelnde Vor-, Zwischen- und Teillösungen des Outsourcing. Der Autor hat dazu an anderer Stelle eingehendere Ausführungen gemacht, ohne sie hier noch einmal vertiefen zu können (vgl. Gruhler 1990, S. 324 ff. und 1993, S. 38 ff.). So geht der eigentlichen Externalisierung häufig eine Verselbständigung und Dezentralisierung der Dienstleistungserbringung durch die Bildung von Profit- bzw. Cost-Centern voraus. In eine ähnliche Richtung zielt auch die Ermöglichung von Heimarbeit für die Mitarbeiter am Bildschirm (sog. Telecommuting oder Digital homework). Zunehmend gebräuchlich ist ferner die Kombination von interner und externer Leistungserbringung. Vorzugsweise praktiziert wird eine solche kombinatorische Arbeitsteilung von größeren Unternehmen und hier insbesondere im Bereich der EDV, der juristischen Beratung sowie bei den Public Relations (vgl. Elfring 1993, S. 381 ff.). Eine andere Form der intermediären Organisation ist die rechtliche Verselbständigung bei Wahrung des wirtschaftlichen Verbundes über Gründung oder Erwerb von Tochtergesellschaften bzw. einer wesentlichen Beteiligung an Dienstleistungsunternehmen. Bei einer solchen Lösung verwirklicht man die assoziierte (bei Gemeinschaftsunternehmen) oder (bei Franchising) auch die kooperative Externalisierung (vgl. Engelhardt/Reckenfelderbäumer 1993, S. 270). Dieser Begriff paßt besser als der des "internen Outsourcing" (vgl. Köhler-Frost 1993, S. 13), der schon sprachlich widersprüchlich ist.

2. Notwendige Voraussetzungen der Externalisierung

Unter dem Effizienzaspekt werden Auslagerungsentscheidungen generell durch die wechselnde Marktgröße und -durchdringung sowie die sich verdichtende Komplexität des Wirtschaftsgeschehens begünstigt. Grundvoraussetzung für eine daraus folgende verstärkte institutionelle Arbeitsteilung ist unter anderem die Existenz eines entsprechenden Marktes, das heißt eines damit möglichen Zugriffs auf leistungsfähige Anbieter von unternehmensbezogenen Dienstleistungen. Für manche wissensorientierte Spezies, etwa im Bereich der Beratungsdienstleistungen sowie der Informationstechnologie, trafen in der Vergangenheit und treffen zum Teil auch noch heute Externalisierungsabsichten auf unzulängliche Marktstrukturen, insbesondere im Hinblick auf höherwertige wie europaweite Bereitstellung (vgl. Ochel/Schreyer 1988, S. 25 ff.; o.V. 1994b, S. 77).

Außerdem war und ist zum Teil immer noch in allen europäischen Ländern der Dienstleistungssektor Regulierungen, finanziellen staatlichen Eingriffen und speziellen Handelshemmnissen unterworfen, welche den Aktionsradius der institutionellen Anbieter einschränken. Der Abbau derartiger Hemmnisse kann einer intensiveren intersektoralen Arbeitsteilung nur förderlich sein und dabei stärker direkt die Dienstleistungsanbieter begünstigen als die Industrie (vgl. o.V. 1993c, S. 14).

Gewisse staatliche Regulierungstatbestände erzwingen andererseits geradezu manche Externalisierung, da die interne Dienstleistungserbringung de lege lata nicht zulässig ist. Dazu gehören z.B. Prüfungsdienstleistungen, seien sie wirtschaftlicher oder technischer Natur, wie dies etwa bei der Prüfung des Jahresabschlusses von Aktiengesellschaften durch unabhängige Wirtschaftsprüfer oder bei der Überwachung von die Umwelt gefährdenden festen oder beweglichen Produktionsmitteln durch die dazu amtlich bestellten Gutachter der Fall ist (vgl. Gruhler 1990, S. 289 und 310; Elfring 1993, S. 392 f. und 395).

Auch ist, worauf niederländische Forschungen verweisen, die Zahl der Anbieter immer abhängig vom Entwicklungsstadium der jeweiligen Dienstleistung bzw. deren "Technologie" (vgl. Elfring 1993, S. 370 ff.). Je entwickelter bzw. etablierter die Art der Dienstleistung ist, desto mehr institutionelle Anbieter umwerben die potentiellen Kunden und werden überdies Economies of scale wirksam.

3. Entscheidungskriterien für oder gegen den Fremdbezug

3.1 Die Theorie der Transaktionskosten

Im Rahmen des modernen industrieökonomischen Erklärungsansatzes für das Pro und Contra der Leistungsexternalisierung spielt die *Theorie der Transaktionskosten* die bestimmende Rolle (vgl. Coase 1978; Williamson 1975 und 1985; Ramser 1979). Jener industrieökonomische Ansatz definiert Unternehmen als Partner einer Vielzahl von Verträgen. Die anderen Kontrahenten reichen von Aktionären (Eigentümern) und Gläubigern über Mitarbeiter und Zulieferer bis zu den Kunden.

Es liegt auf der Hand, daß die unterschiedlichen Vertragsarten auch jeweils unterschiedliche Transaktionskosten in wiederum unterschiedlichen Situationen verursachen. Davon abgesehen differieren notwendigerweise die konzisen Vertragsinhalte gerade bei Dienstverträgen mit aufsteigender Einstufung in der Unternehmenshierarchie erheblich (vgl. o.V. 1993a, S. 59). Jedenfalls arbeiten gemäß jener Theorie diejenigen Unternehmen am effizientesten, denen es gelingt, Art und Anzahl ihrer Verträge so zu mischen, daß sie in summa ein Minimum an Transaktionskosten realisieren.

Jene *Transaktionskosten* lassen sich in umfänglichem Sinne als diejenig Kosten des "Produktionsfaktors Organisation" definieren, "die beim Übergang eines Produktes oder einer Dienstleistung von einer Produktionsstufe auf die nächste entstehen" (Bühner 1988, S. 399). Weiterhin ist zwischen *internen* und *externen* Transaktionskosten, also solchen im Kontext mit Dienstverträgen einerseits, mit Werkverträgen andererseits, zu differenzieren. Erstere, die auch als Markt-, Informations- oder Kommunikationskosten bezeichnet werden, sind unter der Eigenerstellungs- oder Fremdbezugsalternative den internen Organisations- oder Hierarchiekosten gegenüberzustellen (vgl. Gruhler 1993, S. 36). Letztere umfassen z.B. die Suchkosten für die Information von Duchführungsalternativen, die in der Regel durch mehrere an der Entscheidungsfindung beteiligte Personen verursachten Entscheidungskosten, die Informationskosten infolge vertikaler und horizontaler Diffusionsverluste, die mitarbeiterbezogenen und aufsichtsbedingten Kontrollkosten bis hin zu möglichen Disincentive-Kosten.

Der hauptsächliche Schwachpunkt des Transaktionskostenansatzes im Hinblick auf seine Praktikabilität besteht darin, die eigentlichen Produktionskosten auszuklammern (vgl. Schneider 1985, S. 1242). Gerade diese aber sind bei den hohen deutschen Arbeitskosten mit restriktiven Arbeitsbedingungen sowie der zunehmenden Möglichkeit, wichtige wissensorientierte Dienstleistungen, wie etwa Engineering oder Softwareentwicklung, rasch und preiswert aus dem Ausland zu beziehen, von durchschlagender Relevanz. Dabei beschränken sich die dadurch verstärkten Outsourcing-Optionen nicht mehr überwiegend auf die Niedriglohnländer in Fernost, sondern es kommen hier auch mehr und mehr die neuen osteuropäischen Demokratien zum Zuge. Gerade dort nämlich sind diese Dienstleistungen zu besonders kostengünstigen Konditionen verfügbar. So beliefen sich z.B. in Tschechien im Jahr 1993 die Kosten für die dortige Ingenieurstunde auf lediglich gut 3 Prozent der in Westdeutschland aufzuwendenden Größenordnung (vgl. Gruhler 1994, S. 16).

Insofern ist mit dem Transaktionskostenansatz nur ein einziges, wenn auch nicht unwichtiges, ausgliederungsrelevantes Entscheidungskriterium bezeichnet. Weitere kommen hinzu - wiewohl zur Bestimmung der Vorteilhaftigkeit der Eigenerstellung oder des Fremdbezugs von Dienstleistungen keine Exklusivkonzeption existiert und überdies stets eine Einzelfallprüfung zu empfehlen ist.

3.2 Plurikausale Abwägungen

Auch wenn die Transaktionskostentheorie zunächst einen plausiblen Erklärungsansatz für die Eigenerstellung oder den Fremdbezug von Dienstleistungen zu liefern mag, reicht er allein dafür nicht aus. Voraussetzung für die Operationalität der Transaktionskostenüberlegung ist ohnehin, daß hinsichtlich der jeweils benötigten produktionsorientierten Dienstleistung überhaupt der Markt hinreichende Angebote bereithält. Soweit es sich um konventionelle, determinierte Dienstleistungen handelt, ist dies in der Regel der Fall. Auch werden sie inzwischen zum Teil gebündelt als kombinatorische bzw. Paketlösungen (sog. Facilities Management) angeboten, z.B. als Gebäudemanagement, das die Haustechnik, Sicherheitsgewährleistung plus interne Dienste sowie die kaufmännische Verwaltung umfaßt (vgl. Heilmann 1994, S. 135). Erst wenn Marktangebot und -transparenz gegeben sind, lassen sich wirkliche Alternativoptionen im Sinne des Transaktionskostenansatzes ins Auge fassen.

Ist beides gegeben, so wachsen die Externalisierungschancen im Wege funktionaler Spezialisierung, da zulieferbezogenes Spezialwissen und dortige Economies of Scale mit einer Konzentration der Wertschöpfung auf den Kernbereich beim zu Beliefernden bei dort insgesamt geringeren Gemeinkosten kombiniert werden können.

Ein Manko jener Theorie ist die bereits erwähnte Vernachlässigung der eigentlichen Produktionskosten. Denn diese gewinnen in Volkswirtschaften mit hohen Arbeitskosten und der nicht zuletzt durch den im Kommunikationswesen verwirklichten technischen Fortschritt und damit gewährleisteten Transferierbarkeit auch (wissenorientierter) Ingenieurdienstleistungen aus Niedriglohnländern an erheblicher Relevanz. Nach Expertenschätzungen liegen zudem z.B. auch die Selbstkosten der handwerklichen Hilfs- und Nebenbetriebe von Produktionsunternehmen im Durchschnitt um 30 Prozent über den Marktpreisen externer mittelständischer Handwerksbetriebe (vgl. Hamer 1993; o.V. 1993b, S. 9).

Ein wichtiger Aspekt, der bereits bei der Abwägung des Pro und Contra von Dienst- und Werkvertrag anklang und die Externalisierungsentscheidung begünstigt, ist die Beachtung der fixen Kosten und Erhaltung der Unternehmensflexibilität. Vorzugsweise durch das Outsourcing von z.B. EDV-Dienstleistungen will man Erfahrungslücken schließen, Risiken minimieren und Innovationspartner gewinnen, die garantieren, daß Innovationssprünge ohne den Aufbau eines eigenen Mitarbeiterstammes wahrgenommen werden können (vgl. Köhler-Frost 1993, S. 22).

Andererseits scheint die bloße Auslagerungsoption bisweilen die Produktivität der Eigenerstellung zu fördern, weil die gegebenenfalls von Externalisierung betroffenen Mitarbeiter durch geringere Absenz und mit innovativen Problemlösungen ihre Arbeitsplätze rentabler machen (vgl. o.V. 1994b, S. 77). Man wird das Momentum der "fleet in being" freilich nicht zu sehr strapazieren dürfen, weil es bei häufiger Inanspruchnahme an mobilisierender Wirkung verliert oder gerade wichtige Leistungsträger vorzeitig das Unternehmen verlassen.

Unternehmenstypus und -größe sind, wie verschiedene Untersuchungen gezeigt haben, ebenfalls von nicht unerheblicher Bedeutung für Art und Intensität der Externalisierung (vgl. Gruhler 1993, S. 37 f. und die dort angegebene Literatur). So neigen Großunternehmen stärker dazu, Dienstleistungen mit eher strategischer Bedeutung vorwiegend eigenzuerstellen und mehr die verrichtungsorientierte Spezies hinzuzukaufen. Kleiner dimensionierte Unternehmen fragen ohnehin in geringerem Umfang Dienstleistungen nach. Sofern sie selbst solche in Anspruch nehmen, sind es determinierte "schlüsselfertige" Lösungen. Empirische Erhebungen aus dem Jahr 1988 bezüglich des Externalisierungsgrades der sogenannten Business services in fünf europäischen Ländern, unterteilt nach Unternehmensgrößenklassen, zeigen, daß hier der "gehobene Mittelstand" (der Größenklasse zwischen 50 und 500 Beschäftigte) mit 56 Prozent des dabei in Rede stehenden Volumens dominiert. Die Kleinst- wie die größeren Unternehmen (letztere kombinieren stärker zwischen Eigenerstellung und Fremdvergabe) rangieren deutlich darunter (vgl. Elfring 1993, S. 383).

Für mehr oder weniger alle Unternehmensgrößen durchgängig bleiben Dienstleistungen voll oder hauptsächlich der Eigenerstellung vorbehalten, wenn sie für die Aufrechterhaltung der Betriebsbereitschaft unabdingbar sind und sie auch als strategisch bedeutsam eingeschätzt werden. Was die einzelnen Unternehmensbereiche betrifft, so gilt dies in erster Linie für Forschung und Entwicklung als dem zukunftssichernden Faktor des Unternehmens. In besonderem Maße gilt es grundsätzlich für die zentralen Leistungsbereiche mit akquisitorischer Bedeutung. Wo Produktivität, Mitarbeiterqualifikation und -loyalität, Profitabilität sowie Kundenbindung eine Einheit bilden, liegt der Kraftquell des Unternehmens. Ihn gilt es zu pflegen und zu erhalten. Auch gebietet dies die Einbeziehung absatzorientierter Dienstleistungen in die strategische Planung, um ihrer Bedeutung als Differenzierungsinstrument in Sachgütergeschäften zu entsprechen (vgl. Buttler/Stegner 1990, S. 945). Externalisierung sollte hier nur soviel wie nötig, nicht etwa soviel wie möglich ins Auge gefaßt werden. "Ein Industrieunternehmen sollte stets bedenken, daß in den Serviceleistungen erhebliche Nutzenpotentiale liegen und sich daher die Zügel nicht völlig aus der Hand nehmen lassen, das heißt, ganz aus dem Dienstleistungsgeschäft aussteigen. Vielmehr sollte es sich gegenüber dem Kunden zumindest als kompetenter Vermittler von Dienstleistungsangeboten zu profilieren versuchen" (Engelhardt/Reckenfelderbäumer 1993, S. 291).

Es sind also stets plurikausale Abwägungen, die für die Eigenerstellung oder den Fremdbezug von produktionsorientierten Dienstleistungen bestimmend sind oder wenigstens sein sollten. Einige der möglichen Bestimmungsgründe haben wir vorstehend ohne Gewähr auf Vollständigkeit erörtert. Zusammen mit einer Ende der 80er Jahre vom Autor erstellten empirischen Auswertung der Wirtschaftspresse und Firmenberichte (vgl. Gruhler 1990, S. 263 ff.) läßt sich eine zusammengefaßte Kategorisierung genereller Bestimmungsgründe für oder gegen die Externalisierung synoptisch auflisten (vgl. Abbildung 2).

Generelle Determinanten	Option hinsichtlich Lokalisierung und Art der Erbringung	
	intern	extern
Dienstleistungsspezies	sachgutkomplementär, strategisch bedeutsam, nicht handelbar	standardisierbar, handelbar
Externe Transaktions-kosten	eher hoch	eher niedrig
Unternehmensprofil: größer, divisionalisiert	strategische Bereiche	operative Dienstleistun-gen, Teilfunktion
kleiner, fertigungs-dominant	Hilfsdienste der Fertigung	determinierte, „schlüssel-fertige Lösungen"
Produktionskosten	weniger relevant	relevant
Akquisitorisches Potential	relevant	nicht relevant

Abbildung 2: Zusammenfassende Kriterien für Eigenerstellung oder Fremdbezug von industrierelevanten Dienstleistungen (Quelle: Gruhler 1990, S. 333)

3.3   Die Einzelfallprüfung

Um im konkreten betrieblichen Alltag zu praktischen Auswahlentscheidungen zu gelangen, bietet sich die Verwendung einer artenspezifischen Checkliste an. Ein derartiges Procedere ist zudem geeignet, jeweils für unterschiedliche externe Anbieter einsetzbar und in periodischen Abständen wiederholbar zu sein. Da sich die ökonomischen und anderen Rahmenbedingungen stets im Wandel befinden, sollte auch die einmal gefundene Gestaltung des Dienstleistungsangebots gele-gentlich überprüft werden (vgl. Engelhardt/Reckenfelderbäumer 1993, S. 290). Die Hauptschwierigkeiten bei der Etablierung und Anwendung einer solchen Checkliste liegen weniger auf der quantitativen Seite, d.h. der Gegenüberstellung der Kosten von Eigenerstellung oder Fremdbezug, sondern bei einer entspre-chenden Gewichtung der gerade bei Dienstleistungen besonders bedeutsamen qualitativen Gesichtspunkte.

Beispielhaft für eine beide Auswahlkategorien berücksichtigende mögliche Vor-gehensweise wird im folgenden ein Bewertungsschema dargestellt, das in diesem konkreten Fall die Aufrechterhaltung des unternehmenseigenen Fuhrparks mit der Inanspruchnahme fremder Speditionsleistungen vergleicht (vgl. Abbil-dung 3).

Qualitative Bedingungen	Gewichte der relevanten Teilbedingungen	mit Punkten bewertete Bedingungskonstellationen		gewichtete Punktwerte der Bedingungskonstellationen	
		Eigenversand	Fremdversand	Eigenversand	Fremdversand
Verfügbarkeit 0 = nicht jederzeit verfügbar 1 = nur mit Schwierigkeiten verfügbar 2 = in der Regel verfügbar 3 = jederzeit verfügbar	0,2	3	2	0,6	0,4
Geschätzte Transaktionskosten 0 = erheblich 1 = noch merkliche 2 = geringe 3 = keine	0,1	1	2	0,1	0,2
Flexibilität 0 = in keiner Weise flexibel 1 = geringe Flexibilität 2 = teilweise Flexibilität 3 = vollständige Flexibilität	0,1	1	3	0,1	0,3
Terminliche Zuverlässigkeit 0 = völlig unzuverlässig 1 = geringe Zuverlässigkeit 2 = weitgehend zuverlässig 3 = völlig zuverlässig	0,3	3	3	0,9	0,9
Aquisitorische Bedeutung im Hinblick auf **Auftragseinholung** 0 = nicht möglich 1 = nur beschränkt möglich 2 = weitgehend möglich 3 = optimal realisierbar	0,1	2	0	0,2	0
Werbewirkung des Transportpotentials 0 = keinerlei Werbewirkung 1 = geringe Werbewirkung 2 = befriedigende Werbewirkung 3 = optimale Werbewirkung	0,1	2	1	0,2	0,1
Handling der Waren 0 = unzureichend 1 = gering 2 = befriedigend 3 = optimal	0,1	2	2	0,2	0,2
Scoring-Verfahren ergibt an: Punktwerten Differenz Qualitative Prioritätsstufe				2,3 1	2,1 0,2 2
Kostenvergleich i. DM Differenz Quantitative Prioritätsstufe				208 000 2	190 000 18 000 1

Abbildung 3: Check-Liste für die Auswahlentscheidungen hinsichtlich Eigen- oder Fremdversand (in modifizierter u. erweiterter Anlehnung an Männel 1981, S. 73).

Während der Kostenvergleich unschwer aus der eigenen Betriebsbuchhaltung und dem auf die gewünschten Transportleistungen abgestellten Angebot zu erstellen ist, bringt die vergleichende Überprüfung der qualitativen Bedingungen nicht immer zweifelsfreie Gewichtungen und Bewertungen mit sich. In ein dafür hilfsweise zu verwendendes Scoring-Verfahren fließen naturgemäß subjektive Gesichtspunkte ein, zumal nicht durchgängig Informationstransparenz gegeben ist. Bei entsprechender wirtschaftlicher Bedeutung der im Einzelfall zu entscheidenden Bereitstellungsalternative sollten daher schon die qualitativen Beurteilungsvorgaben zur Aufgabe der Unternehmensleitung gemacht werden.

In unserem Beispiel fällt der quantitative Vergleich mit den sich dabei ergebenden 18.000 DM an Ersparnis zugunsten der Fremdvergabe der Transportleistungen aus. Bei der Auswertung der qualitativen Anforderungsprofile und den daran geknüpften jeweiligen Einschätzungen ergibt sich eine Priorität für die Aufrechterhaltung des eigenen Fuhrparks. Ein solcherart insgesamt nicht eindeutiges Ergebnis stellt die Entscheider vor ein weiteres Auswahlproblem: Wiegen die 9,5 Prozent Kostenersparnis schwerer als die (absolut zudem nicht höher eingeschätzten) qualitativen Vorzüge, die mit der Wahrnehmung der Firmentransportleistungen durch den eigenen Fuhrpark verbunden sind? Erforderlich ist bei einem solchen "Patt" gegebenenfalls wieder die (befristete) Entscheidung der Unternehmensleitung und eine Wiedervorlageregelung, d.h. die Überprüfung jenes Einzelfalls in einem gewissen zeitlichen Abstand.

Wie man sich daher auch im Einzelfall entscheiden mag, solche oder ähnliche formalisierte Verfahren erhöhen trotz der in ihnen ex definitione enthaltenen Mängel die Entscheidungssicherheit über die Bereitstellungsaltenative produktionsorientierter Dienstleistungen. Gewiß erschlösse ihr systematischer Einsatz ein nicht unbeträchtliches, bisher in manchen deutschen Unternehmen nicht erkanntes Potential an Outsourcing.

Anmerkungen

1   Andere Ergebnisse der Erwerbstätigenstatistik unterstreichen diesen Tatbestand. So war in der Periode 1980/1992 die Anzahl der Beschäftigten im Verarbeitenden Gewerbe um 5,8 Prozent rückläufig. Im Dienstleistungssektor nahm sie im selben Zeitraum um 23 Prozent, im Subsektor der produktionsorientierten Dienstleistungen gar um 54,4 Prozent, zu (vgl. Gruhler 1994, S. 35).

Summary

As service functions become more important the need to handle them economically cannot be ignored. So the biggest and still growing share of the manpower within German manufacturing is providing services.

Tackling this problem would be especially productive in the German case because there are distinct signs describing a lack of outsourcing.

But both for the purpose of manufacturing enterprises and for the economy as a whole, reasonable degrees of outsourcing generate productivity advantages. That is why market-controlled allocations generally offer solutions that are cheaper - and sometimes both cheaper and better - than inhouse production under more or less control of a hierarchical management.

Namely by the pressure of high German labour costs the necessity and the growing opportunity of also transborderly outsourcing for some types of business services to the newly established middle-east-european democracies opens more chances to cope with the problem.

The aim of this articles second section is to elaborate the main factors responsible for the make-or-buy-decision, moving from the general discussion of the transaction costs theory and its gaps to a practical example, i.e. the checklisted case-by-case make-or-buy-assessment.

Literaturverzeichnis

Bühner, R.: Technologieorientierung als Wettbewerbsstrategie, in: Zeitschrift für betriebswirtschaftliche Forschung, 40. Jg. (1988), S. 387-406

Buttler, G.; Stegner E.: Industrielle Dienstleistungen, in: Zeitschrift für betriebswirtschaftliche Forschung, 42. Jg. (1990), S. 931-946

Coase, R.: Das Problem der sozialen Kosten, in: Ökonomische Analyse des Rechts, hrsg. v. H. D. von Assmann, C. Kirchner u. E. Schanze, Heidelberg 1978, S. 146-202

Corsten, H.: Die Produktion von Dienstleistungen, Berlin 1985

Dax, P.; Gruhler, W.: Beschäftigungssicherung durch Flexibilität - Eine Fallstudie zum dienstleistungsbestimmten Strukturwandel eines Industrieunternehmens, Köln 1991

Elfring, T.: An International Comparison of Service Sector Employment Growth, in: Discussion Papers of Economic Commission for Europe, hrsg. v. United Nations, Vol. 2, No. 1, Geneva 1992, S. 1-13

Elfring, T.: Structure and Growth of Business Services in Europe, in: The Structure on European Industry, hrsg. v. H. W. de Jong, 3rd Ed., Deventer 1993, S. 367-398

Engelhardt, W. H.; Reckenfelderbäumer, M.: Trägerschaft und organisatorische Gestaltung industrieller Dienstleistungen, in: Industrielle Dienstleistungen, hrsg. v. H. Simon, Stuttgart 1993, S. 263-293

Fourastié, J.: Die große Hoffnung des 20. Jahrhunderts, 2. Aufl., Köln-Deutz 1969

Gruhler, W.: Dienstleistungsbestimmter Strukturwandel in deutschen Industrieunternehmen - Einzel- und gesamtwirtschaftlicher Kontext, Determinanten, Interaktionen, empirischer Befund, Köln 1990

Gruhler, W.: Einkauf von Dienstleistungen immer wichtiger, in: Die Wirtschaft, 41. Jg. (1992), Nr. 36, S. 25-26

Gruhler, W.: Gesamtwirtschaftliche Bedeutung und einzelwirtschaftlicher Stellenwert industrieller Dienstleistungen, in: Industrielle Dienstleistungen, hrsg. v. H. Simon, Stuttgart 1993, S. 23-40

Gruhler, W.: Services within German Manufacturing - A Challenge for more Outsourcing?, Paper prepared for the Center for International Business Education and Research (CIBER) on "The Changing Role of State Intervention in Services in an Era of Open International Markets" to be held at the Fuqua School of Business of Duke University, Conference February 25-26, 1994 (unveröffentlichtes Manuskript)

Hamer, E.: Das Outsourcing spart auch dem Mittelstand Kosten, in: Blick durch die Wirtschaft vom 3.11.1993, S. 1-2

Heilmann, B.: Gebäudemanagement braucht schlüssiges Konzept, in: arbeitgeber, 46. Jg. (1994), H. 4, S. 135-136

Henkoff, R.: Getting Beyond Downsizing, in: Fortune International, Vol. 129 (1994), No. 1, S. 30-34

Knobloch, E.: Kosten von DV-Dienstleistungen mit den Vollkosten eigener EDV vergleichen, in: Handelsblatt v. 7.10.1993, S. 33

Köhler-Frost, W.: Outsourcing - sich besinnen auf das Kerngeschäft, in: Outsourcing - Eine strategische Allianz besonderen Typs, hrsg. v. W. Köhler-Frost, Berlin 1993, S. 13-30

Männel, W.: Die Wahl zwischen Eigenfertigung und Fremdbezug - Theoretische Grundlagen - Praktische Fälle, 2. Aufl., Stuttgart 1981

Müller, H.: Lean Management kreativ nutzen, in: IBM-Nachrichten, 43. Jg. (1993), Nr. 314, S. 7-13

o.V.: Hanging on to know-alls, in: The Economist, Vol. 328 (1993a), No. 7825, S. 59

o.V.: Outsourcing - Verordnete Schlankheitskur, in: Wirtschaftsbild, 43. Jg. (1993b), Nr. 50, S. 9

o.V.: Wealth in Services, in: The Economist, Vol. 328 (1993c), No. 7799, S. 13-14

o.V.: Lean Management - Trends und Erfahrungen - Studie von The Wyatt und Deutsche Bank, in: Handelsblatt v. 6.4.1994a, S. 13

o.V.: The Manufacturing Myth, in: The Economist, Vol. 330 (1994b), No. 7855, S. 81-82

Ochel, W.; Schreyer, P.: Beschäftigungsentwicklung im Bereich der privaten Dienstleistungen. USA - Bundesrepublik im Vergleich, Berlin/München 1988

Ramser, H. J.: Eigenerstellung oder Fremdbezug von Leistungen, in: Handwörterbuch der Produktionswirtschaft, hrsg. v. W. Kern, Stuttgart 1979, Sp. 435-450

Schneider, D.: Die Unhaltbarkeit des Transaktionskostenansatzes für die "Markt oder Unternehmung"-Diskussion, in: Zeitschrift für betriebswirtschaftliche Forschung, 55. Jg. (1985), S. 1237-1254

Späth, W.: Von der Kantine bis zum know-how, in: Frankfurter Allgemeine Zeitung v. 29.3.1994, Verlagsbeilage, S. B17

Williamson, O. E.: Markets and Hierarchies, Analysis on Antitrust Implication, New York/London, 1975

Williamson, O. E.: The Economic Constitution of Capitalism, New York 1985

SzU-Kurzlexikon

Blueprinting

Die Qualität einer (personenbezogenen) Dienstleistung hängt in besonderer Weise vom interaktiven Umgang mit dem Dienstleistungs-Nachfrager (Kunden) ab. Beim Blueprinting wird deshalb der Interaktionsprozeß mit dem Dienstleistungs-Nachfrager systematisch analysiert und in einem Ablaufdiagramm dargestellt. Dadurch ergibt sich die Möglichkeit, Probleme im Prozeßablauf zu identifizieren und auf ihre Ursachen hin zu untersuchen.

Durch Einzeichnen einer "line of visibility" wird deutlich, welche Teile des Dienstleistungserstellungsprozesses für den Dienstleistungs-Nachfrager sichtbar werden. Auf diese Weise werden die vollständige Erfassung der verschiedenen Kontaktsituationen, eine v.a. interne Problementdeckung und die Aufdeckung struktureller Problemursachen ermöglicht.

Conjoint Analyse (Conjoint measurement)

Die Conjoint Analyse ist ein der multidimensionalen Skalierung verwandtes Verfahren. Bei der Conjoint Analyse werden den Versuchspersonen Kombinationen verschiedener Merkmalsausprägungen von Objekten präsentiert, die sie nach ihren Präferenzen in eine Rangfolge bringen bzw. in eine Skala eintragen sollen. Ziel der Conjoint Analyse ist die Zerlegung der Gesamturteile über Merkmalskombinationen in der Weise, daß auf das Gewicht oder den Nutzen der einzelnen Merkmalskombinationen geschlossen werden kann.

Dienstleistungen, produktions-orientierte

Produktions-orientierte Dienstleistungen sind immaterielle Produktbestandteile, die der Aufrechterhaltung sowie der vor- oder nachgelagerten Begleitung des Produktionsprozesses bzw. der Ergänzung der Fertigerzeugnisse dienen. Sachleistungs-Hersteller müssen häufig komplette Leistungsbündel, welche aus einer Kombination von Sach- und Dienstleistungen bestehen, anbieten. So ist es z.B. nahezu undenkbar, eine Sachleistung ohne jegliche Dienstleistung erfolgreich abzusetzen (siehe "Marketing-Verbundkasten" bei Hilke, in: SzU, Bd. 35, S. 7 f.).

Externalisierung

→ Outsourcing

Gefährdungshaftung

Gefährdungshaftung ist ein einseitig verpflichtendes gesetzliches Schuldverhält-
nis, in dessen Rahmen Ersatz zu leisten ist, wenn durch eine abstrakt gefährliche
Betätigung oder Anlage, die als solche nicht verboten, sondern rechtmäßig ist, ein
Schaden ensteht. Der typische Gegensatz ist die Verschuldenshaftung.

Lean Management

Lean Management ist ein Management-Leitbild, das durch die Übertragung des
Gedankens der Lean Production auf das gesamte Unternehmen entstanden ist.
Die Diskussion über die Objektbereiche des Lean Managements (wie z.B. Just in
Time-Fertigung, Simultaneous Engineering in Entwicklung und Produktionsplanung sowie Total Quality-Management) ist derzeit noch voll im Gang. Lean
Management stellt den Mensch in den Mittelpunkt des unternehmerischen Ge-
schehens und versucht dadurch, alle Ressourcen des Unternehmens, der Lieferanten und der Kunden unter Vermeidung jeglicher "Verschwendung" auszu-
nutzen.

Lean Production

Schlanke bzw. abgespeckte Produktion, die von allen verzichtbaren Polstern
(Lägern) gegen Störungen des Betriebsablaufes befreit ist. Die Lean Production
versucht, alle Beteiligten (vom Zulieferer über jeden Mitarbeiter in der Konstruktion und in der Produktion bis hin zum Kunden) durch Teamarbeit in die
Verantwortung zu nehmen.
Ziel der Lean Production ist es nicht, entstandene Probleme zu überwinden; die
Mitarbeiter werden vielmehr dazu angehalten, durch vorausschauendes, vernetz-
tes Denken Probleme gar nicht erst entstehen zu lassen. Erst dieses neue Denken
schafft die Voraussetzung, Polster gegen Störungen (Probleme) abzubauen.

MTM-Verfahren

(Methods of Time Measurement) von Maynard (1948) gehört zu den Verfahren der Systeme vorbestimmter Zeiten. Hierbei werden Arbeitszeiten manueller Tätigkeiten aufgrund vorbestimmter Bewegungszeiten ermittelt. Es werden Soll-Zeiten für das Ausführen von Vorgangselementen bestimmt, die vom Menschen voll beeinflußbar sind. Das MTM-Verfahren unterscheidet Grundbewegungen der Hand und Finger (wie z.B. Hinlangen, Bringen, Drehen) Blickfunktionen sowie Körper-, Bein- und Fußbewegungen. Diesen Grundbewegungen wird jeweils ein - unter Beachtung der situativen Bedingungen, wie z.B. Länge einer Bewegung oder Größe, Gewicht und Form des Objektes - vorbestimmter Normalzeitwert zugeordnet. Grundlage der Ermittlung der MTM-Werte sind detaillierte Filmaufnahmen, wobei lediglich Arbeitszeiten und keine Verteilzeit- und Erholungszuschläge berücksichtigt werden.

Outsourcing

Der Begriff Outsourcing ist wohl eine Verkürzung von Outside Resource Using. Beim Outsourcing überträgt ein Unternehmen aus Wirtschaftlichkeitsgründen die Erstellung bestimmter Leistungen (z.B. EDV-Leistungen oder Fertigung einzelner Produktteile) auf externe Dienstleister oder Produzenten (Zulieferer).

Prozeßkostenrechnung

System der Kostenrechnung, bei dem die Gemeinkosten in fertigungsnahen Bereichen und im indirekten Bereich (Verwaltung, Disposition) nicht wie in herkömmlichen Kostenrechnungssystemen durch Zuschlagssätze auf Produkte verrechnet werden. Die Gemeinkosten werden vielmehr für bestimmte Aktivitäten (Prozesse) - wie z.B. Bestellung, Lagerung, Arbeitsvorbereitung usw. - erfaßt und zu Prozeßkostensätzen verdichtet. Für die Kalkulation der Produkte ist die Art und Anzahl ausgeführter Prozesse zu erheben, die dann mit den Prozeßkostensätzen zu bewerten sind.

Re-Engineering

Der Begriff Re-Enineering ist die Abkürzung für Reverse Engineering. Reverse Engineering als ein Teil des Lean Management Konzeptes besagt, daß die gesamte Wertschöpfungskette der Produkte und Dienstleistungen vom Ergebnis ausgehend reorganisiert wird und auf spezifische Anforderungen eines gegebenen

Markt- und Wettbewerbsumfeldes auszurichten ist. Der Produktionsprozeß wird demzufolge vom Markt aus entwickelt.

Scoring-Verfahren

Verfahren zur Alternativenbewertung, wobei Alternativen auch an solchen Bewertungskriterien gemessen werden, die nicht in Geldeinheiten ausdrückbar sind (z.B. technische, psychologische und soziale Bewertungskriterien). Sie können wegen ihres nachvollziehbaren und überprüfbaren Ablaufs häufig eine vorteilhafte Ergänzung der quantitativen Methoden sein. Damit können sie dem Abbau der Entscheidungsproblematik bei der Bewertung und Auswahl komplexer Alternativen dienen.

Transaktionskosten

Als Transaktionskosten bezeichnet man die mit den Vereinbarungen über einen Leistungsaustausch verbundenen Kosten. Sie entstehen aufgrund unvollkommener Informationen der am Güter- und Leistungsaustausch beteiligten Wirtschaftssubjekte, wobei Transaktionskosten durch ökonomische Aktivitäten auf Märkten oder in Unternehmen verursacht werden. Transaktionskostenarten sind z.B.: Anbahnungskosten, Vereinbarungskosten, Kontrollkosten, Anpassungskosten und Vertrauenskosten.

Transaktionskosten-Ansatz

Die Bedeutung der → Transaktionskosten wurde erst in den 70er Jahren voll erkannt; seitdem wird der Transaktionskosten-Ansatz der Organisation entwickelt und diskutiert. Hierbei wird die Frage nach der Organisation ökonomischer Aktivitäten als Frage nach den Kosten alternativer Transaktionsformen interpretiert. Bei diesem Ansatz geht es sowohl um die Abgrenzung der Unternehmung nach außen als auch um die Strukturierung der internen Organisation.

UMS-Verfahren

(Universal Maintenance Standards); insbes. für den Instandhaltungsbereich entwickeltes Verfahren, das auf dem bekannten → MTM-Verfahren basiert, ohne dessen Detaillierungsgrad aufzuweisen.

SzU – Grundsätze und Ziele

Die Schriften zur Unternehmensführung (SzU) sind eine Fortsetzungsreihe thematisch jeweils in sich geschlossener Bände.

Die SzU verfolgen das Ziel, den Leser mit dem **neuesten Stand der betriebswirtschaftlichen Forschung und Praxis,** jeweils bezogen auf ein bestimmtes Gebiet der Unternehmensführung, vertraut zu machen. Weiterhin soll gezeigt werden, wie diese Erkenntnisse zur **Lösung praktischer Probleme** herangezogen und nutzbar gemacht werden können. Jeder Band dieser Reihe ist dem Grundsatz der **Verbindung von Wissenschaft und Praxis,** von wissenschaftlicher Forschung und praktischer Anwendung verpflichtet.

Entsprechend dieser Grundsätze kommen in jedem Band Hochschullehrer **und** Praktiker zu Wort, die sich mit dem jeweiligen Themengebiet – forschend oder in der Unternehmenspraxis – intensiv auseinandergesetzt haben.

Die SzU richten sich an **Praktiker in Unternehmensführung und Management,** die sich über aktuelle Schwerpunktthemen umfassend und kompetent informieren lassen wollen, sowie an **Dozenten und Studenten** der Betriebswirtschaftslehre.

Jeder Band der SzU enthält:

- „State-of-the-Art"-Aufsätze über Entwicklung und Stand der Betriebswirtschaftslehre in dem jeweiligen Teilgebiet sowie

- Schilderungen von Praxisproblemen und Berichte über den Einsatz wissenschaftlicher Instrumente und Konzepte zu deren Lösung.

Die Schriften zur Unternehmensführung (SzU) erscheinen vierteljährlich. Die Schriftenreihe wurde 1967 von Herbert Jacob begründet und wird heute gemeinsam von Hochschullehrern und in der Unternehmensführung tätigen Praktikern herausgegeben.

Gründungsherausgeber
Prof. Dr. Dr. h.c. Herbert Jacob begründete im Jahre 1967 die „Schriften zur Unternehmensführung" (SzU). Er ist Professor der Betriebswirtschaftslehre und Direktor des Seminars für Industriebetriebslehre und Organisation an der Universität Hamburg. Seine Hauptarbeitsgebiete sind die Theorie der Unternehmung, Strategische Unternehmensplanung, Entscheidungen bei Unsicherheit und Probleme der Arbeitslosigkeit.

Herausgeber

Prof. Dr. Dietrich Adam ist Professor der Betriebswirtschaftslehre an der Westfälischen Wilhelms-Universität in Münster. Schwerpunkte seiner wissenschaftlichen Arbeit sind Industriebetriebslehre, insbesondere Kostenpolitik, Fertigungssteuerung und ökologische Aspekte der Produktion, sowie Krankenhausbetriebslehre.

Dr. Johann Friederichs ist Leiter des Ressorts Informatik und Kommunikation der Hoechst AG. Schwerpunkte seiner Arbeit sind Informationsmanagement, weltweite Telekommunikation und die Modellierung internationaler Geschäftprozesse mit Unterstützung der Informatik.

Prof. Dr. Wolfgang Hilke ist Professor für Betriebswirtschaftslehre an der Universität Freiburg i. Brsg. Seine Hauptarbeitsgebiete sind Marketing, insbesondere Dienstleistungs-Marketing, Rechnungswesen, insbesondere Bilanzpolitik und Bilanzanalyse, sowie Finanzierung und Investition.

Dr. Otto Gellert ist selbständiger Wirtschaftsprüfer und Steuerberater, vornehmlich beratend im In- und Ausland tätig. Er ist Lehrbeauftragter an der Universität Hamburg mit dem Schwerpunkt: Sondergebiete der Unternehmensführung (Kauf von Unternehmen, Fusion und Umwandlung, Sanierung, Geschäftsbericht, Organe der AG).

Prof. Dr. Karl-Werner Hansmann ist Professor der Betriebswirtschaftslehre und Direktor des Seminars für Industriebetriebslehre und Organisation der Universität Hamburg. Seine Hauptarbeitsgebiete sind Produktionsplanung und -steuerung sowie Prognosemethoden für die Unternehmenspraxis.

Prof. Dr. Eberhard Scheffler ist Mitglied des Vorstandes der BATIG Gesellschaft für Beteiligungen mbH und stellvertretender Vorstandsvorsitzender der B.A.T. Cigarettenfabriken GmbH. Er ist Honorar-Professor an der Universität Hamburg. Schwerpunkte seiner wissenschaftlichen Arbeit sind die Gebiete Unternehmensführung, Controlling und Rechnungslegung.

Dr. Jürgen Krumnow ist Mitglied des Vorstandes der Deutsche Bank AG mit Verantwortung für Norddeutschland, Skandinavien und Afrika und die Bereiche Controlling und Steuern. Schwerpunkte seiner wissenschaftlichen Tätigkeit sind Harmonisierung der Rechnungslegung und Bankenaufsicht sowie Instrumente für das Ressourcen-, Risiko- und Rentabilitätsmanagement.

Prof. Dr. Dieter B. Preßmar ist Professor der Betriebswirtschaftslehre und Leiter des Arbeitsbereiches Betriebswirtschaftliche Datenverarbeitung der Universität Hamburg. Seine Arbeitsgebiete umfassen Computergestützte Planung, Informationsmanagement, Softwaretechnologie und Rechnernetze.

Prof. Dr. August-Wilhelm Scheer ist Direktor des Instituts für Wirtschaftsinformatik an der Universität des Saarlandes sowie Hauptgesellschafter des Software- und Beratungshauses IDS Prof. Scheer GmbH in Saarbrücken. Seine Hauptarbeitsgebiete sind die Entwicklung computergestützter Informationssysteme, Computer Integrated Manufacturing und Konzeptionen einer EDV-orientierten Betriebswirtschaftslehre.

Autoren

**Univ.-Prof.
Dr. Anton Meyer**
Leiter des Seminars für
Dienstleistung, Handel
und Investitionsgüter-
marketing der
Universität München

**Univ.-Prof.
Dr. jur. Dr. rer. pol.
Jürgen Ensthaler**
Inhaber des Lehr-
stuhls für Zivil- und
Wirtschaftsrecht
der Universität
Kaiserslautern

**Dipl.-Kfm.
Christian Blümelhuber**
Wissenschaftlicher
Mitarbeiter am
Seminar für Dienst-
leistung, Handel und
Investitionsgüter-
marketing der
Universität München

Ass. jur. Dagmar Nuissl
Wissenschaftliche
Mitarbeiterin am Lehr-
stuhl für Zivil- und
Wirtschaftsrecht der
Universität
Kaiserslautern

**Univ.-Prof.
Dr. Hans Corsten**
Inhaber des Lehr-
stuhls für Produktions-
wirtschaft und
Industriebetriebslehre
der Universität
Eichstätt / Ingolstadt

Dr. Joachim Holst
Projektmanager für
Entwicklung und
Marketing von
Softwareanwendungen
bei der IBM
Deutschland, Ehningen

**Dr.-Ing.
Günter W. Tumm**
Mitglied des
Vorstandes
Deutsche Bundespost
POSTDIENST, Bonn,
Vorstandsbereich
Produktion Briefpost

Dr. Wolfram Gruhler
Stellvertretender
Leiter der Haupt-
abteilung Zentral-
bereich, Leiter der
Verbindungsstelle
Brüssel, Mitglied der
Geschäftsführung des
Instituts der deutschen
Wirtschaft, Köln

**Dipl.-Ing.
Jan-Hinrich Fischer**
Partner und Gesell-
schafter der Miebach
Logistik Gruppe,
Berater und Ingenieure
für logistische Systeme,
Frankfurt

Schriften zur Unternehmensführung

Weitere lieferbare Bände (Auswahl):

MIX
Papier aus verantwortungsvollen Quellen
Paper from responsible sources
FSC® C105338

FSC
www.fsc.org

If you have any concerns about our products,
you can contact us on
ProductSafety@springernature.com

In case Publisher is established outside the EU,
the EU authorized representative is:
Springer Nature Customer Service Center GmbH
Europaplatz 3, 69115 Heidelberg, Germany

Printed by Libri Plureos GmbH
in Hamburg, Germany